永不放棄的海倫凱勒

HELEN KELLER

我的後半生

海倫・凱勒 著

郭庭瑄 譯

愛米粒
出版有限公司
Emily Publishing
Company, Ltd

Helen Keller

Midstream

My Later
Life

First published in 1929

獻給安・蘇利文（Anne Sullivan）
她的愛造就了我的人生

世間總有各種奧祕，
許多事情都是天意，
超越了希望與恐懼。
人們所追尋的目標未曾實現，
怎知一條道路從天而降，
誰也不曾預見。

——尤里比底斯（Euripides）
古希臘悲劇作家

前言

凱勒小姐在她的書裡提到，「專注思考的習慣和需要讓作家、藝術家得以享有神聖不可侵犯的清靜和隱私」。實際上，她的生活從來沒有隱私可言。她在七歲那年被譽爲「不同凡響的孩子」、「神童」和「天才」，而且克服困難的過程就像「一首勝利進行曲，精采又令人驚嘆」，成就「堪稱奇蹟」；自此之後，她就成爲社會大衆的關注焦點。即便事實本身比所有情感澎湃的想像和加油添醋的粉飾更美好，輿論依舊滾滾沸騰，眞相和訛言滿天飛。

海倫・凱勒在一八八〇年六月二十七日出生於美國阿拉巴馬州的圖斯坎比亞。她是一個非常健康又正常的孩子；十八個月大時，她染上重病，至於確切是什麼病則不得而知。這場病奪走了她的視覺和聽覺，失聰也讓她很快就喪失了說話的能力。她就這樣如囚鳥般在家裡待了五年。她的父親知道亞歷山大・葛拉罕・貝爾博士（Alexander Graham Bell）很關心聽障人士，於是便請他協助，找了一個救星來幫助女兒，即剛從麻薩諸塞州波士頓柏金斯啓明學校畢業的安・曼斯菲爾德・蘇利文（Anne Mansfield Sullivan）。一八八七年三月三日，二十歲的蘇利文小姐來到凱勒家，從那天起，凱勒小姐的人生就像童話故事一樣，不到一個月，蘇利文老師就把「語言」這個禮物送給她的小學生。這項成就實在太不可思議了！五十年前大家都不相信有這種可能，只是把完全失明和失聰的人歸類於智能障礙，任由他們自生自滅；直到柏金斯啓明學校創辦人山繆・格里德利・豪伊醫生（Samuel Gridley Howe）發展出一套特殊教育方法，並藉由盲聾女孩蘿拉・布里奇曼（Laura Bridgman）的案例證明他們的確有能力學習，情況才有所改變。

自蘿拉接受教育以來，許多和她一樣飽受失明與失聰所苦的人也踏出第一步，開始和世界交流。有些人確實很有天賦，但海倫・凱勒可說是其中最偉大的一位，當代無人能與之相比。她是有史以來第一個非因同情或歉意而被光明世界接納的盲聾人士。她進入一所普通女子學校就讀，修習年數也和其他同學一樣，並在沒有得到任何特殊照顧與偏袒的情況下以優異的成績取得學位。此外，她還是全美唯一學會說話的盲聾人士，不僅演過電影，參加過歌舞雜耍劇團，還曾去美國各州（佛羅里達州除外*）和加拿大許多地方演講，寫了數本富含文學價值、永垂不朽的作品。大學畢業後，她更代表美國盲人積極參與各項主要運動，用英文、法文和德文與各方通信聯繫，持續透過這三種語言的書籍雜誌吸收新知、了解時事。

兩年前，她暫時放下美國盲人基金會的工作，打算悄悄回到長島的家，跟蘇利文老師、祕書湯姆森小姐（Miss Thomson）和她的大丹狗席格琳德（Sieglinde）一起回顧她進入雷得克利夫學院、升上二年級後的時光，也就是《假如給我三天光明：海倫凱勒的人生故事》（*The Story of My Life*，描繪她的童年與少女時代的自傳）出版後的生活。

我想她沒有意識到孤立自己有多難。她可以停止寄信，卻不能阻止信件如雪片般飛來，也沒辦法叫那些擠在她家門口、有求於她的群眾離開。很少有人知道大家對她抱著什麼樣的期待——不，應該說要求才對。每天都有來自世界各地、急迫又令人心碎的求

---

* 本篇前言撰寫完後，凱勒小姐也去了佛羅里達州演講。

助聲，有的是透過書信，有的是親自上門懇談，從視障人士、聽障人士、殘疾人士、病患、窮人到滿懷悲傷的人都有；當然，也有人純粹想要她的照片、簽名、推薦函，或是要她說明她對政府禁令或「道成肉身」的看法。不過，大多數來信和來訪者都是帶著痛苦來求援的。「哦，凱勒小姐，妳有千載難逢的機會！還有很多有錢的朋友！」

那些信會轉交給湯姆森小姐，凱勒小姐則坐下來繼續敘寫她的人生（她其實對這件事沒什麼熱情，因爲她向來不太喜歡談論自己）。湯姆森小姐很快就被叫去處理其他重要事務，近乎失明的蘇利文老師和完全失明的凱勒小姐兩人只好竭盡所能，努力寫下去。

她們自己煮飯；蘇利文老師負責做菜，凱勒小姐負責洗碗盤、整理床鋪、撣灰塵；每個禮拜一，凱勒小姐會用點字列出送洗清單，這樣禮拜六衣服送回來時她就可以檢查。等到早上的家務都做完了、最緊急的信都回了，她就會開始寫《永不放棄的海倫凱勒：我的後半生》。過去那些充滿酸楚又令人心傷的回憶如潮水般席捲而來；光是想到那段日子，就讓她覺得很難受。

她早就知道有一天要寫這本書，所以事先做好準備，用點字記下了許多零碎的感想。檢視這些隨筆要花很多時間。若是有人告訴你盲人的閱讀速度和視力正常的人一樣快，千萬不要相信，完全沒這回事。就算是最靈敏的手指依舊跟不上眼睛。手不僅速度慢，也要費比較多力氣。除了手臂會累、指尖會疼外，凱勒小姐更發現那些不可靠的小點被歲月磨損得非常嚴重，以致很多時候她都摸不出來自己究竟寫了什麼。

她大部分的寫作素材都不是點字。馬克．吐溫、貝爾博士、哲學家暨心理學大師威廉．詹姆斯（William James）和其他人的信都是手寫或打字，大多數的盲人相關資料也是如此，只有美國盲人基金會使用浮凸印刷；再加上她有很多文章和零星的短文都已轉換成紙上的鉛字，原始的點字筆記也銷毀了，因此她永遠無法單靠自己的力量重溫那些文字。這些都是蘇利文老師、湯姆森小姐和我用手語字母拼出來讓她讀的。

凱勒小姐開始寫《永不放棄的海倫凱勒：我的後半生》沒多久，蘇利文老師就病了。她們請了一位臨時幫傭來幫忙。蘇利文老師的病情每況愈下，醫生嚴肅地叮囑她不要過度用眼，因爲她一直在虐待自己的眼睛。自傳的進度戛然而止。凱勒小姐既緊張又焦慮，不停在屋子和花園裡來回踱步。她沒辦法讀，沒辦法寫，甚至沒辦法思考。直到蘇利文老師完全脫離險境，她才重拾寫作，繼續寫這本書。

大多時候，凱勒小姐會用點字寫稿和修稿，有時會直接用打字機打，再拿髮夾於紙張頁首刺上記號。至於那些還沒定稿的段落，她會用點字琢磨很久，順過一遍又一遍。她經常在仔細審視自己的稿子後決定重寫，有時第二、第三或第四版會比第一版好。

草稿愈來愈多。成千上百張紙堆在地上，凌亂地四散各處，上頭寫著各式各樣的說明，像是「把這個和關於花園的段落放在一起」、「請看看卡內基先生一九一三年寄來的那封信適不適合放在這裡」、「我想這句引文應該沒錯，但還是確認一下比較好，畢竟那不是浮凸印刷」、「這些段落或許能讓貝爾博士的故事變得更精采」等等。

在凱勒小姐的口頭與書面指導下，我們用剪貼的方式將打字機打出來的書稿重寫一遍。我、蘇利文老師和湯姆森小姐不停拼湊出書頁、段落和章節。正如凱勒小姐所說，這個工作就像拼拼圖，只是這個拼圖沒辦法裝在盒子裡；有時它看起來就像整座紐約市那麼大，甚至更大。寫完後，我們會把稿子交給打字員謄打，凱勒小姐則著手敘寫承轉連接的段落，把脫節的篇章串起來，重寫她不喜歡的部分，瘋狂地想趕上進度，回應外界對她的要求。有一次，她上午十一點離開紐約的森丘（Forest Hills），下午四點趕到華盛頓，接著又立刻返回森丘；她到的時候已經很晚，計程車司機都回家睡覺了。她從車站走回家，草草睡了幾個小時，隔天早上八點就起床工作。那段時間眞的很辛苦，也很了不起。

儘管如此，這本書在她眼中還是很零碎。當然，我們的工作不像讀者一樣能從第一頁開始一路看到最後，而是在許多細小的片段和干擾中完成的。打字員謄打完後，我們會再度拿出剪刀和漿糊，在凱勒小姐的指導下把稿子拼綴在一起，用手語字母從頭到尾拼讀三遍讓她檢查，做進一步的更動。到了校樣階段，我們會再拼寫最後一次讓她讀。她直到最後一刻都還在修改和重寫。她還沒用自己的手指讀過這本書，要等點字版印出來後才可以。

至於有沒有必要寫這本書，我想答案是肯定的。這本書是凱勒小姐的作品。多年來，那些質疑她的成就、懷疑其眞實性的聲音早已平息，就連過去將她視爲「美國人誇大其詞的典範」的歐洲世界也一樣，只有那些不認識她的人會不時放話，暗示是蘇利文老師在背後指點，告訴凱勒小姐該說什麼。凱勒小姐有自己的想法，而且非常固執地堅守這些信念。她的言行舉止絕大多數都不受蘇利文老師影響。她們倆的性情截然不同。「截然不同」這個詞並不是隨便說說；每個人心裡都有很多小密室是別人不能、也無法看透的。過去四十年來，蘇利文老師每天都和凱勒小姐一起生活，但書中提及的某些事依舊讓她大感驚訝，甚至比旁人更意外。

有些人認為凱勒小姐活在一個幸福快樂、一切都理所當然的理想國度裡，與那些討厭又令人不快的事物隔絕。完全不是。蘇利文老師在去了阿拉巴馬州六個月後寫道：「我從一開始就是這樣，無論海倫問什麼，我都會盡我所能如實回答。」

蘇利文老師用豪伊醫生教導蘿拉的方法來教育凱勒小姐。手語字母不是豪伊醫生也不是蘇利文老師發明的，但他們兩人確實都用手語字母做為溝通的工具。蘇利文老師介紹語言的方式與豪伊醫生不同，這點在《假如給我三天光明：海倫凱勒的人生故事》中講得很清楚；至於語言習得後的差異，剛才提到蘇利文老師說的那段話是她在凱勒小姐七歲時寫的，當時凱勒小姐已經上了四個月的課；相較之下，豪伊醫生則寫信對蘿拉說：「妳的大腦還很年輕、很脆弱，無法理解困難的事，不過它會愈來愈強大，到時妳就能理解那些困難的事了。」當時蘿拉十五歲，已受了七年教育，曾問他關於「上帝、天堂、靈魂等各式各樣的問題」。

有些人認為要凱勒小姐描述那些顯然無法透過觸覺直接感知的東西是件很麻煩、很傷腦筋的事。她也這麼覺得。無論專家的觀點爲何，這些觸覺對她而言就跟其他感受一樣眞實。舉例來說，她對色彩的概念是透過聯想和類比的方式建立起來的。粉紅色「像嬰兒的臉頰或和煦的南風」，灰色「像肩上柔軟的披肩」，黃色則「像太陽」，代表生命且充滿希望。在她的認知裡，棕色有兩種，一種是「像腐葉土一樣親切溫暖」，另一種是「像樹幹上有蟲洞的老樹，或是乾癟萎縮的手」；丁香紫是蘇利文老師最喜歡的顏色，「讓她想起她親吻過的心愛的臉龐」；暖呼呼的陽光氣味讓她想起紅色，涼爽的味道讓她想起綠色，肥皂泡泡在手下晃動的感覺則讓她想起閃亮的顏色。

另外像是她對舊金山的描述，雖然一定會有人有異議，但她並不是在重複別人告訴她的事，而是在勾勒自己從讀到的東西中構築出來的印象。我們不能說她在心裡「看到」的景象和我們有什麼不一樣，因爲她只能用我們的語言來描繪這座城市。馬克・吐溫認爲她的畫面更美，並用自己遊歷尼加拉瀑布和泰姬瑪哈陵的經驗來證明這一點。在他還沒親見尼加拉瀑布前，他認爲瀑布一定「美到連上帝都無法想像」，而泰姬瑪哈陵和他幻想中的模樣相比簡直就是「老鼠洞」。有一次，他在聽完凱勒小姐描述一位朋友的長相後說：「謝天謝地，幸好她看不見。」

凱勒小姐認爲她的世界和我們的世界之間有種有效的關聯，她發現自己可以同時在兩個世界中生活，不會有突兀或不協調的感覺。對此，威廉・詹姆斯一點也不意外。我想應該大多數哲學家都有同感。他們看得非常透澈，許多我們所知所感的事物並不是來自個人的理解與學識，而是透過前人與當代人的經驗累積而來，經由語言傳遞給我們。同樣失明的皮耶・維利教授認爲，凱勒小姐是一個非常細心、善於運用文字的觀察者，她欣賞藝術的審美過程多半是「自我暗示，而非感知」。他說得沒錯，而且我們每個人都是這樣。

有人會懷疑凱勒小姐是否眞的能欣賞雕塑創作，因爲這類藝術品必須用眼睛看。然而，雕塑家本身與作品之間的交流接觸不光透過眼睛而已，也要用手。

除此之外，她對音樂的喜愛也引發不少質疑。她不僅用手指「聽」鋼琴和小提琴演奏，還設計了各種裝置，讓自己能夠「聽」管弦樂團表演。最近她常把手指輕輕放在輕木共鳴板上聽廣播。她能判斷出主持人在說話，也能透過對方重複 WEAF 四個字母時的俐落斷音知道這是 WEAF 廣播電台。聽音樂的時候，她能分辨出是單一或多種樂器演奏，而且多半聽得出來是什麼樂器。有時她會把歌聲誤認爲是小提琴聲，或是搞混大提琴和低音提琴，但在節奏和大方向的選擇上從未出錯，就算故意混淆她也一樣。

凱勒小姐對這個世界的印象就跟其他人一樣，只是感知與接收的機制不同。她不是用眼睛，而是用手指看；不是用耳朵，而是用雙手聽。懂手語字母的人通常會用這個方式和她交談。一個習慣用手語字母表達的人說起話來就像平常人一樣，不會覺得尷尬。那些不懂手語字母的人則用嘴巴說話，凱勒小姐會把手指輕輕放在他們的嘴脣上聽，然後用聲音回應，就算跟她還不太熟，也很容易就能聽懂她講的話。她的聲音不算正常，但對我們這些習慣的人來說，就跟一個帶有濃濃外國口音的人差不多。

根據目前的檢測結果，除了嗅覺外，她的感官功能不可能優於正常人。有些盲聾人士明顯缺乏方向感，她似乎也不例外。她家不大，但她還是要觸摸家具才能找到方向，或是明明要到門口，卻常常往對面的牆壁走。如果把小地毯挪開，她就會被搞糊塗，不得不重新摸索整個格局。另外她的距離感也很差，一定要撞上門才知道自己已經到門口了。每逢冬季，地面覆蓋著冰雪，她的散步日常就會變成可怕的大冒險。

外面流傳很多關於她的不實謠言，未來想必還有更多，這點她很清楚，也知道人們對她的批評和論斷。我們從不對她隱瞞外界的攻擊；我想她終於明白，藉由批判，對方才能將一部分的錯歸咎到她身上。和大多數殘疾人士一樣，她最大的心願就是「像個正常人」。我們一直試著用自己的感受來詮釋她的感受，而她只能努力追上我們。我們這才發現，自己在牆的另一邊，繞了一大圈終究回到原點。雖然掉下一些小小的殘石碎礫，但那堵高牆還在，永遠不會倒。

很多人都試過了。凱勒小姐一直都是科學實驗與哲學思辨的熱門話題。她幾乎顛覆了所有先入為主的理論，這對許多學識淵博的人來說無非是一大打擊，令人不安，就連威廉．詹姆斯也有過這種感覺。他是目前唯一一個對她下定論的人。當時他想了一下，然後說：「總而言之，妳是一個祝福。誰敢說妳不是，我就要他的命。」

涅拉．布萊迪（Nella Braddy）筆

目錄

I

調融的藝術

若我的文字結出的果實既不燦爛，
也不美好，至少種子是甜的——
那些種子都是朋友給我的鼓勵。

在我看來，一旦人老到可以寫回憶錄，就表示離開的時候到了，該死了。這樣能幫自己和其他人省下很多麻煩。不過，既然我輕率地決定活下去，我就要把我升上雷得克利夫學院二年級後的生活寫下來，加重他們的負擔。

我已經寫隨筆寫了好多年了。無論當下的心情如何、處於什麼情況，只要遇見我感興趣的事物，我都會分別寫點什麼，留下專屬的紀錄。我隨心所欲，想寫就寫，就這樣養成了雜亂無章的寫作習慣。我喜歡這樣。隨興書寫讓我有機會聊一聊、笑一笑，在過程中表達出內在的親切和友善。

我的目的不是要透過書頁傳遞特別的訊息或探尋連綿不斷的思緒，也不是要在心靈迷宮裡到處摸索、追求任何概念。我只是想把那些難以捉摸、倏忽即滅的想法和情緒記下來，讓它們自然開花結果。常有人告訴我，要是我能用言語描繪出更多轉瞬即逝的生活片段，或許就能爲這個世界增添幾分同情、眞誠和關心，讓人從中汲取活下去的力量。若我的文字結出的果實既不燦爛，也不美好，至少種子是甜的——那些種子都是朋友給我的鼓勵。

我在寫這本自傳時經常想到我的朋友羅布林上校（Colonel Roebling）晚年愛上的消

遺。他當建築工人當了一輩子，年輕時曾參與建造布魯克林大橋，進行水底工程時，他在沉箱裡待了太久，結果意外受傷。幾年後，我去紐澤西州的川頓市拜訪他，他熱情地拿了一幅用紙做的拼貼畫，想讓我看看他的傑作。畫中有一條寬廣的大河，河上橫跨著一座宏偉壯麗的大橋，翠綠的山丘矗立在兩側，夏日的清藍水面倒映著如羊毛般蓬鬆的雲朵。每張紙都經過著色和裁剪以符合構想，需要極大的耐心、豐富的創意和巧手才能把數千張紙片拼湊起來，打造出流動的河水與美麗的風景。他從一個小托盤裡精心挑選出合適的光線、陰影、樹葉、漣漪，以及流暢的橋面跨度。

寫書的過程就跟羅布林上校創作拼貼畫一樣。個體的意識托盤裡散亂著成千上萬個經驗碎片，說是盤子裡裝著支離破碎的你也不為過。你的問題是要把自己與所在的這個世界，連同其中的山脈、溪流、海洋、天空、火山、沙漠、城市和人群，結合成一個和諧、連貫的整體。要是這些連續片段在兩分鐘內不斷改變，整合就會加倍困難。你拾起碎片，發現那些是「病態」的情感、舊有的信念和關係，隨著新的經驗堆疊，它們也會經歷奇特的轉變。我東拼西湊，試著把我的人生片段結合起來，可是怎麼拼都不對。等我好不容易創造出一幅完整的畫，才發現托盤裡還有無數細小的碎片，我不知道該拿它們怎麼辦。寫作的時間愈長，這些片段看起來就愈重要；所以我把畫面分割出來，重新開始。我仔細構思，勾勒出不規則的經驗線；沒想到事實與想像居然能以這麼古怪的方式融爲一體，讓我大爲驚奇。希望萬事萬物都能取得恰好平衡的個性讓我對結構美學有一定的要求，可是……唉，我終於明白我的人生元素並不像羅布林上校的小紙片那樣經過仔細著色與裁剪。或許在造物主眼中，萬事萬物井然有序、充滿意義，莫不有因果，但在凡人看來，世界零零碎碎、錯亂難分，只覺得混沌的間隙中應有某種戲劇性的高尙、不凡或輝煌。

《假如給我三天光明：海倫凱勒的人生故事》前半部匯集了我在雷得克利夫學院每兩週一次寫的英文作文，內容多半是日常生活，指導老師是查爾斯・湯森・科普蘭教授（Charles Townsend Copeland）。我從來沒想過要出版，也不記得巴克先生（Mr. Bok）爲什麼會對這些文章感興趣，只知道有天早上，我上拉丁文課上到一半，被叫出去見《婦女之家》雜誌的威廉・亞歷山大先生（William Alexander）。如果我沒記錯，亞歷山大先生說，巴克先生希望能以每個月分期連載的方式在雜誌上刊登《假如給我三天光明：海倫凱勒的人生故事》。我以課業繁重、能力不足爲由婉拒了他。他的回答讓我大吃一驚。「妳已經寫了很多作文啦。」

「你怎麼知道我在寫作文？」我忍不住驚呼。他笑著回答，發掘這些事就是他的工作。他很高興地說這些主題文章很適合登在雜誌上，於是我就簽了一份合約（當時我搞不太清楚自己在幹嘛），同意《婦女之家》每個月分期刊載《假如給我三天光明：海倫凱勒的人生故事》，稿費是三千美元。當下我滿腦子只想到三千美元。這四個字有種奇妙的魔力。在我的想像世界中，故事已經寫好了，甚至在「文學金典」裡占有一席之地。我的快樂與驕傲顯然沒有止境。剛開始一切都很順利，我已經寫了幾篇作文給科普蘭教授看過，他除了評論外還提出一些建議，讓我可以運用在第一章。可是過沒多久，我就發現自己靈感枯竭，所有適合的主題都寫遍了。我陷入水深火熱，嚇得不知所措。我完全沒有撰寫雜誌文章的經驗，不知道該如何修稿以因應特定的版面空間，也不知道時限有多重要，直到電報開始如雪片般飛來，又多又快，有如貪婪的鳥群飛向櫻桃樹，我才意識到麻煩大了。快遞郵件的字裡行間傳來鬱悶與失望的聲音：「我們必須馬上收到下一章」、「第六頁和第七頁不連貫，請補上遺漏的段落」。幾年後，巴克先生告訴我，跟盼著我的稿件、苦苦忍耐的《婦女之家》編輯相比，但丁《神曲．地獄篇》裡的人算是過得很愉快了。他說他下定決心，除非把所有稿子拿到手，否則絕不刊登連載文章；前幾年他跟我說，他後來就再也沒登過這類文章了。在情況最糟糕、最艱困的時刻，我的朋友麗諾·金尼（Lenore Kinney）向我提起約翰·梅西先生（John Macy）。當時麗諾剛結婚沒多久，她的先生菲利普·席尼·史密斯（Philip Sidney Smith）和梅西先生是同學。她說梅西先生非常聰明，是那種能把我從兩難困境中解救出來的遊俠。梅西先生是哈佛大學的英文老師，在雷得克利夫學院也有課，但我不認識他，麗諾便安排我們見面。我很喜歡他；他不但溫文儒雅、學識豐富，人也很熱心，了解我的難處，立刻動手救我脫離拖稿漩渦。我們仔細檢視我累積下來的素材，這些素材既原始又混亂，但他很快就用熟練的技巧把頑強的資料整理好，我們在短短幾個小時內就把整個篇章寫得條理分明、前後連貫，讀起來也很流暢。巴克先生稱讚他是「天降救星」。自此之後，《婦女之家》都能在截稿期限內收到可用的稿子。

梅西先生本身就是作家，而且頭腦敏銳、思緒清晰，他的建議對我來說非常寶貴。他是我的朋友、我的兄長、我的顧問；如果這本書沒達到該有的水準、呈現出應有的樣貌，是因爲少了他的支持，我覺得好孤單、好困惑。

2

青春，哦，青春

哦，青春啊，青春！
你穿越久遠的時空，要對我傾訴什麼？
三月的春風拂過清池，將帽子吹落到魚群中；
四月的陣雨打在康科德路上，兩名好友一起在雨中漫步；
米德塞克斯荒原的五月天飄著淡淡的藤地莓清香；
沒戴帽子的年輕人在一雙熱切的手上拼寫歡欣的話語，
完全不在意同車人疑惑好奇的眼光。

我在《假如給我三天光明：海倫凱勒的人生故事》中花了很多篇幅敘寫自己準備雷得克利夫學院入學考的心境和煎熬，所以我想在這一章概略描述我的經歷和印象。

我知道前方的路困難重重，有很多障礙要克服，但這些障礙只會激起我的鬥志，我想用正常學生的標準來磨練、考驗自己的能力。我想在大學校園中接觸那些和我興趣相合、喜歡同樣的科目，努力開闢人生道路的女孩。我滿懷熱情地踏上學習之路，懷著求知若渴的精神走進教室，就像那些圍繞在蘇格拉底與柏拉圖周圍的年輕人一樣。這裡有司酒長捧著「爲靈魂準備的酒」，他們會回答所有問題，解開我心中的謎團。

不過我很快就發現自己是因爲缺乏經驗才會抱著這麼大的期望。這讓我想起從前在吉曼女子學校上學的時候，住處的書房有幾座書架，架子中間有直立的隔板。我和蘇利文老師第一次看到這些書架時，她忍不住驚呼：「好多漂亮的書喔！」我摸摸那些精緻的書，讀讀書名，這些書名都是華麗的浮凸花紋，所以我能辨識出這些字母。可是當我想把其中一本拿下來，才發現這些都是假書。每一本都仔細裝訂、綴上金色的文字，化身爲喬叟、蒙田、培根、莎士比亞和但丁。隨著日子一天天過去，我對大學的感覺就是這樣。我的夢想逐漸變成單調乏味的現實。

我在整個大學生涯中遇上了兩個無法克服的障礙，一是缺乏浮凸字體的書，二是時間不夠。大部分必修書都是蘇利文老師在我手裡拼寫給我讀。常常夜深人靜、家裡其他人都睡著後，我們還在忙著讀書，努力趕上當天的進度。有些像亨利．羅傑斯先生（H. H. Rogers）和威廉．韋德先生（William Wade）等慷慨又好心的朋友很樂意幫我做「特製書」，但我還是經常無法從教授那裡知道我需要什麼文本，好及時轉譯出來。現在紅十字會有為盲人學生提供這種很棒的服務，可是二十五年前完全沒有。當初要是有的話，我的作品就會少一點不滿的陰影，多一點自由。

非點字的書必須用手語字母盡可能快速地拼給我讀，這樣我才能跟上上課的進度。我是一個學得比較慢、比較遲鈍的人，不能讀自己想讀的段落、愛讀幾次就讀幾次，對我的耐心簡直是一大試煉。蘇利文老師一直陪在我身邊。除了在我手裡拼讀上課內容外，她也會幫我用拉丁語、德語和法語辭典查單字。她完全不懂這些語言，而且視力也不好，卻能完成這麼艱鉅的任務。直到今天，我還是覺得很不可思議。

每本點字書對我來說都是一座埋著寶藏的金銀島。其中我印象特別深的是《奧賽羅》、《冬天的故事》、《亨利四世》、《亨利五世》、十四行詩、幾本李維和塔西塔斯的作品、普勞圖斯的戲劇、卡圖盧斯的詩，教皇、德萊頓、艾迪生、斯蒂爾選讀，還有濟慈、華茲華斯、布朗寧和雪萊的詩，他們的美妙創作總能讓我從世界的喧擾中抽離。那是一種難以形容的甜美的獨立感。我可以張開手指觸摸書頁閱讀，自己預習功課、準備考試，或是蒐集論文的資料。

當我回首往事，我覺得，撇開我自己的特殊困境不談，我們都太匆促了。就像趁暑假到歐洲走馬看花一樣。伊莉莎白時代的文學盛世，史威夫特、強森和戈德史密斯的諷刺、幽默與機智，還有十九世紀詩人的輝煌……他們汲取自然、人類與萬物在吐納流瀉出來的神聖生命，傾倒出豐盛又充滿靈性、歡樂和勇氣的訊息，我卻只捕捉到一閃即逝的光輝燦爛。然而我多年後細想，很高興自己還記得那些智慧、想像和天馬行空，它們的觸碰就像魔杖一樣點燃了我的靈魂！

歷史和詩歌中的貴族男女在時光的畫面上栩栩如生，於我眼前動靜呼吸。我對將軍、國王與神聖同盟沒什麼興趣；我不覺得看亞歷山大大帝、凱撒和拿破崙無情地摧毀世界有什麼好處。可是當我讀到蘇格拉底無畏地教導雅典青年真理，選擇喝下致命劇毒而非投降時，我的想像力就開始綻放光芒。哥倫布和一群不友善的船員一同在沒有地圖的大海中航行，他崇高的毅力點燃了我的冒險精神，讓我想深入探索、甚或繪製出一個黑暗無聲的世界。我一直對聖女貞德懷著溫柔的敬慕之情，喜歡她在英法歷史、在多位性情迴異的作者筆下，以及在席勒劇作中那個美麗的悲劇形象，她那足以解開各種糾結與爭論的純粹智慧，還有在背叛與殘酷中不屈不撓的信念，在在展現出女性前所未見的榮美與高度。我腦海中經常浮現她的身影，她是「少數上帝在其耳邊低語的人之一」。

磅礴的時代大劇挾著各式各樣令人驚嘆的場景在我面前開展——帝國的興衰；新舊藝術流派的更迭；古老民族的點滴奇妙地融合成各個種族；偉大的實踐家與思想家將生命和能量注入黑暗時代；蔑視教會和國家的學者們執著手杖四處漫遊、受苦殞滅，以肉身清除眞理之路上的阻礙。我看著新的思想萌芽、茁壯、衰微，著迷到無可自拔。我在世俗事物中失衡、尋不著安定感，後來才明白，就算心靈遭受干擾和破壞，還是可以遁隱片刻，找回內在的寧靜。這是我在雷得克利夫學院學到的，一帖自哲學研究提煉出來的長生不老藥。

我很喜歡哲學，每每讀來總覺如魚得水，光是哲學一科就讓大學四年的艱困歲月變得非常值得。正如田野沐浴春雨，變得更加翠綠一樣，我的心在哲人充滿魔力的話語和新穎的思想澆灌下，變得愈來愈豐潤。我有自己的信仰與想像，但生活在一個沒有色彩、沒有聲音的世界裡，很容易萌生錯誤的觀念，哲學則讓我了解該如何守護內在，抵禦那些謬誤。我從用眼睛看、用耳朵聽、用手觸摸的思想家身上獲得了探索信念的力量，也從身體機能正常無虞的人那裡領悟到感官有多不可靠。我覺得蘇格拉底關於知識、友誼與永恆不朽的論述非常吸引人，「眞實世界只存在於心靈」的想法滿載著詩意和眞理；柏拉圖則讓我意識到個體擁有一種內在的、絕對的能力，能讓美之所以爲美，音樂之所以爲音樂，眞實之所以爲眞實，從而創造出內心的秩序、聲音與光明，無論外在世界有多少折磨和苦難也一樣。我很高興這些觀點證實、鞏固了我的信念，我可以超越自身的感官缺陷，在黑暗中看見看不見的東西，在寂靜中聽見神聖的交響曲。我滿懷喜悅，確知視聽障礙就我本身的存在而言並不重要，因爲在我永恆不朽的心靈中，沒有這些缺憾。

然而這個想法只是一種信念，直到認識笛卡兒的格言「我思故我在」後我才意識到，內在那個「絕對的能力」不只是所有物而已，更是一種創造幸福的工具。我帶著積極的態度從充滿局限的小島上站起來，找出其他方法，用流淌著光明與共鳴的宇宙概念爲橋梁，跨越黑暗無聲的虛空。換言之，我用內在的感知與強大的意志去支配自己的生理殘缺，在雜亂錯落的物體、感覺與零碎的印象摸索前進。在這之前，我因爲太過遲鈍，沒有成功「掌控」更高的意識層，將生命擴大到無限。但「我思故我在」這五個簡潔有力的字喚醒了蟄伏在我體內的什麼，而這一醒，便再也沒睡過了。

康德與愛默生進一步引領我踏上解放之路。我以前常受缺乏視聽能力的框架束縛，以致懷疑自己能否對他人的所見所聞產生適當的概念。受損的感官和我有時似乎合爲一體、無法分離，我不明白別人怎麼有辦法同理、認眞看待我的觀點或是觸摸物體的感受。有人告訴我，人類接收到的印象有十分之九都是透過眼耳傳遞；我忍不住想，不曉得我和我的朋友在有生之年能不能彼此了解。無論心有多相愛，我們之間似乎有一條難以逾越的鴻溝。南轅北轍的生活經驗堵住了許多自然的理解渠道。我原以爲自己在那些感官功能強大、自信滿滿又主宰世界的人眼裡就像虛無的幽靈，但踏入哲學世界這個非物質領域後，我對我們的處境有了不同的看法，達成一種舒心、愉快的和解。我領悟到康德所謂的眞理，沒有概念的感覺只會流於貧乏，沒有感覺的概念只會流於空泛。我在感覺中注入更多思維和情緒，以未曾嘗試過的方式仔細審視觸覺及嗅覺所刻下的印象，這些印象帶來許多想法和通往視聽世界的線索，讓我覺得很不可思議。比方說，我會觀察自己喜歡的香氣種類和濃淡，想像視力正常的人被繽紛色彩與色調迷住的模樣；或是將思想的明光比作白晝的日光，深刻感知到「光」在人類生活中有多珍貴、多重要。這種思考方式能幫助我面對外界的質疑和論斷。有些人會批評我的著作，認爲「她哪裡懂什麼生活？」「她又沒經歷過，怎麼會明白成年後才失明的感受，知道人家需要什麼樣的協助？」「她憑什麼描寫她看不見的風景？」等等，這類問題反映出他們對上述的精神基礎所知甚少，不了解我其實可以在這些基礎上與正常人建立緊密的連結關係。

康德認爲時空是體驗生活的媒介，而且千變萬化，並非永恆不變。這個觀點有如一陣新雨落下，讓我的人生花園充滿涼爽的氣息。我就和大多數人一樣深受感官魔咒影響，以致時空之牆看起來極爲堅實，成爲無法逃離的框架，讓我覺得有點拘束，因爲我只要想站起來去什麼地方，就很難靜靜坐著等待。可是當我發現自己可以超越時空，將多年的記憶壓縮成一個小時，或是把一個小時拉長爲永恆，我就看到眞實的自我將身體、健康狀況與物質世界的束縛拋到空中，成爲自由的靈魂。閱讀愛默生的著作，就像欣賞一首優美的詩，聆聽一段精采的演說，或是手裡捧著一朵完美的花；剎那間，我跨越了凡俗生活的高牆，在充滿無限美好的高原上恣意奔馳。我就是在這些新思潮的喜悅中寫了《樂觀主義》（*Optimism*）和《我所生活的世界》（*The World I Live In*）。愛默生讓我認識到康德抽象語言中的浪漫，更幫我打下基礎，所以我後來讀史威登堡的時空理論時才沒那麼吃力。當時我還沒意識到哲學於我的意義，不知道它其實是一顆閃耀的星，點亮我黑暗的人生道路與孤獨的時刻。如今回想起來，哲學不僅多次助我用愉快的心來面對自己的小世界及其晦澀難解的問題，還經常創造出視覺與聽覺無法企及的神妙，讓我無須透過眼耳就能體驗到與他人一樣的快樂！

遺憾的是，我和學院教授交流的機會不多，未能發展出更密切的關係。大多數教授都像留聲機一樣，沒什麼人情味。迪恩教授就住在我隔壁，我卻從未見過他；另外我也沒見過艾略特博士，是他簽署了我的畢業證書。據我所知，他對我的興趣僅止於此。

比較關心我的老師有教德文的巴烈特教授、史密斯學院現任院長威廉．艾倫．尼爾森博士、羅斯教授和科普蘭教授。我和蘇利文老師經常在課堂以外的時間和尼爾森博士見面。他和他可愛的妹妹對我們非常友善，不時請我們過去喝茶聊天。尼爾森博士是個很迷人的蘇格蘭人，有著藏不住的幽默感。他用充滿熱情的方式講授伊莉莎白時代輝煌的文學碩果，是唯一一個學習手語字母以便與我交談的教授。近年來，我們見面的頻率不如我所願，但彼此之間的友誼依舊不變，延續至今。

我在雷得克利夫學院念書時，科普蘭先生還不是教授，卻已經有一定的影響力。我認為他的力量在於一種難以捉摸、無法用言語形容的魅力，這種魅力來自他獨特的個性。我聽說科普蘭教授的聲音極具感染力，能傳達出淒美的情感，我可以在蘇利文老師指尖的起落與滑動中感受到這些情緒。我從未見過有人能像他一樣用短短一個字詞或片語表達出這麼豐富的意蘊。他講話的方式很像蘇格蘭歷史學家與諷刺作家湯瑪斯．卡萊爾，機智、風趣又犀利；雖然他性格古怪，但無論學生的文章有多像瑣碎的流水帳，觀點有多淺薄，他都帶著親切的眼光寬容看待。他就像光點亮了我幽暗的創作之路，讓我了解寫作的藝術；他的讚美是我在求學生涯中得到最珍貴的鼓勵之一。

羅斯教授時時刻刻都很超然，與其說他是凡人，不如說他更像一尊佛像。他後來寫的《忠誠的哲學》（*The Philosophy of Loyalty*）一書在在反映出他那寧靜安詳的本性、和藹可親的態度與崇高的社會觀。真希望我能多認識他、多了解他一點。

我很喜歡阿奇博德．凱利．柯立芝教授的歷史課，但我從來沒跟他講過話。他是個非常靦腆的人。有一次我想問他問題，蘇利文老師便在他走下講臺時攔住他，嚇得他不知所措，她不得不把問題重複兩遍。當時他的回答語無倫次，一說完便匆匆離開教室。在我看來，他有點缺乏個性。他的授課方式比較平鋪直敘，很像在大聲唸書，但我的教授中很少有人和他一樣啓迪人心。我大學畢業後，他曾多次受邀加入國家代表團執行外交任務，包含美國和平代表團、美國經濟代表團，以及一九二一年美國駐俄羅斯救濟公署。說他比許多知名學者更出色一點也不誇張。

身體殘疾或多或少阻礙了我與同學之間的交流。雖然只有一個人學會用手指和我對話，不過大家還是透過許多可愛的方式跟我溝通，表達她們的善意。我們會在霍根太太的學生餐廳裡吃三明治和巧克力閃電泡芙，一群人圍在我身邊嘰嘰喳喳，蘇利文老師會在我手上拼寫出歡快的言語，讓我知道大家在聊什麼。她們還選我當副班長呢！要不是我在學習上比較辛苦、需要多花點時間，我絕不會錯過大學生活中更輕鬆、更多采多姿的一面。

我記得有個同學名叫柏莎·梅克斯卓斯，她不但學寫點字，還利用自己的閒暇時間替我抄錄伊麗莎白·巴雷特·布朗寧的《葡萄牙十四行詩》。當時我已經快要畢業了，畢業後就再也沒見過她，也沒有她的消息，但我把她的貼心舉動銘刻五內，視為大學時代珍貴的紀念品。

另一個難忘的小插曲是班上同學為我精心策劃的驚喜。有一天，幾個女孩邀請我和她們一起去布魯克萊恩鎮，只說要去找幾個有趣的朋友玩，其他什麼都沒說。抵達目的地後，她們一副神祕兮兮的模樣，我開始嗅聞環境，立刻察覺到我們所在的地方不是人的住處，而是飼養波士頓㹴犬的犬舍。狗狗熱情地歡迎我們，其中一隻名叫「湯瑪斯爵士」的狗特別黏我。雖然牠長得不漂亮，倒也醜得可愛，而且血統非常高貴。牠一直在我腳邊撒嬌，要是我摸了別的狗，牠就會用身體頂我表示抗議。女孩們問我喜不喜歡牠？我說非常喜歡。

「那就帶牠回家吧，」她們說。「牠是我們送給妳的禮物。」

湯瑪斯爵士似乎聽懂我們說的話，開始像陀螺一樣繞著我轉來轉去。等牠稍微安靜下來後，我告訴牠，我不太喜歡「湯瑪斯爵士」這個頭銜；牠向我保證，牠對改名沒意見。於是我幫牠取了一個新名字叫菲茲。牠在地上連滾三圈欣然同意。我們一行人就這樣開心地帶牠回劍橋了。

那時我們住在柯里茲大街十四號。屋子前身是一棟精緻漂亮的豪宅，坐落在山丘上，四周有許多高大的樹木，風景優美，濃蔭掩映；雖然對面是車水馬龍的奧本山街，我們卻遠離塵囂，隱身於靜謐之處，不受攪擾。詩人詹姆斯・羅素・洛威爾就住在附近。親愛的布麗姬替我們照顧、看管房子，總是在門口歡迎我們回家。

花匠在屋後的空地栽種了一叢又一叢當季花卉，像是三色堇、雛菊、天竺葵和康乃馨。空氣中瀰漫著陣陣花香，宛若仙境。義大利女子和孩子經常穿著鮮豔的洋裝、圍著漂亮的披肩來摘採鮮花，準備到市集上叫賣；我們在他們的笑語和歌聲中醒來，彷彿置身於義大利鄉村。在繁忙的市中心，這個景象眞是難得！女子懷裡抱著滿滿的康乃馨，她們紅潤的臉頰、深邃的大眼睛，還有烏黑捲曲的髮梢無不散發出清新的田園生活氣息。這不是畫，而是活生生的片刻。孩子們提著一籃籃繽紛的天竺葵，像鳥兒般嘰嘰喳喳地聊天；他們的聲音多麼快樂，舉止多麼活潑，花香多麼甜美！

在劍橋求學這段期間，我認識了幾位哈佛大學學生與年輕的講師。其中有些人學會了手語字母，因此我們能進一步交流，培養出眞正的情誼，一同度過無數美好的時光。菲利普・席尼・史密斯就是其中一位。他現在在華盛頓，是美國地質調查局阿拉斯加地質學首席地質學家。他的妻子麗諾是我最好的朋友之一，不但幫助我學習，還會在蘇利文老師生病或疲憊時陪我一起去上課。還有後來和蘇利文老師結婚的約翰．梅西，他永遠是我們生命中最珍貴的一部分。

那時候的我們對生活充滿熱情。無論是沿著鄉間小路散步十六公里，還是乘著馬車兜風近六十五公里，對我們來說都不是難事。我們對一切充滿好奇、興致盎然——燦爛的秋季森林中，樹葉如寶石般耀眼，陽光點點閃爍，候鳥成群遷徙，松鼠覓食過冬，野蘋果樹將果實灑落在我們頭上；梅德福沼澤區點綴著波光瀲灩的寶藍色池塘，紅香蒲在其間隨風擺盪。

然而我的記憶不全是夏日風情。除了草坪、田野和果園香氣隨著和煦的微風飄來外，冬天同樣帶給我們無比歡樂。我們常在清朗的夜晚將輕便的馬車套上雪橇、裝滿芬芳的乾草，坐在上面滑雪。派翠克會牽著騰躍躁動的馬匹，等我們爬進去坐好；我們才一坐定，馬兒就往前飛奔，奔向叮噹作響的雪橇鈴，奔向雪花紛飛、星辰閃爍的世界！

回家時，親愛的布麗姬為我們打開大門，舒適的暖意迎面而來，她可愛又充滿耐性的臉也帶著滿滿笑容。好香喔，是咖啡和鬆餅！大家東忙西忙，興高采烈地將晚餐端上桌；雖然人多手雜，布麗姬不好做事，她的笑意卻更濃，我們也跟著開心。每每回憶劍橋生活，我都會想起布麗姬對我和蘇利文老師的細心照料。

漫長的冬夜裡，我們常圍坐在火堆旁，和幾個求知若渴、富於想像的學生談天說地。我們一邊喝蘋果酒，一邊吃爆米花，痛快地批判各種社會現象、哲學理論、宗教思想與文學流派。幸好，那些慘遭痛批的受害者對我們的蔑視完全不知情，甚至不曉得我們的存在。我們也不想向沉悶的世界宣揚個人觀點，只要在小圈圈裡自得其樂就滿足了。我們是一群思想獨立、滿懷熱忱的年輕人，雖然大家都崇尚自我、追求個人主義，卻也很支持當時的利他主義運動。我們相信風起雲湧的群衆力量，相信和平，相信四海之內皆兄弟，相信每個人都應獲得平等的待遇。我們都有各自的偶像，就像行星繞著太陽轉，我們的觀點都繞著他們發展。這些偶像都是赫赫有名的人物，例如尼采、叔本華、卡爾．馬克思、柏格森、林肯、托爾斯泰、麥克斯．施蒂納等。我們讀雪萊、惠特曼和史溫本的詩作，讀得愈多，討論得愈多，就愈堅信自己是擁有自由思想的時代菁英。我們認爲自己就是現代社會的先驅，凌駕於唯物主義世界之上。儘管有時靈感不足讓人有些灰心，我們依舊過著精神與思想富足的生活。猶如天使懷著悲憫俯瞰芸芸衆生，我們也在孤獨崇高的頂峰同情地望著其他學子。我們慷慨互贈學識與智慧的財富，同時又脣槍舌戰、討論個沒完，連律師都相形失色。每個人都自認有靈丹妙藥，可以把貧瘠的世界變成豐饒的天堂；爲了捍衛自己的思想王國，大家彼此論辯，以激烈的言辭一決高下。爭鬥過後，我們漠然地將各王國掃除一空，歸於塵土，並在其過去繁榮昌盛的餘灰中從容地建立起完美的民主國度。在這裡，國民個個不甘庸碌，亟欲擺脫平凡的生活；至於現實中的難題就參照大多數的烏托邦理想世界，順其自然。

哦，青春啊，青春！你穿越久遠的時空，要對我傾訴什麼？三月的春風拂過清池，將帽子吹落到魚群中；四月的陣雨打在康科德路上，兩名好友一起在雨中漫步；米德塞克斯荒原的五月天飄著淡淡的藤地莓清香；沒戴帽子的年輕人在一雙熱切的手上拼寫歡欣的話語，完全不在意同車人疑惑好奇的眼光。我們快樂地餵松鼠吃堅果，坐在路邊細數空中的飛鳥，卡爾還模仿鳥兒悅耳的啁啾聲給我聽。不過現在的鳥兒似乎比從前少很多，歌聲也沒那麼愉快了。

但我必須放下過去，繼續前進。絕不能讓讀者認爲我是一個沉緬於青春往事、難以自拔的老婦人。

關於我在劍橋的生活和畢業典禮的細節，有些描述不太正確，因此我要以另一個角度呈現我在雷得克利夫學院的經歷，好破除這些謠言。據說，凡是看到我和蘇利文老師在磨難中奮鬥的人都會對我們表示讚揚和敬意。有篇筆調充滿同情的法文文章是這樣描述我的學位授予典禮：

那天，學校禮堂擠滿了人，準備參加學位授予典禮。雖然其他學生也會拿到畢業證書，但所有關注、所有目光、所有熱情都集中在這位出類拔萃的可愛女孩身上。當然，蘇利文小姐也坐在她身旁，一同分享勝利的一刻，正如她日復一日、年復一年地分擔她的重擔與艱辛。司儀一叫到海倫的名字，這對師生，或者應該說精神上的母女，手牽著手步上臺階。全場響起如雷的掌聲，雖然她聽不見，卻能感受到熱烈的回音。海倫接過那張珍貴的文憑，上面特別提到：「她不僅成功通過所有考試，英文文學的表現也很傑出。」

關於蘇利文老師的敘述完全屬實。我之所以能成功，最重要的就是因爲有她在我身邊支持我，讓我堅定地朝自己的目標前進，但其他部分就純屬虛構。那個六月下午，禮堂裡並沒有擠滿人潮，只有幾個朋友專程來看我，我的母親也因病無法到場，爲此我們母女倆都非常失望。布里格斯院長照例在畢業典禮上致詞，但並沒有提到蘇利文老師。事實上，沒有一位教職員跟她或跟我說話。拿到畢業證書時，我也沒有感受到「如雷的掌聲」。有些以我大學生活爲題的文章把我的畢業典禮描繪得氣勢磅礴、光彩耀眼，但事實完全不是這樣。有幾個學生脫下學士帽和學士袍時非常憤慨，還有個好心的女孩說學校應該也要給蘇利文小姐學位才對。那天下午，我們只是安靜地回到座位上，然後盡快離開，搭著路面電車匆匆趕往新英格蘭一個可愛又充滿夏日氣息的小村莊。當時我們已經在那裡安頓下來，展開新生活了。那天傍晚，我和幾個朋友划著獨木舟在沃洛莫納波湖上優游；在如夢似幻的美景中，我忘卻了疲倦和這個奇怪的世界。微風挾著看不見的花香撲鼻而來，繁星在夜空中靜靜閃爍，岸邊青翠的小丘微斜傍水。願我能經常遠離喧囂、紛亂又多事的日常，回歸於仁慈的大地、蒼穹與清幽的暮色。願時間永遠停留在這一刻。

3

我在倫瑟姆的日子

在樸實單調的鄉村生活中，
任何一縷光芒都無比珍貴，
就連石縫裡或溪流邊的一朵小花都燦爛如星，
難得一見。
零碎的小事充滿動人的詩意，
平凡的日常透著靈性的光輝。

先前援引的那篇法文文章提到，大衆給了我一個在倫瑟姆的家，希望能藉此表達對我的敬慕，就像古時會贈與凱旋歸來的將軍莊園和領地，讓他在那裡生活、享受殊榮一樣：

波士頓，一座智識非凡的城市，堪稱「美國的雅典」，在幾經考察後，決定即日起將這棟屋宅贈與海倫．凱勒，向這位年輕女孩表達敬意。她的勝利無與倫比，她的精神戰勝了物質世界，她不朽的靈魂戰勝了感官的殘缺。

有些不知情的人甚至還加油添醋，說這棟房子有一座占地遼闊的公園和美麗的花園。其實我來到倫瑟姆時根本沒有這種滿載勝利喜悅的盛況和排場。我和蘇利文老師之前已經在這裡買下一間老舊的小農舍。房屋本身空間狹長，屬於簡單平實的清教徒風格，另外還有一塊將近三公頃的荒地。蘇利文老師替我把一間擠奶工作室和兩間食品儲藏室改建成書房。那篇法文文章對此做了以下描述：

海倫．凱勒大多時間都在雅致的書房度過。書房裡裝飾著仰慕者贈送的青銅製品和藝術品，四周的書架藏有數百本厚重的書籍，形成天然的書牆；潔白的紙頁上布滿凸起的小點，那些都是她心愛的點字書。

事實上，我的書房非常簡樸，根本沒幾件「藝術品」，只有我的精神導師約翰．希茨先生送的「米羅的維納斯」石膏像、威斯康辛大學賈斯楚博士送的荷馬浮雕紀念章，以及幾位外國朋友送的古玩。所謂的「書牆」只有一面，藏書也沒有上百本那麼誇張。一般的點字書最多大概三到五冊；雖然我想要的書遠不止於此，但對像我這樣渴求知識的人來說，任何一點眞誠的思想都是珍貴的寶藏。不過我的書房確實有幾個迷人的地方：屋裡經常灑滿陽光，東邊的大窗臺上種滿了由我親手照料的花草，只要穿過一扇玻璃門，就能踏進一片松樹林，可以獨自坐在那裡凝神冥思、做做白日夢。

蘇利文老師在我的臥室外打造了一個陽臺，讓我可以隨時、隨興地走到戶外。常綠植物緊挨著欄杆，我只要微微俯身，就能感受到枝葉如音樂般沙沙作響。有一次，我還在陽臺上「聽見」一隻夜鷹唱情歌。我經常在那裡來回漫步，而且一走就是一、兩個鐘頭。每隔一段時間，我就會停下來嗅嗅五月空氣的芬芳。陽臺南端種著一株紫藤，纖長的藤蔓緊緊纏繞著欄杆，我一伸手就摸得到。陽臺另一端正對著繁花盛開的花園和蘋果林，香氣多麼甜美！我佇立在紫藤樹下，任憑思緒飄向遠方。突然間，我手下的欄杆出現一陣陌生的顫動，一而再再而三地隨著節奏反覆，就像我觸摸歌手喉嚨時感覺到的那種重複的音符。這時，顫動驟然停止，紫藤花宛如仙子的鐘擺來回搖盪，輕點我的臉頰。我猜應該是微風或小鳥在搖動藤蔓吧。過沒多久，欄杆又開始震顫，而且每一次奇怪的敲擊後都有一段節奏分明的律動，我從未有過這種感覺。我不敢動，也不敢叫。蘇利文老師聽見神祕的聲響，把手伸出窗戶輕輕安撫我，示意我不要出聲。

「是一隻夜鷹。」她在我手心裡拼寫道。「牠停在牆角的柱子上，離妳很近，我想妳應該摸得到牠。不過千萬別這麼做，不然牠會飛走，再也不回來了。」

我知道夜鷹會反覆發出「喂——嗚——喂！喂——嗚——喂」的鳴叫，因此我能準確地跟上牠的聲調。我的觸覺告訴我，這隻夜鷹的歌聲充滿歡樂，而且愈來愈響亮，愈來愈急促。

蘇利文老師又摸摸我，在我手心寫道：「牠的情人就在蘋果林裡回應牠。顯然牠一直躲在那裡。牠們正在唱二重唱呢。」

最後，欄杆停止顫動，她寫道：「牠們倆都在蘋果樹上，在粉色與白色的花海中唱歌。」

為了購買、改建倫瑟姆這棟房子，我們賣掉一些糖業股票籌措資金。這些股票是斯伯丁先生大約十年前贈予我們的。感動之餘，我一定要聊聊這位好朋友。他不但在我們最需要幫助的時候慷慨解囊，對我們更是關懷備至。

我記得當時我大概九歲，演《小公子》的那個漂亮小童星艾爾西．萊絲莉．萊德介紹我們和斯伯丁先生認識。他個性親切、善解人意，才見面沒多久就贏得我的好感。從那天起，他就很熱心地想為我們做點什麼，好讓我們能過得舒服、開心一點。讀柏金斯啓明學校那段期間，他常常來看我們，和我們共進午餐，還會帶一大束玫瑰、一大盒水果或糖果當作伴手禮。有時他會開車帶我們去很遠的地方旅遊，艾爾西沒有演出時也會陪我們一起去。她眞是一個活潑可愛的孩子。每次斯伯丁先生看到「這兩個小寶貝在一起」都很開心，臉上堆滿笑容。那時我剛開始學說話，斯伯丁先生因為聽不懂我的話而苦惱，覺得很難過。有一天，我為了練習說「艾爾西．萊絲莉．萊德」練到哭出來，但我沒放棄，因爲我很希望能讓斯伯丁先生清楚聽見我說出艾爾西的名字。最後我終於成功了；斯伯丁先生當下那股喜悅讓我一生難以忘懷。如果我發音不準，或是環境太吵以致他聽不清楚，他就會抱著我說：「雖然我聽不懂妳在說什麼，但我永遠愛妳。」我知道他說的是眞的，他一直都以溫厚的慈愛待我。事實上，他自己也深受各界人士愛戴。艾爾西稱他爲「約翰國王」；以他的精神、心靈和氣度來看，他的確是一位尊貴高尚的君王。

斯伯丁先生資助我和蘇利文老師很多年。有好幾次，他都說他會爲我們的將來打算，可是還沒來得及安排遺囑，他就與世長辭了。他的繼承人拒絕繼續提供援助。他的侄子甚至還說我們趁他叔叔身體不好、腦袋不清楚時利用了他！

我好像又離題了。但我不能默默略過這段珍貴又美好的友誼，還有斯伯丁先生的慷慨無私。他對我們沒有什麼要求，也不求任何回報，只是希望我們快樂，這樣他就心滿意足了。

當我們回到第一個家，推開門窗迎接六月的朝陽，滿懷光明希望地展開新生活時，不知怎的，感覺斯伯丁先生離我們好近，彷彿就在我們身邊。

一九〇五年五月二日，也就是我畢業一年後，蘇利文老師嫁給了約翰・梅西。她把女人最好的年華給了我，我很希望看到她幸福，得到一個好人的愛。他們的結合讓我心裡湧起一股柔和的喜悅。我們請了一位親密的老朋友愛德華・愛萊特・豪伊爾博士過來，在白色農舍的客廳裡爲他們主持結婚儀式。那天屋裡灑滿了溫暖的陽光，鋪滿了鮮花，我站在老師旁邊，麗諾在我的手心上描繪儀式過程。我的母親和幾位好友也來觀禮。之後，蘇利文老師和梅西先生去紐奧良度蜜月，我和母親則跑去南方探望他們。幾天後，他們夫妻倆居然出現在門口！看到他們走進屋裡，我又驚又喜，激動到差點把杯子打翻。他們就在我身邊，和我一起沉醉在南方初夏的美景裡，一切恍如夢境。空氣中瀰漫著木蘭花的香氣，他們不停說小嘲鶇的歌聲有如天籟、美妙無比，還說這就是他們的結婚進行曲。可是我們回到倫瑟姆後，卻聽說有人認爲我心生嫉妒，看到老師結婚很不高興，甚至還有人寫信安慰我；其實他們這些言行舉止對我才是沉重的打擊！

我的老師和她的先生是我一生珍愛的摯友，但願我能用手指在這些書頁上刻下他們的畫像。蘇利文老師有著如女王般高貴的心靈，而且剛毅堅強、爲人眞誠，經常在討論中直搗核心，一針見血地揭露問題的本質。她喜歡美的事物，熱心公益，欣賞英雄氣概；而她的先生心思細膩、幽默風趣，如兄長般親切，威儀嚴肅與微笑寬容這兩種個性在他身上巧妙結合，形成獨特的氣質。爲了讓我單調乏味的生活變得更豐富，他們夫妻倆不僅努力把家裡狹小的空間布置得舒適愉快、趣味盎然，還不停爲我描繪那些我看不到也聽不到的事物，再加上自己的深刻見解，用神奇的方法打破日常沉悶。他們兩人說話的方式截然不同。蘇利文老師對景色、新聞和人物的評論有如一塊塊金石落在我手中，她先生則是小心翼翼地斟酌詞句，像在寫小說一樣。他常說他想寫小說，當然，他精采的言談中絕對有值得創作的素材。他的雙手從不停歇，就算不是在拼寫手語字母，我也能從他的手勢判斷出他是在爭辯、開玩笑，還是閒聊。

我的奮鬥之路崎嶇難行，而他總是爲我掃除障礙，悉心幫助我的事不可勝數。有一次，我的打字機壞了，手工抄寫讓我筋疲力盡；爲了讓我能及時交稿，他徹夜未眠，替我抄了整整四十頁手稿。

他幾乎就像蘇利文老師一樣亦師亦友，總能想出很多辦法讓我開心，滿足我的求知慾。他一直讓我如實接觸這個世界，了解時事要聞、科學發展與文學趨勢。如果他有特別喜歡的書，就會請約翰·希茨先生幫我轉譯成點字，或是利用空閒時間親自讀給我聽。

我們搬到倫瑟姆不久，吉爾德先生就邀請我為《世紀雜誌》撰寫系列文章，闡述我的周遭世界的看法。這個專欄的標題為「理性與感性」，不過珍・奧斯汀的作品已經用了這個名字，因此後來文章集結出版時的書名為《我所生活的世界》。我覺得寫這本書大概是我這輩子最快樂的時刻。我將生命中最愉快的時光與自身感興趣的事物傾注筆端，例如新發現的哲學寶藏，以及對周遭環境和新英格蘭美景的感觸等。我總是陶醉於神妙的大自然，卻做夢也沒想到自己竟能享受如此豐富的感官饗宴。我坐下來開始用文字描繪細節——樹葉的影子宛若蕾絲，昆蟲的翅膀輕如薄紗，微風喃喃低語，花朵在風中顫動，鴿子的胸口微微起伏，搖曳的草浪窸窣作響，蜘蛛永無止境地吐絲織網……

接下來我寫了《石牆之歌》。寫這本書的契機是一個愉快的春日，我們在翠綠的田野上修葺古老的石牆，創作的念頭就在我心中慢慢萌芽。我在書裡運用想像，描寫出那些很久以前建造石牆的人，並將本書獻給愛德華・愛萊特・豪伊爾博士，因為他也很喜歡那些老石牆及其流傳下來的軼聞。他不但用言語頌揚築牆者的熱情，更打從心底敬佩他們的勇氣。

寫書時，梅西先生總是在我身邊給予意見和協助。如果我寫的東西讓他很不滿意，他就會嚴厲批評我；如果寫出來的段落他很喜歡，他也會大加稱讚。我們一頁又一頁地反覆細讀書稿，去蕪存菁，直到他認爲我已經盡力爲止。他會說：「要是竭盡全力還不能讓人滿意，那也無能爲力了。」

此外，梅西先生總有妙招能把我從沮喪抑鬱的情緒裡拉出來。他的笑聲能舒緩我的心情，撫平我的憂傷。我很喜歡和他一起在倫瑟姆蜿蜒的道路上漫步或開車兜風。他會一下子高興地指著池塘，告訴我池水就像在大地懷中微笑的嬰兒；一下子指著飛過空中的小鳥，告訴我那隻鳥異常美麗；一下子又指著田野，告訴我田野裡陽光燦爛、玉米成熟金黃。有時他也會和我一起坐在沃洛莫納波湖畔的大橡樹下，爲我讀梭羅的作品。我無法用言語形容他對我有多重要，我有多愛他。當時我並沒有很在意這些瑣碎的小事，直到後來開始書寫這段日子，往事不斷湧上心頭，才發現回憶中的點點滴滴如此深刻動人。靜謐的夏夜，冬日的爐火，我的思緒依舊在從前的年歲中遊蕩，甜蜜地沉浸在兩位摯友的深厚情感裡。但願他們能再次陪我坐在書房，用手在我掌中敘寫，一起打造夢想，創造出互相扶持、充滿光明的美好未來。我永遠無法習慣世間令人困惑的無常與滄桑，然而，儘管生命時有陰影籠罩，我和蘇利文老師依舊覺得倫瑟姆這段日子是我們一生中最可愛、最美好的時光。

初到倫瑟姆時，我腦海中浮現的是一座真正的農場，類似我父親在阿拉巴馬州圖斯坎比亞的農場，有樹林、莊稼和各種動物，我們可以在那裡過著簡單樸素的居家生活。

菲茲是我們家唯一的動物。我們帶著牠從劍橋來到倫瑟姆，可是才搬來一年牠就死了。我們把牠埋在田野盡頭一棵美麗的白松樹下。牠的離開讓我難過了很久，決心再也不養狗。不過大家都知道，隨著日子一天天過去，另一隻狗就會出現在你的生命裡。這隻狗是梅西先生的朋友送給我們的，名叫凱薩，是一隻健壯的法國鬥牛㹴。凱薩三歲前一直和男主人生活在一起，所以剛來的時候，牠老是對女性擺出傲慢的姿態。無論我們跟牠說什麼，牠都要考慮一下，而且通常考慮後的結果就是不理我們。我們想訓練牠，讓牠知道如果要吃飯就必須服從，但牠很快就發現蘋果可以代替肉和麵包，甚至還學會用雙爪夾著蘋果，吃得津津有味。不過最後牠還是接受現實，了解自己現在住的家庭，女性是男性的三倍，只好舉手投降，放棄從前那種荒謬的男性優越感，在許多事物上妥協，也不再假裝自己喜歡吃蘋果了。雖然牠走起路來依舊昂首闊步，流露出滿滿的男子氣概，但身爲一隻法國鬥牛㹴，這種派頭倒也很合牠的身分。

關於凱薩，可說的不多。牠的命運印證了現代文明的發展歷程。牠發現自己不費吹灰之力就能獲得豐富的食物，因此只要有機會就狼吞虎嚥。狗和人類都知道大啖美食是一種愉快的消遣，但也必須明白暴飲暴食遲早會要了他們的命。

相似的命運再度降臨。這次的主角是一群羅德島紅雞。我們的鄰居迪利先生非常喜歡鳥禽，紅雞就是從他那裡買來的。我親自餵養牠們，牠們很快就變得乖巧溫順。觀察牠們很好玩，可是過了不久，我注意到牠們開始趴著吃飼料，而且很難讓牠們站起來走動。我們找了迪利先生來看看，請他給點建議。他居然說我餵牠們吃太多了，這些雞胖到可能連商販皮爾斯先生都不會收購。這些貪吃鬼讓我失望透頂，我再也不想養雞了。

可是我們花了很多錢和心血搭建圍欄，就這樣廢棄未免太可惜，於是我們又買了索拉，一隻美麗的斑點大丹狗。我以爲幼犬會比較好養，再說比起養雞，我還是比較會養狗。過沒多久，索拉就生了十一隻小狗。我完全沒料到會有這麼多，也沒想到牠們會這麼調皮。

由於篇幅有限，我沒辦法詳細描述這一窩狗狗的成長過程。就像詩人和音樂家一樣，小狗同樣性情多變、喜怒無常。在這些小傢伙中，有一隻大家公認最可愛的小狗。我們叫牠席格琳德，對牠呵護備至、寵愛有加。牠的毛色是玫瑰金，頭頸線條非常優雅，有種高貴的氣質。在我們養過的狗中，她最漂亮，也最聰明。當然，我不會因爲牠而輕視健美的丹麥男爵漢斯，也不會忽視任性又迷人的蘇格蘭少女達琪。寫到這裡的時候，牠們倆正在我書房門口嚷叫呢。

除此之外，我們還有一座很棒的大穀倉，裡面什麼也沒養。這麼好的地方居然沒有家畜來享受，感覺好像說不過去。於是我們開始瀏覽《波士頓日報》上的廣告，驚訝地發現很多美麗的動物都沒有舒適的家。有位女士因爲要出國，不得不將她高貴的大丹狗交到陌生人手中；讀到這則消息，我的眼眶都溼了。她說，如果有愛動物的人願意給尼姆羅德一個家，只要付她七十五美元，她就願意忍痛割愛。這個價格簡直就是白送。我們寫信給那位女士說我們很樂意領養尼姆羅德。梅西先生依約到波士頓北站和對方見面，帶尼姆羅德回來，我和蘇利文老師則在家等候。

我從來沒見過這麼大的狗。比起一般的狗，牠更像一頭小象。梅西先生堅持，在弄清楚牠的脾性和馴服程度前，應該先讓牠暫時待在門廊，但我們不想對新朋友這麼冷淡，把牠留在門外。最後，門猛然敞開，尼姆羅德就這樣走進屋裡。門邊有張小桌子，上面有一盞燈，牠經過時不小心把燈撞倒了。幸好燈芯沒有點燃，因為當時我們用的是煤油，要是翻倒，說不定整棟房子都會燒毀。那隻可憐的狗也被撞擊聲嚇了一跳，慌慌張張地衝進飯廳，打翻了梅西先生的晚餐，砸碎了碗盤，弄得滿屋狼藉。梅西先生費了好大的力氣才把這隻受驚的傢伙拉出去，送到穀倉。那天晚上，家裡的氣氛有點緊張。我不太清楚實際的情況，只聽說有兩名列車長拒絕讓尼姆羅德上車，牠還嚇跑了在火車站候車室等待的旅客。

索拉不想和尼姆羅德有交集。牠試著接觸小狗時，索拉還對牠大聲咆哮。尼姆羅德似乎很喜歡獨自在外面的田野閒晃，可是後來有人發現牠在吃石頭。田野裡的石頭太多了。我們覺得很難過，當然不是因為那些消失的石頭，而是因為我們擔心尼姆羅德會出現消化等腸胃問題。我們請了布拉斯托醫生來，他是我們的鄰居，也是本地的獸醫。告知診斷結果時，他極力控制自己的情緒。

「這隻狗大約十四歲，」他說。「不但牙齒掉光，視力也很差。牠很可能把石頭當成了骨頭。牠以前的主人一定是心腸太軟，不忍心讓牠安樂死。」布拉斯托醫生建議我們完成這件未竟之事，但我們覺得這樣太殘忍。拒絕似乎是最好的決定。

過了一段時間，我們又開始翻閱《波士頓日報》上的廣告。歷史無可避免地重演。我們擁有一種神奇的天賦，健忘到不可思議，不但將過去的遭遇忘得一乾二淨，還興匆匆地展開新的冒險。雖然這種天賦沒什麼好說嘴，但生活確實因而增添不少樂趣。有一天，我們突然覺得應該養一匹馬，結果當天就看到一些不錯的馬匹販售廣告，只要花平常一半或三分之一的錢就能買到很好的馬。看起來許多馬的主人都是因爲遇上各式各樣的困難，所以才願意低價拋售。根據報紙上的描述，我們決定買的那匹馬是深栗色，今年六歲，重達將近五百二十二公斤，而且活力充沛、脾氣溫和、個性大膽，馴服程度高、容易上馬鞍，適合女性騎乘，也很適合拉馬車。

我們三人天眞地去波士頓看馬。馬夫說主人出城了，但還是讓我們看了那匹馬。牠眞的很漂亮，毛皮如絲緞般光滑，而且頭昂得老高，我幾乎摸不到牠的耳朵。我親暱地撫摸牠、拍拍牠，因爲牠有一隻腳是白色，所以決定取名叫「白腳」。我們當場付了錢。他們會請一個男孩把馬騎到倫瑟姆。後來我們才聽說那個男孩一路上被「白腳」摔下來三次，不過他當時完全沒跟我們講這件事。第二天早上，梅西先生替馬套上鞍具、繫在輕便馬車上，開始朝村子出發。還沒走出車道，白腳就開始鬧事了。梅西先生跳下車，想看看是不是馬具出了問題。就在這個時候，一輛福克斯伯勒汽車駛過門口；白腳一躍而起，飛也似的穿越草坪，衝過鄰居家的大門。馬車砰地撞上石柱，起火燃燒。兩天後，一個村民把馬送了回來。他是在一條林間小路上發現牠的，身上還掛著馬具碎片。

最後，我們把白腳賣給阿特波羅市一個自稱是馴馬師的人。大約一年後，我們得知有位車夫因白腳而喪命，獸醫說白腳已經發狂，便開槍射殺了牠。

我們過了很久才鼓起勇氣碰碰運氣，再次嘗試養馬。這一次，我們終於成功買到喜歡的馬，把牠取名叫「國王」。國王是英國品種馬，身材結實、腿部短壯，毛色是亮麗的紅褐色，踏起步來就像伊莉莎白女王在跳舞，「高傲又神氣」。牠是一匹訓練有素的馬，如鋼鐵般強壯，卻又溫馴、有耐心且善解人意，就算是性情乖僻的馬車夫也會視牠為珍寶。

豢養各種動物的嘗試最後不但以失敗告終，還讓我們陷入更嚴重的經濟困境。後來有人建議我們種蘋果樹，打造一座果園。這個主意似乎比較妥當。我們精挑細選，買了一百株三年生幼苗，依循美國農業部頒訂的標準栽培程序種植。果樹逐漸茁壯，枝繁葉茂，到了第五年，我們開心地發現樹上結了幾顆果子。我幾乎每天都記錄果實大小，知道每棵樹有多少蘋果。蘋果園的成長令人倍感欣慰，我們還很懊惱當初居然沒有想到這個主意。

一切都很順利，直到一個夏日午後，可怕的災難降臨。當時我和蘇利文老師正在書房讀書，我們家的俄羅斯長工伊恩．彼特曼突然衝進來大喊：「快看！夫人，快看！快！野牛來了！」

我們跑到窗前，伊恩激動地指著外頭那五隻奇妙的動物，牠們正在果園嬉戲。蘇利文老師簡直不敢相信自己的眼睛，那是野鹿家族。一隻長著巨大鹿角的雄鹿和一隻母鹿，帶著三隻未成年的小鹿！牠們的身影在午後的陽光照耀下顯得格外美麗。鹿群從一棵樹跳到另一棵樹，用牙齒啃著樹皮，舉止優雅可愛；我們完全沒想到要把牠們趕出果園，只是站在那裡看得好入迷，直到牠們幾乎毀掉所有果樹，我們才意識到發生了什麼事。那一年，麻薩諸塞州政府支助農民數千美元，以彌補鹿群入侵所造成的損失，但我們從沒想過要爲了蘋果樹向州政府討錢。上回重遊舊地，我發現大概有六棵樹是我們當年種的，這些自入侵者尖牙下逃過一劫的果樹已經長成高聳的大樹，每年都結了很多果實。

住在倫瑟姆的時候，我常盡可能在戶外流連，觀察那些令人驚喜的輪迴更迭，看草木凋零的花園又開始冒出嫩芽，大地再次染上一片新綠。我發現了幾條小徑，白天我可以沿著這些小路在田園中散步，來到曠野盡頭，隱入清幽的樹林探索，享受屬於我的愉快時光。這種生活眞的很快樂，雖然沒有太多可以寫，卻讓我的自傳有了不少素材。我沒有偉大的冒險故事，沒有轟轟烈烈的羅曼史，也沒有非凡的成就。這本書純粹記錄當下掠過我心底的所思所感。或許，我們的情緒和感覺是最値得描述的內容，因為那些都是最眞實的自我。

隨著四季流轉，我會跑出家門摘採植物、捧著滿懷鮮花，看著樹木凋萎，或是幫忙撿拾柴火。梅西先生細心照顧那些高大的榆樹和蘋果樹，對此非常自豪，而樹木也長得很好，以繁茂的枝葉回報他的關照。每到秋天，我都會在古老的蘋果樹旁架起梯子，盡量爬高，然後再握緊樹枝，搖落紅潤香甜的蘋果，接著爬下梯子，撿起果實，裝進桶子裡冬藏。那些日子充滿甜蜜，我的靈魂似乎褪下塵世的外衣，如鳥兒般於林間飛翔、高聲歌唱。另外我也常四處漫步。我順著梅西先生沿田野拉的鐵絲網，輕鬆地走入松樹林，有時在林中獨坐冥想、做白日夢，有時穿梭林間自在徜徉。夏季時分，路邊會長滿鬱鬱蔥蔥的青草、貓尾草、美麗的黃花和俗稱「安妮皇后的蕾絲」的野蘿蔔花。雖然路程僅大約四百公尺，卻是我獨自一人走過最長、最自由的散步路線。這些細節或許看似瑣碎、微不足道，但正因爲有了片刻自由和愉快的獨處時光，我才有辦法忍受日常的艱苦。偶爾也會有人帶我騎雙人自行車「馳騁」，或是搭乘地面電車在新英格蘭的樹林間暢快遨遊。那裡的空氣純淨清新，完全沒有汽油的異味，如今回想起來都覺得心曠神怡。

回首從前，一切就像林中溪河緩緩流動，沒有汽車，沒有飛機，沒有廣播，沒有革命，更沒有世界大戰。一九〇五年到一九一一年間，我在倫瑟姆的生活就是這樣，或說幾近如此。那些遙遠的回憶有如前世幻夢，如今我的樣貌已因歲月而有所改變，心中的體悟也不同往昔。但我看得很清楚、很透澈，外界的紛亂讓人滿心雜念，靈魂也不得安寧，無法成長，而那些往事卻不受干擾，一切生動鮮活，歷歷在目。那時的日子苦多樂少，但即便是最簡單的快樂也散發出天堂般的愉悅和芬芳。在樸實單調的鄉村生活中，任何一縷光芒都無比珍貴，就連石縫裡或溪流邊的一朵小花都燦爛如星，難得一見。零碎的小事充滿動人的詩意，平凡的日常透著靈性的光輝。

4

我們的馬克·吐溫

他的笑不是在唇齒間，而是在思緒裡。
他的笑是靈魂的縮影，而非膚淺的臉部表情。

我住在倫瑟姆時最難忘的一件事就是拜訪馬克・吐溫。

我對馬克・吐溫先生的記憶可追溯到一八九四年。那時的他精力充沛，生活尚未蒙上一層陰影，我也正值青春年少。初次見面時，我就對他很有好感，隨著時光推移，我對他的愛也愈來愈深。除了貝爾博士和蘇利文老師外，只有他能讓我產生一種雜揉著溫和、親切與敬畏的感受。我曾在紐約見過他很多次，地點都是在我朋友勞倫士・赫頓先生的宅邸，後來也在普林斯頓的羅傑斯先生家，以及他在第五大道二十一號的住處聚會，最後一次是在他的別墅，即位於康乃狄克州的雷雨山莊。另外我也不時會收到他的信；雖然我們倆都因爲太忙，無法經常書信來往，但只要生活中發生了重要的事，我們就一定會寫信跟對方分享。

十四歲那年，我第一次見到馬克・吐溫先生。那是一個週日午後，我和蘇利文小姐人在紐約，於赫頓夫婦家中做客。那天下午還有幾位名人來訪，其中一個就是馬克・吐溫。我一握住他的手，就知道他是我的朋友。我藉由讀唇語聽他講了不少有趣的故事，被他逗得開懷大笑。雖然我忘卻的片段比記得的還多，但我永遠不會忘記他有多慈愛、多溫柔。

他以敏銳又可靠的直覺看透了我的心，也能體會因失明而跟不上別人的感覺。這些其他人往往要花很長一段時間才能明白，有些人甚至根本無法理解。他從來不會說失明有多可怕、生活在黑暗中有多乏味等諸如此類的話來讓我難堪，反而還替我漆黑無光的世界添上許多浪漫和冒險的色彩，讓我非常高興、得意洋洋。有一次，彼得．鄧恩[1]，也就是熱情的「杜利先生」大聲驚呼：「我的天哪，她的人生一定很無聊，白晝和夜晚完全沒差，而且天天都是這樣！」馬克．吐溫反駁：「大錯特錯。我告訴你，盲人厲害的地方可多了。不相信的話不妨試試，要是哪天深夜房子著火，起床逃跑又走錯邊，看你還找不找得到門。」

再次見到馬克．吐溫是在普林斯頓。當時正值春假，我們去了赫頓先生的新家，一起度過許多愉快的時光。

有天晚上，他在書房向一位名聲顯赫的貴客——伍德羅．威爾遜[2]先生講述菲律賓局勢。在場所有人都屏氣凝神，豎起耳朵仔細聽。他描繪了包含男女老少在內的六百名

1 譯註：美國新聞記者、幽默作家，撰寫過《杜利先生》系列短文。
2 譯註：美國第二十八任總統，任期為一九一三至一九二一年。

菲律賓摩洛人[3]是如何在霍洛島中計、落入萊納德．伍德將軍手裡，又是如何逃過死劫，躲到附近的死火山口避難；幾天後，芬斯頓上校讓美軍穿上敵方軍裝，假扮成阿奎納多將軍屬下的朋友，從而俘獲這名菲律賓獨立運動領袖。馬克．吐溫猛烈抨擊、犀利嘲諷美方在軍事上的「豐功偉業」，只有親耳聽見的人才能感受到他內心深處的激情與熾熱話語的力量。他終其一生都在反抗不公不義的行爲，無論是政治、戰爭，還是發生在菲律賓、剛果和巴拿馬人民身上的暴行，他都勇於挺身而出，爲正義奮鬥。我很欣賞他對這些公共事務的看法，與我大多數觀點不謀而合。

他自認是個憤世嫉俗的人，但他的憤世嫉俗並沒有讓他漠視、忽略世間的卑鄙虛僞與殘酷無情。他常說：「海倫，這個世界充滿許多視而不見的人，他們的雙眼空洞呆滯，沒有靈魂。」若某項惡行本可避免，卻在默許下發生，他一定會憤而譴責。當然，有時外人看來會覺得他炮火太猛、反應過度，有種「殺雞焉用牛刀」之感；即便如此，他的辭藻還是不脫華麗，對聽者而言實爲一大享受；甚至有時他的觀點完全錯誤，思路卻依舊清晰，而且言之鑿鑿、氣勢萬千，讓人不禁折服。至少在當下那一刻是這樣。精湛的言語表達果然是說服他人的關鍵。

他對我的一切都很感興趣。我的朋友、我的冒險故事、我寫的文章……他都想了解。此外，他也很欣賞、很敬佩蘇利文老師的付出，這讓我對他的愛更上一層樓。在所有描寫過我的人中，幾乎只有他意識到蘇利文老師對我有多重要。他稱讚她「個性鮮明、才華洋溢，擁有深刻的智慧、洞察力與出色的文學素養。」

他多次語帶溫柔地談起他太太，爲我沒有機會認識她感到惋惜。

「我很孤單，尤其是客人散去，我一個人坐在爐火邊的時候，」他常這麼說。「我的思緒會飄回從前，想起我太太奧莉薇亞和我的女兒蘇西[4]，覺得自己彷彿在黑暗重重、混沌不清的夢境裡摸索。我會突然想起很久以前一些私密的小事，這些回憶就像劃落天空的星星，墜入寂靜的夜。有一天，一切都崩潰了，變成碎片。就是奧莉薇亞離世的那一天。」他深情地反覆吟誦刻在太太墓碑上的詩句，語調中流露出難以言喻的溫柔：

3 譯註：摩洛人為菲律賓南部主要的穆斯林族群。

4 譯註：馬克·吐溫最疼愛的長女，死於腦膜炎，得年二十四歲。

溫暖的夏日陽光，
於此親切閃耀；
和煦的南風，
於此輕柔吹拂；
茵茵綠草在上，
輕輕躺下，輕輕躺下；
晚安，親愛的，
晚安，晚安。

他太太去世一年後，他對我說：「這是我一生中最悲傷的一年。若不是工作能讓我暫時忘卻痛苦，我眞的撐不下去。」他覺得自己的成就還不夠，對此深感遺憾。「馬克·吐溫先生，你怎麼會這麼想呢？」我驚訝地問道。「全世界都對你萬般景仰，你的名字已經和歷史上那些偉人並列了。蕭伯納認爲你的作品媲美伏爾泰，吉卜林[5]還說你是美國的塞萬提斯[6]呢。」

「哎，海倫，妳的嘴巴還眞甜。妳不明白，我只是把別人逗樂，讓他們的笑聲淹沒我罷了。」

有些作家的名字會在本國文學史上留名，馬克．吐溫就是其中之一。只要想到偉大的美國人，就一定會想到他。他與他所處的時代融爲一體，他就是那個時代的象徵。在我看來，他代表的是拓荒者，他們橫渡新的海域，深入叢林開闢新的道路，而且視野遼闊、崇尚自由，不僅幽默機智，又不拘泥於傳統。馬克．吐溫與密西西比河在我心中密不可分。我告訴他《密西西比河上的生活》是我最喜歡的冒險故事時，他說：「眞的嗎？我好意外。沒想到一個女性會覺得這種粗野的故事很有趣。不過話說回來，我不太了解女人。我大概是世界上最不了解女人的人了。」

他說了幾句和女人有關的玩笑話，接著神情一變，聲音聽起來很感傷。「生活在密西西比河上的日子充滿美好和璀璨，但那段時光再也回不來。那些年歲被生活吞噬，青春不再。那是我生命中的高潮，浪漫和冒險讓我心醉。再沒有像那樣的日子了。」

5 譯註：英國作家，一九〇七年榮獲諾貝爾獎。
6 譯註：文藝復興時期西班牙小說家、詩人、劇作家，《唐吉軻德》的作者。

讀完《我所生活的世界》後，馬克．吐溫先生寫信給我說：「我要你們三個都來雷雨山莊，跟我一起住幾天。」

這簡直是國王的召見，一位受眾人愛戴的國王。他派馬車到瑞丁車站接我們，如果我沒記錯，當時應該是二月，康乃狄克州的山巒上還覆蓋著一層薄薄的雪。從車站到雷雨山莊大約八公里，路程非常愉快。樹葉邊緣懸掛著小小的冰柱，空氣中瀰漫著濃濃的松樹和西洋杉香氣。拉車的馬兒精神奕奕，帶著我們沿蜿蜒的鄉間小路疾馳前進。梅西先生不斷注意路牌，看上面是否標著「馬克．吐溫」的名字縮寫。我們離山丘上那幢義大利風格別墅愈來愈近，他們告訴我，馬克．吐溫先生就站在露臺上等著我們。馬車穿過兩根巨大的花崗岩柱，他對我們揮揮手打招呼。我從梅西先生和蘇利文老師那裡得知，他穿著一襲白衣，漂亮的銀髮在午後的陽光下閃閃發亮，就像飄落在灰色岩石上的雪花。

壁爐裡燃著熊熊火光，我們一邊嗅著松枝的芬芳，一邊品嚐橙香白毫紅茶。我用責備的語氣唸了他幾句，空氣中仍挾著一絲冬寒，他怎麼沒戴帽子就走上露臺？他似乎很高興我這樣替他著想，略帶惆悵地說：「現在很少有人會在我粗心大意時提醒我囉。」

雷雨山莊有如充滿魔法的仙境。我們坐在爐火旁品茶，吃著奶油吐司，他還堅持要我在吐司上塗草莓醬。我們是唯一的客人，馬克·吐溫先生的祕書里昂小姐也在桌邊招待我們。

馬克·吐溫先生問我想不想參觀一下山莊？他說大家都覺得這棟別墅比他還有趣。客廳外有一條寬敞明亮又美麗的涼廊，兩邊種著各式各樣的花草，還擺了幾個大花瓶，裡面插滿深秋時從山上摘下的野草、貓尾草、黃花和紫薊。我們穿越客廳，經過飯廳來到藤架，再折回屋裡，走到撞球間。馬克·吐溫先生說他在那裡度過許多快樂時光。他很喜歡打撞球，很得意自己家裡有張撞球桌，這是羅傑斯太太送給他的禮物。他還說要教我怎麼打。

「哎，馬克·吐溫先生，打撞球要用眼力耶。」我回答。

「是沒錯，」他用調侃的語氣說。「不過潘恩、鄧恩和羅傑斯那種花式打法，就算是盲人也不會打得比他們差。」接著，我們上樓參觀馬克·吐溫先生的臥室，細細把玩床柱上的雕刻，趕在夜幕降臨前捕捉窗外美景。

「海倫，想像一下我們在窗前看到的景色。我們就在白雪皚皚的山頂上，遠方有蒼鬱的雲杉和冷杉林、覆蓋著積雪的山丘，以及在大地上縱橫交錯的石牆，到處都被冬天施了白色魔法。這個地方景致宜人、無拘無束，還飄著冷杉的清香。」

我們住的房間就在他的臥室隔壁。房裡有個壁爐架，上面的燭臺掛了一張卡片寫著給小偷的話，告訴他們貴重物品放在什麼地方。馬克．吐溫先生解釋說，因為前陣子山莊遭竊，這麼做是為了避免入侵者翻箱倒櫃，把屋裡搞得一團亂。

「在我離開讓你們休息之前，」他說。「我想帶妳看看我女兒克萊拉的臥室。這是山莊裡最漂亮的房間。」

他熱情地帶我們參觀，連僕人的住處都看過一遍，還覺得不夠盡興。要不是里昂小姐建議我們改天再看，他早就帶我們上閣樓了。馬克．吐溫先生顯然很喜歡、也很滿意這棟非比尋常的別墅。他告訴我們，別墅設計師是他的摯友威廉．迪恩．豪威爾斯的兒子。他開心地說，這棟建築與周遭的自然環境完美融合，常年蒼翠的松樹和西洋杉與這棟白色別墅相映成趣。他特別喜歡陽光透過大大的窗玻璃灑落屋裡，喜歡透過窗戶欣賞廣袤的原野和藍天。

「你們注意到了嗎，」他對我們說。「牆上一幅畫也沒有，因為任何一幅畫都配不上這棟房子。任何藝術家的技法都比不上窗外的自然風景。」

我們一直待在房間直到晚餐開始。馬克・吐溫先生家的晚餐除了吃飯，更是一場交流盛宴，席間的言談非常重要，沒錯，比食物更重要。雷雨山莊有個規矩，客人不一定要發言或加入談話。馬克・吐溫先生說，以他個人的經驗來看，若吃飯時還得逼自己找話講，一定會覺得壓力很大，這樣就無法享受美食了，於是便有了這條規則。他說，他在自家會遵循這項規定，擔起談話的角色，也希望別人邀他去作客時能這麼做。我們一邊吃飯一邊聊天，他開心地高談闊論，而且直言不諱、妙語如珠，說話時透著菸草的芳香，謾罵時火藥味十足。我很喜歡他不會因爲有女性在場就緩和語氣，用比較含蓄的言辭。他有時就像個花花公子喜歡炫耀吹噓，有種與生俱來的誇張感，講話時也很戲劇化，喜歡用一大堆手勢，但他絕不矯揉造作，更從不掩藏自己的鋒芒。我想起一句話，應該是歌德說的，「只有傻瓜才謙虛。」若眞是如此，馬克・吐溫先生肯定是個聰明人。

他自己吃得很少，而且晚餐期間總是靜不下來。他會一句話說到一半時突然站起來繞著餐桌走動，或是在長長的飯廳裡來回踱步，滔滔不絕地說個沒完。有時他會停在我的椅背後方，問我需要什麼；有時他會從花瓶裡抽出一朵花，如果我碰巧認得出來，他就會很高興，誇張地描述我們擁有多少潛能，說他對普通人完全不感興趣，然後開始慷慨激昂地發表長篇大論，批評普通人實在蠢得可怕。看到蘇利文老師在我手中拼寫，他便拉長語調說：「妳能在海倫的左手上拼寫，告訴她眞話嗎？」有時他的管家會提醒他嚐嚐某道好吃的菜，他才會坐下來吃飯。

爲了考驗我的觀察力，他會悄悄離開飯廳，到客廳打開自動演奏的風琴，再溜回飯廳偷偷觀察我的反應，看我的腳是否能感覺到動靜。蘇利文老師告訴我，他當時的模樣看起來很好笑。其實我並非每次都能感受到音樂的振動，我想是地板瓷磚阻礙了聲波傳遞的緣故，但我有時確實能透過桌子感覺到琴弦的振動。如果感覺得到，我會很開心，因爲馬克·吐溫先生一定會很高興。

晚餐後，我們聚在溫暖的壁爐旁，馬克·吐溫先生背對著爐火和我們閒談。站在那裡的是我們的馬克·吐溫，我們的美國作家，我們的幽默大師，我們國家的象徵。他似乎集所有美國特色於一身，看到他就覺得偉大的密西西比河似乎永遠在奔流，流過他的話語，流過如白沙般明亮的思緒。他的聲音宛如河水喃喃傾訴：「爲何如此匆忙？永恆何等漫長，大海可以等待。」他的客廳與書房合而爲一，空間非常寬敞美麗，讓我們嘖嘖稱羨。他熱情地回答：「這個地方簡直爲我量身打造，我要一輩子住在這裡。」

我們告訴他，有個名叫布斯的朋友發現莎士比亞的戲劇、十四行詩及其他詩歌裡有一首藏頭詩非他本人所作，而是出自法蘭西斯·培根之手。他聽了很感興趣。不過他起先其實有點懷疑，本想嘲弄我們一番，還大肆抨擊這件事，然而不到一個月，他就出版了一本新書，名爲《莎士比亞死了嗎？》。他在書中火力全開，似乎意欲摧毀莎士比亞的傳奇，但他曾在信中告訴我，他其實一點也不想這麼做。

「我寫這本書不過是爲了好玩，沒有想說服別人相信莎士比亞的作品不是莎士比亞寫的，」他又警告我，「妳也不要有這種想法。莎士比亞，來自英國史特拉福的商人之子，對千年後的世人來說依舊是神聖的莎士比亞。」

睡覺的時間到了。馬克·吐溫先生親自帶我回房間。他告訴我，浴室裡有雪茄和一個裝有蘇格蘭威士忌的保溫瓶，要是我喜歡波本酒可以找找看，說不定裡面也有。他還說，他上午都會在床上寫作，所以客人很少在午餐前看到他，但如果我想的話，可以在早上十點半左右去找他，他會很高興，因爲他有些話想趁我的「守護天使」蘇利文老師不在的時候說。

第二天上午十點左右，他派人來叫我。喜歡在床上創作的他身穿華麗的絲綢晨袍，靠著雪白的枕頭，對一旁的速記員口述內容，看起來格外俊朗。他說，如果我對他的寫作方式有興趣，可以和他一起待在床上，前提是我必須嚴守中立，不能說話或發表意見。我告訴他，這個代價太大了，雖然條件很誘人，但我可不會放棄女人唯一的特權。

那是個晴朗又美麗的一天。燦爛的陽光透過大片玻璃窗傾瀉而下。馬克・吐溫先生說，如果吃完午餐後我不想工作（他是在取笑我，因為他曾說我看起來不太勤快，而且他相信我的書都是別人幫忙寫的），他想跟我們一起散步，帶我們看看他的「農場」。他說他不會和我們一起吃午餐，因為他的醫生要他嚴格控制飲食。然而就在甜點端上來那一刻，他出現了。他說他聞到蘋果派的香味，實在忍不住。里昂小姐怯生生表達反對。

「哦，馬克・吐溫先生——」

「對，我知道，但新鮮的蘋果派吃不死人吧。如果海倫說我不能吃，我就不吃。」

我不忍心拒絕他，於是便妥協讓他吃一小塊。他用手勢示意大家不要向我打小報告，把原本講好的一小塊切成一大塊。

我察覺到情況似乎不太對勁，便說：「我們快走吧，免得馬克．吐溫先生又跑到廚房多拿一塊蘋果派。」

「告訴她，我早就懷疑她會通靈。果然沒錯。」他說。

他穿上毛皮大衣，戴上毛帽，把雪茄塞進口袋裡，準備出門散步。他帶著我穿過藤架，每隔幾步就停下來讓我摸摸西洋杉。

「這些拱架原是讓攀緣薔薇爬的，」他說。「可惜今年冬天沒有開花。我已經和園丁說了，希望妳下次來可以讓妳看到盛開的薔薇。」他特地為我挑了一條曲折蜿蜒、不太難走的小徑。這條小路很美，兩旁矗立著岩石，還有一條活潑、沒有被嚴寒霜雪冰封的小溪流過。他請梅西先生告訴我，我們站的地方有一座山谷，上面橫跨著一棟高大的白色建築。「告訴她那是教堂。教堂原本在小溪這邊，去年夏天我跟會眾說我用不到教堂，請他們把建物搬去那裡。沒想到新英格蘭人這麼隨和，爽快答應。教堂就應該在那麼遠的地方才顯得寧靜、純潔又神祕。」我們走過一座用粗樹枝簡單搭建而成的小橋，越過小溪。他說，那座橋年代久遠，橋下平靜無波的棕色池塘就像《聖經．雅歌》中讚頌的那個水池。在此我引用他當時吟詠的那句話：「你的眼目像希實本、巴特拉併門旁的水池。」和馬克．吐溫先生在一起充滿樂趣。我握著他的手，感受他指出的瑰麗景致，聽他杜撰關於景點的迷人故事。他說：「大地是一本美妙的書。真希望我有時間好好讀一讀。要是我年輕時就開始讀，或許已經讀完了第一章。可是現在一切都太遲了。」

我們隨意漫步，在溪流、草地和充滿魅力的石牆間流連，完全忘了距離和時間。石牆上披覆著秋日裡火紅金黃的爬藤帷幔，雖受雨雪沖蝕變得有些黯淡，卻依舊細緻美麗。最後，我們轉身準備爬上山丘，馬克．吐溫先生突然停下腳步，凝望著凍滿冰霜的新英格蘭山谷，感慨地說：「歲月就像這樣，我們站在山頂，回頭遠眺走過的路、度過的時光。唉，光陰似箭，青春的步伐還眞快啊。」我們意識到他非常疲累，梅西先生建議他可以先抄捷徑回去，坐馬車到大路上跟我們會合。馬克．吐溫先生覺得這個主意不錯，還說要帶我和蘇利文老師到那條大路旁。他非常篤定，認爲路就在小山另一邊，只要翻過山脊就到了，沒想到尋找那條路的過程成了一場刺激又美好的冒險。我們穿過牛群踩踏留下的小徑，跨越冰冷的溝渠，來到一片荒野。白茫茫的雪地裡冒出紅色和金色「小島」，走近一看，才發現那些「小島」是一簇簇乾枯的黃花與越橘樹叢。我們小心翼翼地走在鄉間馬車道上，泥濘又危險的路面看起來宛如魔鬼獰笑的臉。他說：「每一條出叢林的路都會愈變愈窄，縮小到只有松鼠能走，最後延伸到樹上。」路上的車轍誘使著無知的雙腳往前邁步，我們踏進高大挺拔的松樹林與矮榛樹叢，在枝葉交錯的林間奮力前進。馬克．吐溫先生轉來轉去、東張西望，像探險家一樣神情警戒。我說，我們好像迷路了。他回答：「這是未知的荒野。我們已經迷失在這片混沌未開之地。耶和華將海水和陸地分開以前，這片荒野就已經存在了。」接著他斷言說，「那條大路就在那邊。」殊不知，映入眼簾的是一條湍急的溪流，溪水有如翻筋斗的頑童自山間流瀉翻騰，奔湧到我們面前。「是嗎……」我們低聲咕噥，心想該如何涉水越過小溪。「妳們看到那邊的柵欄了嗎？就在那裡！」馬克．吐溫先生用百分之百確定的語氣說。他的預言果真應驗──太好了，梅西先生和馬車夫就在那裡等我們！「待在那別動！」他們大喊。一轉眼，他們就拆毀柵欄，越過原野拖到溪邊，沒多久就搭好一座簡易便橋。我們終於安全走過小橋，戰勝了這條瑞丁市的「盧比孔河」[7]。當然，我們返回文明世界的

7 譯註：義大利中部的河流。西元前四十九年，凱撒打破將領不得帶領軍隊跨越盧比孔河的禁忌，率兵渡河進攻羅馬，揭開了內戰的序幕。

道路不過是條狹窄的小徑。我們從山坡沿路蜿蜒而下，在一道道石牆間穿梭。路旁的鹽膚木凍成一團，野櫻桃樹上懸垂著細小的冰柱。里昂小姐跑到車道上迎接大家，含淚責備了我們幾句。馬克・吐溫先生用很小的聲音含糊地說：「這女人……又在勾引我。」

我想，最棒的享受莫過於散步了。與摯愛的人共度時光是非常甜美的回憶。雖然我很擔心馬克・吐溫先生體力不支、疲勞過度，但是只要和他在一起，就算迷路也很快樂。他三不五時就會讚美他的雷雨山莊，曾說「這是我的天堂。它的寧靜能平復我內心的躁動不安，從任何角度都能看見絕佳美景，而且景致神妙、變化多端。大自然永遠不缺新的美麗和魅力。」我聽說他後來開始痛恨這裡，覺得身邊的人欺騙了他……我希望這些傳聞不是真的。不過我能理解，像馬克・吐溫先生這種脾性，確實可能厭倦幽居孤獨的生活。

我們在山莊的最後一個晚上，大家圍坐在熾烈暖熱的爐火旁，馬克・吐溫先生問我想不想聽他讀《夏娃日記》？我二話不說，立刻開心答應。

「那該怎麼做呢？」他問道。

「哦，你只要大聲朗讀，蘇利文老師會在我手上拼寫詞句。」

「我還以爲妳會讀我的脣語。」他喃喃地說。

「我當然願意，只是怕你會覺得煩。我們可以先讀脣語，如果不行，就再試其他辦法。」我敢說，全世界只有我有這樣的經歷。

「對了，馬克．吐溫先生，」我再度開口提醒他。「我們明天就要回去了，你答應過要在我走之前爲我穿上牛津的博士服。」

「對，我答應過妳，海倫，我會穿——我現在就穿，免得忘了。」

里昂小姐捧著一件華美的猩紅色長袍，這是英格蘭最古老的大學授予他文學博士學位時的學位服。他穿上長袍，站在火光中，儼然是高貴與優雅的化身。他似乎很高興自己在我腦海中留下深刻的印象。他把我拉到身邊，親吻我的額頭，就像紅衣主教、教皇或封建時代的君王親吻一個孩子。

眞希望我能把那天晚上的場景畫下來！馬克．吐溫先生坐在大扶手椅上，身穿白色的斜紋毛呢西裝，肩膀上披著明豔如火的猩紅色博士服，一頭銀髮在燈光下閃閃發亮。他一手拿著封面鮮紅亮麗的《夏娃日記》，一手拿著菸斗。「如果會礙事，」他說。「我就不抽菸，只是少了菸斗我覺得有點尷尬。」我坐在他身旁的矮椅上，手肘撐著他椅子的扶手，這樣我就能輕輕用手指觸碰他的嘴脣。梅西先生為他點上雪茄，朗讀正式開始。起先一切都很順利，我輕輕鬆鬆就能讀出他的脣語，他悠長悅耳的語調「摸」起來就像美妙的音樂；可是當他開始揮舞菸斗大做手勢，書中的人事物便混雜在一起，我一頭霧水，無法理解情節，直到他放下菸斗，將菸灰倒進壁爐後才好一點。接下來我們換別的方法。蘇利文老師過來坐我旁邊，在我的右掌心裡拼寫，我則用左手「看」著馬克．吐溫先生，觸摸他的臉、手和書，同時注意他的手勢和每一絲表情變化。隨著朗讀進行，我們逐漸沉浸在人類始祖那充滿溫柔、美麗與哀愁的故事裡。生命中最神聖的奧祕蘊藏著童年的快樂、純真和開朗；如果年輕的夏娃笑了，她會順著天性、帶著喜悅，讓萬物變得更加美好。馬克．吐溫先生的嗓音之美，讓我在聽見夏娃為愛嘆息，聽見亞當佇立在她墳前悲慟地說，「只要有她在，哪裡都是伊甸園」時，忍不住潸然淚下，其他人也哽咽起來。我們都在痛苦的悲泣中感受到對家的思念。

對像我這般備受束縛和限制的人來說，能擁有馬克．吐溫先生這樣的朋友真的是件很美好的事。我記得我們聊過很多關於人性的話題，他從來不像有些人會讓我覺得自己的觀點一文不值。他知道我們不是用眼睛和耳朵思考，也明白我們的思維能力不是用五官感覺來衡量。他說話的時總是在意我的想法與感受，把我當成一個健全的人。這就是我愛他的原因。

讓我感受最深刻的大概是他的憂傷。他帶著一種唯有受過極大苦難才會有的悲傷氣息。每次我觸摸他的臉，他都神色黯然，就算當時在講有趣的故事也一樣。他的笑不是在脣齒間，而是在思緒裡。他的笑是靈魂的縮影，而非膚淺的臉部表情。除此之外，他的聲音也很好聽。我能透過觸覺感受到他的嗓音深沉渾厚、極富感染力，而且他能調節語調，體現出文字中最細膩、最微妙的含義。由於他刻意放慢語速，我的手指幾乎能從他的脣辨別出每一個字。他輕柔緩慢的話語在我傾聽的指間流淌，形成甜蜜又心酸的回憶。他的詞句似乎在我的手中畫出奇妙可愛的形狀，他的雙手則隨著情緒起伏不停在空中揮舞。曾有人說，生命對我很殘酷；有時我也會暗自埋怨，多少常人俯拾即是的歡樂於我而言卻是遙不可及的體驗。然而，每當想起朋友送給我的寶貴友誼，我就會撤銷所有對生活的控訴。我失去了很多，也得到了很多。只要心中珍藏著那些親愛朋友的記憶，我就會覺得人生很美好。

馬克・吐溫先生的博學與豐饒的智慧讓我記憶猶新。他的妙言雋語如沙斯塔瀑布汩汩湧現；幽默只是表象，他的內心深處其實藏著一股激情，熱愛真理、和諧與美的事物。

有一次，他用一貫憂慮和嘲諷的口吻說：「生活中的虛假無處不在。」

「也有美存在呀，馬克．吐溫先生。」

「沒錯，也有美存在。美是靈魂的種子，會開出永恆的花。」

直到開始勾勒馬克．吐溫先生的形象，我才意識到要憑記憶重現他的詼諧妙語有多困難。除非每次和他交談後立刻記錄，否則恐怕難以如願。但我相信，我絕對沒有竄改一個字，也沒有扭曲他言論中的精神本質。

光陰似水，在雷雨山莊徜徉的時光也悄然流逝，說再見的那天終於到了。和藹可親的白色身影站在露臺上向我們揮手告別，就像他當初揮手歡迎我們到來一樣。我們默默看著雪白山頂上那棟莊嚴華美的別墅逐漸消失在紫色的遠方，難過地彼此問道：「我們還會再見到他嗎？」果然，之後我們與他再未相見。但我們知道，他的容貌永遠在我們心中。我的指尖銘刻著他閃亮銀髮下的親切面容，我的記憶裡永遠迴盪著他緩慢沉厚、氣勢非凡的嗓音。

馬克·吐溫逝世後，我曾去過一次雷雨山莊。繁花依舊盛開，鳥兒依舊歡唱，微風依舊在西洋杉木間穿梭呢喃。年復一年過去，這片樹林變得更加蒼鬱，但我知道，這個地方失去了它摯愛的人。我最後一次到那裡，山莊已成一片廢墟。只有焦黑的石磚煙囪孑然一身，高高矗立在燦爛的秋日風景裡。

我在一處臺階上坐下。他曾和我一起站在這裡，溫暖地握著我的手。關於他的記憶如影縹緲、來來去去，有的甜蜜，有的遺憾。幻夢中，我突然覺得有人走向我；我伸出手，摸到一朵綻放的紅色天竺葵！雖然葉子上沾滿塵埃，結實的花莖也被脫落的灰泥砸中、折斷了一部分，但有朵鮮豔的花從灰燼中探出來對我微笑，好像在說：「請不要悲傷。」我把這株天竺葵帶回家，種在花園裡盈滿陽光的角落。它好像一直在對我說同樣的話：「請不要悲傷。」可是，我怎能不悲傷。

5

願能成為他人的光

這件事重新燃起我心中「想像別人一樣說話」的願望，
甚至更加強烈。
我感受到希望如潮水般湧現，
我想擁有聲音的渴盼就像澎湃的浪濤，
將我推向外面的世界。

我已經分享了在倫瑟姆的美好生活，卻尚未提起那些茫然困惑的日子，那些為了找到人生定位、苦苦追尋的日子。讀大學的時候，我就問過自己該如何學以致用？我覺得自己來到世上一定背負著某種特殊的使命，但究竟是什麼呢？

有些朋友為我做了各式各樣的安排。還在雷得克利夫學院的時候，有個友人就認為時間寶貴，像我這樣浪費在讀書學習上對自己、對別人都沒好處。她說，如果我能致力於培養、教育和我一樣不幸的孩子，就能獲得更大的成就、造福世人，否則只會淪於自私自利和自我中心而已。她告訴我，上帝既然賦予我這個重責大任，我就有義務傾聽祂的聲音，還說我們不必為這個計畫籌措資金，她會處理。我們懇請她等我完成學業再行商討，但她說拖延是最大的罪過。我們和她在劍橋激辯了一夜，幾個小時下來，我和蘇利文老師早已疲憊不堪，可是她繼續駁斥我們的論點，將我們的無力反擊視為對她的屈服。第二天早上，我們還沒起床，她就出發前往紐約和華盛頓，打算把「我承擔的使命」告訴我的朋友。她拜訪了貝爾博士、赫頓夫人與哈森．羅茲先生等人，跟他們說我有一個願望，想把自己享有的福祉帶給其他盲聾的孩子。於是赫頓夫人要我去紐約和他們親自談談我對這件事的想法，因為我曾寫信跟她說，這個計畫嚴重影響我的大學學業，造成很多困擾。

我們約在羅茲先生於格林威治儲蓄銀行的私人辦公室見面。資助我念大學的羅傑斯先生無法到場，便請馬克・吐溫先生代表出席。大家反覆商酌、爭論不休，最後馬克・吐溫先生起身發言。他和那位提出計畫的女士不一樣，他不知道上帝要他說什麼，只知道羅傑斯先生要他說什麼。「羅傑斯先生希望大家能了解他的想法，」他說。「他不打算在某某夫人的建議下資助上帝的大業。這位夫人似乎很了解上帝的計畫，她言談間表達得很清楚，『爲不幸的孩子建立學校』完整體現、傳達了上帝的眞意。我忍不住懷疑，在沒有任何書面指示的情況下，她是如何確切洞悉神的旨意，清楚每一個細節？也許上帝的確任命她爲代理人，賜她權柄代祂行事吧，不然除了創立學校，上帝應該還有無數美好的安排，她怎麼有辦法從中選出正確、獲神批准的計畫呢？」

從小到大，總有人認爲自己比我和蘇利文老師更有能力，想居中安排我的生活。若他們提出的想法眞能付諸實行，我們也會受益匪淺，這點無庸置疑，只是各項計畫的目標不同，有些還彼此相悖，因此要採納所有好建議根本就是不可能的任務。大家素昧平生，初次見面時都是陌生人。通常我們的友誼會維持一段時間，分開後，友誼的橋梁就開始搖搖欲墜，甚至突然啪地斷裂。這些朋友會指出我們的無能與不足，同時向我們保證，只要遵循他們的安排，我們就能贏得名利，順便做善事。他們說說寫寫，拉來朋友助陣，然後一走了之。第二天又來了其他人。若遇到像前述那名女士逕自行動的情況，我就只能請好友羅傑斯先生、赫頓夫人和譚夫人拯救我，讓我從這些網羅中解脫。其中一些糾葛還為我帶來不幸又難以抹滅的後果。

我還小的時候，阿納諾斯先生繼任豪伊醫生的職位，成為柏金斯啓明學校校長。他費盡周折，努力想把我和蘇利文老師留在學校，但蘇利文老師認為留在啓明學校不利於我的成長和發展。她始終相信，若殘疾人士有機會走進外面的世界，在一般的社會中生活，旁人就不應該把他們聚集起來，形成特殊群體。不過，在啓明學校念書的確有不少好處。校園裡幾乎每個人都能用拼寫的方式與我交談，和其他失明的孩子在一起也很開心，而且阿納諾斯先生帶給我許多美好的童年回憶，我非常感恩，我愛他就像愛自己的父親一樣；最重要的是，是他把蘇利文老師送到我身邊。阿納諾斯先生曾開玩笑說蘇利文老師忘恩負義；我們任性地離開柏金斯展開求學之旅後，他既氣憤又痛心，蘇利文老師的「忘恩負義」於他也不再是玩笑而已。自此之後，阿納諾斯先生便對我們築起心防。我想，如果他還在世，應該會明白蘇利文老師的確爲我選了一條更明智、更有遠見的路。

有些人原可成爲我人生舞臺上的導演，他們爲我設計了好幾場小劇目，構思與我的想法不謀而合，只待我以精湛細膩的演技詮釋。遺憾的是，他們卻半途而廢，未能將這些美麗的劇本幻化成眞，深深打擊了我的自尊心。美麗的羅馬尼亞女王曾用筆名「卡門·席爾瓦」寫信給我，說她想把國內的盲人聚集起來，提供他們舒適的居所和就業機會，並將這座盲人之城命名爲「光明之家」，希望我能幫她募款。她的本意很高尚、很慷慨，卻不合乎現代幫助盲人自助的理念。於是我致信給女王，委婉表示可能無法與她合作。我的回應讓她非常受傷。她認爲我很自私，根本不了解對盲人來說何謂眞正的幸福。先前愉快的書信往來就此中斷，我再也沒接到她的消息。

在結束這個話題前，我要感謝那些未曾企圖控制、支配我的朋友。說也奇怪，這樣的朋友反而對我幫助最多，是最能讓我發揮所長、享受快樂的人。他們資助我、信任我，讓我能夠實現自身的理想與抱負。蘇利文老師、我的母親、羅傑斯先生、卡內基先生、譚夫人以及貝爾博士等完全有權發言，用他們的方式形塑我的人生，可是他們從未透過言語或行動來干涉我，反倒讓我自由選擇想走的路（當然是在我能力所及的範圍內）。於是我四處探索，看自己能做些什麼。我下定決心，無論在生活中扮演什麼角色，都不會流於消極被動。

我在離開雷得克利夫學院前就已聽見來自盲人世界的呼喚。一九〇三年，我還是大三學生，年輕的查爾斯．坎貝爾滿懷熱忱地來找我。我曾在他於麻省理工學院念書時見過他。他父親是知名的法蘭西斯．坎貝爾爵士，一位美國盲人，曾就讀柏金斯啓明學校，後來創辦了英國皇家視障師範大學暨音樂學院，英國國王更冊封他爲爵士，以表彰他對盲人的貢獻。坎貝爾先生希望我加入由波士頓「婦女教育與產業工會」所成立的協會，該協會旨在爲成年盲人謀求相關福利。我聽從了他的建議。沒多久，我便代表這個新組織出席州議會，敦促政府正視盲人就業的需要，並要求成立州委員會以保障盲人能得到特殊照顧。委員會就這樣應運而生，我畢生的事業也在不知不覺中揭開序幕。

協會在坎貝爾先生的指導下建立了一個實驗基地，以檢視我們的概念是否可行。協會工作人員到盲人家中教他們手工藝，並在波士頓開了一家商店銷售他們的成品，新的委員會也在麻州其他地方開設了系列門市，「協助盲人就業」運動開始蓬勃發展。這段期間，坎貝爾先生一直擔任領導者，直到一九二二年。那個年代，沒有人像他一樣付出這麼多心力捍衛盲人的權益、追求平等，讓他們與明眼人平起平坐。然而現在，他已不再參與這些運動，對此我一直深感痛惜，希望他很快就會再次加入我們，和我們一起對抗黑暗，爲理想奮鬥。

直到一九〇四年秋天搬到倫瑟姆後，我才開始認眞研究失明及其所帶來的難題。我發現最大的問題之一在於資訊交流。由於大家的成果缺乏組織整合，浪費了許多時間和金錢。麻薩諸塞州的人對國內其他地區的情況幾乎一無所知。各個學校及團體之間存在「距離與精神上的隔閡」，讓蒐集和傳播資訊變得非常困難。美國沒有精確的盲人普查，沒有全國職業調查，沒有核心小組開發新地區幫助盲人，更沒有官方研究機構和資訊中心，不僅盲人使用的設備很原始，點字書也非常昂貴，沒有一套統一的浮凸印刷系統。

最早的浮凸印刷採用浮凸羅馬字母，但應用上始終有不足之處，且文學和音樂等課堂教學主要仍仰賴口頭授課，盲人根本不可能用觸摸的方式寫作。不過，隨著點字字母問世，盲人得以用手指感受不同組合的凸點、識別字母，盲人受教育的時代正式開展。

點字適用於任何語言，可以滿足所有需求，舉凡一般書寫、速記，或是數學、音樂等科目都難不倒它，每個盲生都能學習讀寫點字。這套字母堪稱有史以來最棒的輔助系統，大大提升了盲人的教育水準。

點字是由法國人路易．布萊葉（Louis Braille）發明的。布萊葉三歲時意外失明，後來到巴黎求學，進入所有盲人教育機構的鼻祖——法國皇家盲人學院念書，畢業後繼續於該校任教。十六歲時，布萊葉就發明了點字系統，這種文字摸起來清晰可辨，完全不需要用眼睛。除此之外，他還設計出專門用來書寫點字的寫字板。時至今日，全球受過教育的盲人都在使用他創造的點字系統，而且系統本身就和他發明之初一樣，完全沒改變。除了世界上第一所啓明學校創始人、「盲人教育之父」瓦倫坦．阿維（Valentin Haüy）外，布萊葉可說是盲胞心目中最偉大的恩人。

麻州啓明學校校長豪伊醫生當時在美國是權威中的權威，說話很有分量，可惜的是，他拒絕採用這套點字系統，繼續以浮凸羅馬字母印刷書籍，國內其他學校也跟進，效仿麻州的作法。可是，大多數盲人都無法閱讀羅馬字母，自然開始轉向別的途徑，尋求可讀的文字，於是點字系統在美國遍地開花，印刷系統也變得愈來愈混亂。大家都很堅持自己的立場，盲人的心聲卻沒有人聽見。使用不同字母系統寫書導致成本飆升，造成盲文書極度匱乏，印刷生產線也亂到無以復加。就連普通雜誌也用多種字體印刷，以致製作成本翻倍。爲了方便閱讀所有書籍和報章雜誌，我學了五種不同的盲文系統，包含紐約點字、美國點字、歐洲點字、穆恩字母和線型字母。《聖經》及其他普羅圖書都有這五大版本。

成年盲人的情況幾近絕望。不少人無所事事、窮困潦倒，終生在救濟院度日。許多人失明時已過了學齡，他們沒有工作、沒有娛樂消遣，也沒有任何可用的資源。然而，他們生命中最殘酷的不是失明，而是內心的感受。他們覺得自己是家庭與社會的負擔。

和一些視力正常者交談時，我驚訝地發現他們對其他事所知甚多，對失明卻知之甚少，觀念極度過時。他們很篤定地告訴我，盲人的感官比其他人更細膩、更敏銳，可以透過觸覺分辨顏色，還說大自然賜給盲人非凡的敏感度和堅忍的美好心靈，以彌補他們失去的光明。他們似乎沒有想到，若眞是這樣，失明應該是件好事吧？

「預防新生兒失明」是所有工作中最重要的一環，大家卻從來沒討論過。早在一八八一年，醫學界就知道至少有三分之二的盲生是在分娩過程中因眼睛遭到細菌感染而失明。這種感染性疾病在臨床上稱爲新生兒眼炎（即淋菌性結膜炎），而且很容易預防。但因爲此症和性病有關，儘管不全是由性病引起，還是很少有人有勇氣公開談論，呼籲大衆注意，直到一九〇〇年才有醫生踏出第一步，例如水牛城的帕克．路易斯醫師、紐約的莫羅醫師，以及波士頓的諾斯醫師等。他們力促我參加的協會和委員會開始從事預防工作，並發起一場全民運動，催生了全國防盲委員會，該委員會迄今仍相當活躍。

幾年後，我去了堪薩斯城，當地的眼科診所醫生請我說服《堪薩斯城星報》的編輯尼爾森上校，希望能在報上刊登相關文章，討論新生兒失明問題。起先他一口拒絕，看到我極度失望的神情，他便說：「好吧，把妳要說的寫下來，我再看看要怎麼做。」我撰文描述實情，他則把這篇文章放在頭版。我們又突破了一個障礙，往前推進一步。

一九〇七年對盲人來說是蒙福的一年。巴克先生空下《婦女之家》雜誌的版面，開誠布公地討論失明的原因，我也爲他撰寫了系列文章，其他或多或少具有一定影響力的刊物也跟著報導相關主題。巨大的壁壘開始崩塌，我們持續向前邁進。同年，《瑪蒂達．齊格勒盲人雜誌》在紐約的齊格勒夫人資助下創刊。她的慷慨爲視障人士帶來了眞正的幸福與快樂，貢獻之大，沒有世人能與之比肩。二十年來，這本雜誌一直由華特．

荷姆斯先生主編，他因而成爲所有盲人心中那個溫暖的存在。與此同時，坎貝爾先生也創辦了《盲人展望》雜誌，這是全美第一本聚焦於盲人相關事務的刊物。他持續發行了十六年，不曾有任何盈利或金錢上的回報。這段期間，他始終堅持內在的良善與初衷，爲所有在困頓中掙扎的盲人謀求福祉。

大約在一九〇七年或一九〇八年，我受邀爲《教育百科全書》撰稿，探討盲人的教育問題。這次邀稿開啓了一個契機，讓我驚嘆連連。當時我還不太熟悉盲人的教育史，唯一以此爲主題的參考資料是亞歷山大·梅爾的《失明》。這本書是德文，而且不是浮凸印刷，所以梅西先生利用下班後的時間拼寫給我讀。等我深入了解盲人的問題後，他便加碼讀了狄德羅寫的關於失明的文章，該篇文章資料豐富，讓我大受啓發；另外他還讀了一篇名爲《顫抖之下》的法文故事，其中對盲胞的關懷令人大爲動容，備受鼓舞。

我做得愈多，邀請就愈多。我一次又一次地替報章雜誌撰寫文章、參加會議、到立法機關發言，也多次受邀出國訪問，參觀法國、德國、英國和義大利的學校，以引起社會大眾對視障與聽障人士的關注。

貝爾博士與蘇格蘭的詹姆斯·柯爾·洛夫博士鼓勵我把失聰的問題帶到公眾面前。

正如我關心失明的肇因一樣，我也亟欲了解失聰的原因，總認爲在語言習得方面，失聰比失明更加痛苦。然而我的能力有其極限，要同時兼顧兩者實在不太可能。

儘管我沒受過公開演講訓練，我的聲音也只有少數人聽得懂，我還是盡己所能地發表了幾次演說。我印象最深的一次是參加聖路易斯博覽會，該會主旨在於希望能讓更多人關注盲聾兒童。

大會安排我在早上的教育工作者集會演講。當時聽衆爆滿，大家顯然聽不到我的聲音。博覽會主席大衛．羅蘭．法蘭西斯先生的嗓音優美嘹亮，自願爲我朗讀講稿，可是我沒帶。「好吧，」他說。「我完全聽得懂。我會重複妳說的話。」我懷著忐忑不安的心情，戰戰兢兢地開始演講。他把手放在我的手臂上，示意我何時停頓，何時繼續。嘗試了幾句話後，一切都很順利，我非常滿意。演講結束時，臺下響起熱烈的掌聲。

與此同時，大樓周圍人山人海，我們完全無法穿越人群。我、蘇利文老師和護送我們的工作人員走散了，不僅我們身上的衣服被扯破，我帽子上的花也被搶走當作紀念品。法蘭西斯先生連忙叫警衛疏散人群，安排六名強壯的士兵帶我們離開會場。

這樣的熱情歡迎雖激勵人心，卻沒有爲美國的盲聾人士帶來任何有建設性的幫助。

時至今日，二十多年過去，我仍舊心痛不已，因爲這些不幸的孩子絕大多數都還困在黑暗無聲的囚牢裡。我生命中最悲傷的時刻莫過於握著他們摸索的小手，感受他們默默祈求我的協助，我卻無能爲力。抱怨哀嘆其實沒什麼用。我之所以提及年輕時想拯救他們的夢想，不過是因爲那些回憶迄今依然甜蜜。

生活很辛苦。我們經常放下手邊的家事匆匆趕赴會議，會後還要參加那些無可避免又令人厭倦的社交活動。回到倫瑟姆後，又會增添許多新的任務，讓原已沉重的負擔變得更加繁重，也難怪我和蘇利文老師在出席一系列公開活動後心力交瘁，崩潰了好幾次。各種邀請和非寫不可的信件與日俱增，就算我們請得起一群助理，大家也會忙得不可開交。

我們被各種無趣的煩惱包圍，面臨重重阻礙。我曾想翻譯莫里斯·德拉希茲漢的《女性盲人心理學》，因爲裡面囊括了許多重要資料，讓人得以一窺法國盲人的教育情況。除了豪伊醫生的麻薩諸塞州啓明學校研究報告外，美國大概沒有其他相關書籍能與之相比。遺憾的是，豪伊醫生的報告非一般人能取得，且與《女性盲人心理學》相較，內容也略微過時。此外，德國友人寄了一本洛姆的詩集給我。洛姆在成年後失去了視力和聽力，寫了許多充滿勇氣的美麗詩篇，歌頌「我在靈魂深處創造的太陽」。我也想將這些詩譯成英文，但手邊沒有可用的點字外文辭典，梅西先生與蘇利文老師不可能把所有我想翻譯的書都拼給我讀。即便有合適的人能為我讀，我們也無力聘雇。

多年來，我們都沒有請傭人。我學會在黑暗中盡力打理一切，幫忙蘇利文老師。梅西先生每天早上都得去波士頓上班，蘇利文老師會駕車送他到火車站，再去市場買東西，我則在家擦桌子、洗碗盤和整理房間。也許信件紛至沓來，也許要寫的書和文章躺在那裡大聲嚷嚷、催我趕快完成，但家終究是家，總得有人疊被鋪床、摘花剪枝、轉動風車汲水，等水池注滿後停下風車，留意各種瑣碎的小事。這些事雖然微不足道，卻能為家庭生活帶來滿滿的幸福和快樂。當然，我的能力不足以當家作主，但我總能找到事情忙一整天。凡是心中有愛的人都知道，能真正幫助他人、為他人減輕日常生活的負擔，自己也會覺得很滿足。

外界對我們存有很多誤解。我們搬到倫瑟姆後不久就發生了一件事，說明了這些謠言的起源。有一天，瑞典教育家伊莉莎白·諾丁夫人來訪，跟我們暢談了好幾個小時。她說她在瑞典執掌一所盲聾兒童學校，希望能藉由這次來美國參訪的機會好好研究教育盲聾兒童學生的方法，找出最佳途徑。我們很樂意與她分享所知的一切，並應她的要求用法語和德語交談。她似乎很驚訝我的發音居然這麼標準。她言談間充滿許多溢美之詞，讓人聽了有些飄飄然，臨走前她還熱情地擁抱我。後來我們才聽說她其實非常氣憤，因爲她在美國考察盲人學校這三週，我們都沒有好好款待她！她告訴我，她聽過一些關於我的神話，像是我會畫畫、彈鋼琴，甚至極具雕塑藝術天分。雖然她也覺得這些訛傳可笑，但她回到瑞典後依舊把荒謬的謠言散播出去。她寫了一篇滿紙謬誤的文章，說我獲頒雷得克利夫學院所有榮譽獎項，波士頓政府還送我一棟房子和一座莊園！就是她以誇大不實的言論向歐洲盲人教育工作者說我有多幸運、朋友有多慷慨，還自己畫大餅，說我會提供空前的機會幫助所有盲聾人士接受教育，讓他們在家得到完善的照顧！雖然她在文中表示自己全心致力於協助「那些與我命運相同、遭受雙重折磨的不幸之人」，卻也把我推向永遠無法擺脫的難受境地。因爲她，人們對那些謠言信以爲眞，認爲我一定能提供幫助，怎知結果不如預期，失望的他們因而譴責我和我親愛的家人朋友。倘若有任何歐洲友人恰巧讀到這段經歷，我希望他們能理解，我之所以拒絕，不是因爲我冷淡無情、漠不關心。

我們曾試著改變生活方式，想過當初搬到倫瑟姆時希冀的日子，卻始終沒成功。我們不時毅然決然地逃離這個世界，用比較文言的說法就是「遁世離群」，好專注於自己該做、想做的事。自古以來，專注思考的習慣和需要讓作家、藝術家得以享有神聖不可侵犯的清靜和隱私。我們也想用這種神聖的特權讓自己與世隔絕。然而，儘管我們努力想過隱居生活，還是會被召去執行新的任務。

一九〇六年夏天，我和蘇利文老師又多擔了一項責任。我被州長指派爲麻薩諸塞州盲人委員會委員，必須出席一系列相關會議。蘇利文老師就像大學時那樣一連好幾個小時坐在我身邊，把會議上的每一句話拼給我讀。在大學課堂上，教授只是一個人連講一小時的課，我們尚覺不堪重負，只能勉強跟上；然而在這些會議上，四、五個人來回發言、評論、質疑和回答，還得討論無窮無盡的枝微末節（這是州委員會會議的一大特色），我們只能努力加快速度，連喘息的機會都沒有。我原本就很懷疑自己是否有資格擔任委員；討論聽得愈多，我就愈覺得自己無法勝任這項職務。幫助盲人絕非易事。每個盲人的生活環境和需求都不盡相同，無法一概而論，因此沒有規則可循，必須爲每個盲人量身打造適合他們的方法。其他委員比我有優勢，他們可以到各地尋訪、探望視障人士，了解對方的需求，獲得第一手資料，同時給予專業建議，幫助他們找到克服殘疾的最佳途徑。再說，我還有講話遲鈍、語速太慢的困擾，每次輪到我發言，我都無法大聲說出自己的觀點。大學課堂上，教授通常會圍繞著同一個主題討論，講課內容前後連貫，若有什麼改變也會直接說明。但如果是好幾個人參與談話，輪番陳述各自的觀點，就算有什麼絕妙的想法，話到嘴邊也難盡其言。當然，會議討論大多如此。只是看到大家認眞推動的目標正是我的理想、我眞心熱愛的事業，還是不免爲自己的無能感到懊惱。幾個月後，我辭去委員會職務，下定決心再也不做注定無法企及的事。

走到這裡，我明白自己的使命就是服務盲人。我開始意識到，我必須在立法機構、醫學會與全國性會議上反映盲人問題，讓大家進行討論；唯有如此，才能眞正爲他們做點什麼。要達成這個目標，我必須提升我的演說能力。

我跟很多老師學過演講，但成果總是不盡人意。一九〇九年聖誕節期間，我們在佛蒙特州的胡士托音樂節遇見查爾斯・懷特先生，他是波士頓音樂學院著名的聲樂老師。他一直對我的演講很感興趣，也很樂意出手協助。一年後，我們請他每週六、日來倫瑟姆幫我上課，週六晚上就留下來過夜。這件事重新燃起我心中「想像別人一樣說話」的願望，甚至更加強烈。我感受到希望如潮水般湧現，我想擁有聲音的渴盼就像澎湃的浪濤，將我推向外面的世界。

6

征服無聲的世界

我知道我的聲音並不動聽，就像斷掉的翅膀無法自由飛翔；
然而，我為折翼披上永不褪色的夢想，
我為之付出的心血讓我全身上下每個細胞變得更堅強，
更深刻了解人類奮鬥的艱辛與理想落空的感受。

對失去聽力的人來說，開口講話不是件簡單的事，若又失去視力，更是難上加難。然而，教聽障人士說話至關重要。如果不會使用語言，就稱不上萬物之靈；如果不會說話，就不算完整的人類。即便發音不優美，從唇齒間吐出的言語依舊蘊藏著快樂的泉源。這是一種與拼寫截然不同的情感體驗。

我快十歲的時候，蘇利文老師帶我去找莎拉．福勒小姐學發音。這是我這輩子第一堂發音課。福勒小姐是赫拉斯曼恩聾啞學校校長，也是美國口語教學領域的先驅。一開始，我只能發出一些毫無意義的噪音，甚至因爲太過用力而變成刺耳的尖叫。福勒小姐把我的手放在她臉上，讓我感受她發音時的振動，然後清晰、緩慢地說「手臂」；與此同時，蘇利文老師則在我掌中拼寫「手臂」一詞。我努力模仿她的發音，反覆練習，終於成功發出讓福勒小姐滿意的聲音。

那天我學會好幾個單字，只是語調低沉空洞，還挾著喘息的雜音。上了十一堂課後，我已經能一個字一個字地說：「我——不——是——啞——巴——了。」福勒小姐試著教我輕柔說話，不要扯開喉嚨或是猛拉舌頭，但我還是忍不住使勁，用誇張的嘴型唸每一個字。現在我知道，當時上課應該要先從鍛鍊發聲器官開始，然後再學發音。

這種學習方法很接近一般的語言習得過程。健全的嬰兒呱呱墜地那一刻起，就或多或少被動接受、聽見各式各樣的聲音。過沒多久，他們開始尖叫哭喊、咿咿呀呀，用無數種方式鍛鍊嬌弱的構音器官，然後試著說出一個個字詞；最後，語言就像滴在花瓣上的露珠，落於唇齒之間，甚至無須進行有意識的思考就能自然而然、輕鬆發出悅耳的聲音。

失聰兒童的情況則完全不同。他們什麼都聽不見，任何聲響都無法竄進寂靜的耳道。就算曾擁有短暫的聽力（像我十九個月大前都聽得見），也會很快就忘卻自己聽過的一切。在那個靜謐的世界裡，聽過的聲音如秋天的飛燕一閃即逝，不曾在記憶中留下任何印跡。這些孩子沒有說話的欲望，因此不會使用發聲器官。開始上學後，他們帶著痛苦、慢慢學習用眼睛代耳朵。老師每發一個音，他們都得全神貫注觀察老師的嘴型，努力用自己的嘴唇和舌頭模仿。每走一步，都要付出極大的心力。

接受福勒小姐訓練四年後，我進入紐約的萊特．賀默森聾啞學校，在那裡上了兩年的口說與讀脣課程。直到我開始上懷特先生的課之前，蘇利文老師一直竭盡所能地幫助我，改善我的發音。不僅家人聽得懂我說的話，常見面的朋友在習慣後也能了解我的所言所語，讓我非常開心。但我知道自己還有很長的路要走，必須克服許多困難、反覆練習千百遍才能說得清晰易懂。我把手放在蘇利文老師臉上，感受她雙脣的顫動；把手指伸入她口中，感受她舌頭的位置，一遍又一遍地模仿她的發音。有時學得很完美，但那些成果很快就消逝無蹤。即便如此，我想學會說話的決心從未動搖，蘇利文老師想幫我的意念也未曾退卻。我們就這樣練習了好多年。

如同其他事一樣，我在發音上的進步大多要歸功於蘇利文老師。她用敏銳的直覺面對問題，而非仰賴發音的技巧和知識。她盡心盡力、堅持不懈，努力改善我的說話方式，讓我盡可能保持動聽的音色，也一直想教我輕柔發音，只是我很難讓發聲器官產生足夠的共鳴，而繁重的課業也分散了我的注意力，壓縮練習說話的時間，眞的很可惜。因爲那時我的發音器官尙未發展定型，我們可以做更多努力來提升我的言語技能，會比現在簡單得多。我要強調的是，失聰兒童應及早學習說話，成長過程中也要持續接受相關訓練、不斷練習發音。

剛開始上課時，我和懷特先生都抱著實驗的心態，想說來「試試看」。然而隨著課程一節節過去，他對我的言語問題也愈來愈感興趣，就這樣教了我三年。其中兩個夏天他幾乎都在倫瑟姆度過。懷特先生不肯收學費，只說若能成功幫助我，對他而言就是最豐厚的回報。他個性開朗，不僅充滿耐心和毅力，也很有同情心，我們大家都非常喜歡他。他那張慈愛洋溢、表情豐富的面容，還有那雙親切暖和、拼寫過無數說明的手，都珍藏在我的腦海裡。每當想起他在我屢戰屢敗時所給予的鼓勵，我的心就湧起一股暖流。

礙於篇幅，我只能簡單介紹一下懷特先生的教學方法。爲了能像教其他學生那樣教我，他學會了手語字母。首先，他引導我注意身體的姿勢和呼吸，要我收緊下肋骨和橫膈膜，讓吐納更順暢。接著，他要我練習透過吸氣來打開共鳴腔，並控制呼吸以保持這個姿勢。他的概念是先讓我學會有意識地控制共鳴腔，再用喉嚨發音。於是我開始練習無音調發音。我主要問題在於聲帶收不緊，且聲門閉合不全。找到癥結後，我試著用不同的阻力發聲，以調整聲帶的張力。

掌控動力、振動與共鳴三大發聲要素後，我開始研究元音和輔音。懷特先生之前設計了一張練習表用於音樂學院教學。他根據這張表將元音和輔音以個別與組合的方式分類，要我照著練。

訓練一段時間後，我總算能正式練習說話了。懷特先生試著教我辨別重音和節奏，可是他發現，雖然我能辨識兩者變化，卻無法自己控制節奏。因此他必須培養我的節奏感。經過一而再，再而三的練習，我終於懂得運用兩個時長相等的音節，爲我將來的進步扎下根基。懷特先生培養節奏感的方法是在我手上打拍子。先打兩拍、三拍，然後四拍，有時還用切分音，或快或慢，時簡時繁。做完這些準備練習，懷特先生又發現我手打的節奏與口中的詞語不協調，讓他大感意外。幸好，這個問題很快就解決，我也學會運用節奏和重音了。

最後是音高和音質的問題。一開始我根本無法隨意調整高低音，只能簡單嘗試。當時我已經很擅長辨別喉部的變化；我將一隻手輕輕放在懷特先生的喉頭，另一隻手放在自己的喉部來比較，當他從低音突然轉高，比方說升到八度音，我便立刻明白他的意思。用這個方法練習一段時間後，懷特先生驚訝地發現我基本上已經能確定音高的位置了。他要我唱「sol」的八度音，我憑著自己的音高感唱了出來；接著他要我往上一個音符，唱「la」的八度音。我發音的同時，懷特先生會用音叉敲擊桌面，我的音調隨著音叉而變化，還唱出三度音程和五度音程。

過了好長一段時間，懷特先生終於把我的聲音帶出來，下一步就是進階練習，爲上臺演講做準備。然而事與願違，過去辛苦訓練而得的聲音變得難以控制，不是壓得太低，就是衝得太高，大家都很洩氣，內心倉皇不安。一滴雨，一陣風，一粒塵埃，抑或一陣情緒波動，都足以讓我亂了方寸，無法控制自己的嗓音。我的家人從早到晚都得聽我發出這些聲音，我到現在還是很訝異他們居然有這麼強的忍受力。聽力正常者可以輕鬆說出不知怎的就學會的語言，無須經過意識思考就能預先形塑詞句、表達出來。我生來沒這福氣。同一句話，前一天晚上說和第二天早上說可能天差地遠；各種感覺每天都不斷變化，反覆無常，令人煩心。更讓我不知所措的是，我發現了許多先前沒注意到的細微振動。我一遍又一遍地練習，好不容易發出清晰穩定的音調，怎知轉瞬間就退回原點。有時我會不假思索、順口說出一段話，想重複時卻抓不到那種感覺，再也說不出來。

三年後，我才覺得自己可以試著在公開場合演說，於是我和蘇利文老師便到紐澤西州的蒙克萊演講，同時發表她的教學成果。我記得，那是一九一三年二月。

不曉得有沒有人像我一樣在首次登臺前這麼痛苦、這麼掙扎。恐懼啃噬著我的身體，我腦袋打結，心臟彷彿停止跳動。我不斷問自己，「怎麼辦？該怎麼冷靜下來？」上場見觀衆的前一秒，我還在拼命祈禱，「神啊，請讓我在臺上流利地說話吧！」（此時此刻，我深深體會到沃夫將軍麾下士兵們的感受——他們趁著夜色攀上亞伯拉罕高地，等到天一亮，才發現眼前是一座座炮臺林立的高牆！）

哦，紐澤西州的蒙克萊，我的登臺初體驗！我到死都不會忘記那如刑場般的講臺。我僵在那裡渾身顫抖，欲言無聲。話語全都湧到嘴邊，卻一個字也說不出來。最後我勉強發出第一聲，感覺就像震耳欲聾的炮響，但事後他們告訴我，那不過是喃喃細語罷了。

我努力回想懷特先生教我的一切，可是……唉！沒有一條規則幫得上我。我只能集中所有意志力，拿出天生的頑強倔性堅持到底。演講過程中，我覺得自己進退維谷；有時聲音似乎狂飆直上，我知道那就是所謂的假音，於是急忙把音調壓低，說出來的詞語就像鬆動的磚塊砸落在我身旁。唉，要是當時流行雅典的和雅風尚，適時爲演講者配上長笛伴奏，或是有管弦樂團蓋過我結結巴巴的演講，情況也不至於這麼慘。最後，痛苦的煎熬終於結束。雖然大家都很同情我，對我親切友善，但我知道，我失敗了。所有鼓勵盲人的激昂言辭都碎得四分五裂，無力地躺在我腳邊。我在絕望中走下講臺，臉上爬滿淚水，不停啜泣。我用盡全身的力氣大喊：「啊，太難了！實在是太難了！我做不到！」可是過沒多久，我又重新拾起信念和希望，找回心中的愛，繼續練習說話。

我一直沒有徹底實現童年的願望，「像別人一樣說話」。如今我才明白這個心願不過是妄想，初學說話時的期盼不過是奢望。我相信，對一個嬰兒期就失聰的人來說，要讓話語從口中自然流淌非人力所能及。

我從十歲開始就堅持不懈、努力練習說話，希望有朝一日別人能輕鬆了解我的言語，聽得懂我在說什麼。我有好幾位優秀的導師指引，還有蘇利文老師一如往常的協助；雖然我沒有徹底征服無聲的世界，終究還是找到了屬於自己的聲音，不僅能用於工作，更帶給我許多快樂。我知道我的聲音並不動聽，就像斷掉的翅膀無法自由飛翔；然而，我為折翼披上永不褪色的夢想，我為之付出的心血讓我全身上下每個細胞變得更堅強，更深刻了解人類奮鬥的艱辛與理想落空的感受。

7

巡迴演講

理想有如天上的星辰，無法用手指觸摸，
卻可以追隨，就像身處蒼茫大海的水手一樣，
只要跟隨星光的指引，總有一天會抵達港灣。

一開始我們只是偶爾演講，試著摸索一種聽衆能接受的方式。然而自演講伊始，形形色色觀衆蜂擁而來，有窮人、年輕人，也有盲人、聾人及其他殘疾人士。他們對我的興趣和關心讓我萌生出一個想法，希望能透過特別的言語帶給他們快樂或鼓勵。

無論我們走到哪裡，都受到聽衆熱烈歡迎，對我們而言是莫大的鼓舞，讓我們得以繼續走下去。蘇利文老師是天生的演說家，很擅長在公衆面前演講，常有陌生人對我稱讚她，說她在講述教導我的故事時非常引人入勝。她的演講通常會持續整整一個小時，我則安靜地坐在接待室裡看書打發時間。輪到我上場時，我的母親或某個碰巧陪伴我們的人就會把我帶上講臺。我在演講過程中會把手指放在蘇利文老師的脣上，讓大家明白我是怎麼讀脣語的；演講結束後，聽衆會提出各式各樣的問題，我盡可能一一回答。人們就這樣逐漸習慣、適應我那不完美的演講。我或談論幸福的眞諦，或探討鍛鍊感官的重要，或提起人與人在面臨生命中的突發事件或緊急時刻互相依賴的親密感。我一直不覺得演講是件輕鬆的事，也不覺得自己的聲音好聽，我敢說很多時候觀衆根本聽不懂我在說什麼。我的嗓音時而飆高，變成奇怪的假音；時而急轉直下，變得低沉又混濁不清，就這樣從一個極端跳到另一個極端，完全沒有中間地帶。有時我會特別想讓觀衆聽到某些話，但那些話偏偏被我吞掉了。我帶著焦慮不安上臺，一顆心怦怦狂跳，努力講出每一個字。可是無論我怎麼努力，都無法戰勝自己。我犯下的種種錯誤都讓我的表現與「體面優雅」沾不上邊。一站在演講廳，就連最輕微的聲響都會讓我驚惶失措，因爲我無法判斷觀衆有沒有聽見我說話。若有人挪動椅子，或門口有車呼嘯而過，我就會陷入恐慌，幾近崩潰。然而，臺下的觀衆總是很有耐心，無論是否聽懂，都會爲我送上美好的祝福、鮮花與鼓勵，就像世人雖不完美，卻仍受上帝看顧，將福分澆灌在我們身上一樣。慢慢的，聽衆愈來愈能辨別我說的話，理解我的演說內容。我最開心的一次是到紐約東區一間學校演講給學生聽，當我重複「瑪麗有隻小綿羊」時，孩子們居然都聽得懂。蘇利文老師經常在演講中分享她教導我的歷程，每每談到這個主題，都能激起聽衆的興趣和熱情，彌補了我演講表現不佳的缺憾。有些人聽她演講聽了很多遍，他們告訴我，蘇利文老師在她的故事裡注入滿滿的愛、想像力與新鮮感，所以每次聽她演講都像第一次聽。有時觀衆會一片靜默，讓我們忐忑不安，擔心演講內容太枯燥；後來才發現原來他們是沉浸在老師的話語裡，聽得太入迷，結果忘了鼓掌。這對我們來說眞是至高無上的讚揚。

起初我們只是偶爾在新英格蘭、紐約、紐澤西及其他鄰近的州演講，之後便慢慢拓展，去了更遠的地方。

美麗的馬瑟夫人是亨利．霍特先生的女兒，她創立了「紐約盲人光明之家」，我們有幸受邀在開幕儀式上致詞。在那場活動中，我們見到了塔夫特總統，這是他第二次放下繁冗的公務，從華盛頓特區前來支持、聲援盲人朋友。我永遠忘不了他高大、善良又富有愛心的身影，永遠忘不了他對群眾振臂疾呼：「讓我們一起追求平等，無論視力障礙或視力健全，都能享有同樣的機會！」

「光明之家」是我們這個世代最棒的想法之一。有一天，馬瑟夫人和她妹妹在義大利看到盲童欣賞音樂會。雖然其他人也曾見過這種景象，卻沒有從中獲得啓發，採取行動幫助盲人。馬瑟夫人和她妹妹回到紐約後便成立了一個專職委員會，負責把未售出的音樂會門票贈送給視障朋友。就這樣，她們開始深入了解盲人的需求，接著討論盲人的就業問題，探索盲人失業的原因。有人認為，在機械時代，特別是激烈競爭的工業時代，盲人很難找到能賺錢的工作；甚至還有人說，盲人已經是弱勢族群，還要肩負勞動的重擔，不免有些殘忍。難道一個活人沒工作也沒收入就不算沉重的負擔嗎！

馬瑟夫人和她妹妹成立了紐約盲人協會，創辦第一個「光明之家」。多年來，這兩個組織在馬瑟太太的領導下發展蓬勃，愈來愈成功。她對社會大眾喊話：「我們做的一切不是爲了慈善，而是爲了公平正義！爲所有盲人朋友爭取一個公平的機會！你們難道不願給他們一個機會？不願給自己一個難得的契機，盡點心意，送出一份光明的禮物嗎？請用你們的慷慨與愛心來幫助我們，一起實現服務社會的理想吧！」正如一位偉大的朋友卡爾·舒茲於協會成立之初說的：「理想有如天上的星辰，無法用手指觸摸，卻可以追隨，就像身處蒼茫大海的水手一樣，只要跟隨星光的指引，總有一天會抵達港灣。」

一九一三年我到華盛頓演講，參加婦女選舉權示威運動。當時適逢伍德羅·威爾遜總統就職，合衆社邀請我報導這次的就職典禮，於是我就從典禮前的示威運動一直待到典禮結束。我還記得那天是個舒適的陰天。我感受不到陽光，只有縷縷微風，很適合閱兵遊行。我聞到空氣中充滿美妙的春天氣息。我們等了大約兩個小時，遊行才正式開始。那天觀禮的人很多，民衆不斷湧入現場；我感覺到人群擠上臺階，紛亂的腳步震得整座看臺都在搖晃。大家都梳洗乾淨、穿戴整齊，態度親切和善，跟這樣的男女老少擠在一起，倒也是件愉快的事。我透過蘇利文老師與梅西先生的悉心描述觀賞典禮，其中我最喜歡的是樂隊奏著華麗悠揚的樂章，還有軍隊帥氣的模樣。整個遊行都經過精心設計，場面非常盛大，可見所費不貲，現場瀰漫著歡快的氣氛。一隊又一隊的軍團經過時，我不禁希望這些士兵能永遠像現在這樣，什麼都不用做，只要保持英俊迷人的姿態，向總統敬禮就行了。

要是知道這場浩大的就職典禮會開啓一個新的時代，我可能會情緒激動、焦躁不安。我對威爾遜總統懷著極高的敬意，但我覺得即便在當時，反對他的力量同樣強到他難以對抗。

幾年前，我在赫頓先生家和威爾遜先生有過一面之緣。正如先前所述，馬克・吐溫先生在書房嚴厲譴責美國士兵在菲律賓殺害非戰鬥人員的暴行。大家都屏氣凝神地傾聽，威爾遜先生卻獨自一人坐在窗邊，仰望夜空。赫頓先生問他對馬克・吐溫的論點有何看法？他的回答大略是這樣：「再多的英雄主義也無法阻止軍人做出愚蠢的行為。」威爾遜先生問我爲什麼選擇雷得克利夫學院，而不是衛斯理、史密斯或布林莫爾學院？我說：「因爲他們不想讓我進雷得克利夫，但我天生執拗，所以不顧他們的反對，偏要去那裡。」他還問我，覺得爲了個人成就付出那麼多値不値得？在我眼中，威爾遜先生雖然極度拘謹，卻一點也不冷漠。差多了。他就像一爐燜燃的火，隨時可能竄起熊熊烈焰。我從在座賓客的談話中得知，當時在赫頓先生家聚會的人中，絕大部分都認爲威爾遜先生精明聰穎，而且學識豐富，超越同時代大多數學者。

如果沒有發生第一次世界大戰，威爾遜總統對美國的貢獻想必難以估量。歷史自會根據當權者爲人類帶來的福祉對其做出評價。若問威爾遜總統在當時的情勢下是否已竭盡所能，多少有點諷刺和挖苦的意味；若從巴黎和會中其他領袖的角度來看，他的行爲和他們一樣當受譴責；若從他的意圖與目的來看，他顯然未能實現初衷，甚至可說是慘敗。其實威爾遜總統本可堅守立場，畢竟當時他是美國國家元首與三軍統帥，美國也擁有精良的裝備和充足的資源，是全歐洲的供給者和債權人，更別說各國民衆的心與他同在，即便全球銀行家迫使參戰國停火，最後爭取來的不過是不公不義的和平，威爾遜總統仍保持他的聲望和道義上的領袖地位，成爲史上最崇高的人道捍衛者之一。然而，他終究還是向自己的靈魂妥協，失去了健康，失去了民心，也失去了自信。沒有人知道他的失敗讓世界的進展倒退了幾百年，但只有那些被仇恨蒙蔽雙眼的人才會質疑他高尚的動機與本心。

威爾遜總統雖然未能在有生之年實現自己最初構想的藍圖，但他留下來的思想與文字遠遠超越過去世上所有國家元首。最卑微和最權威的人都在細聽他的箴言，他似乎在用優美的語調向世人宣告：國與國之間會有更公正的道德準則。他預言的美好時代一定會來，那些日子非來不可。偉大的理想絕非一蹴可幾，必須再三調和，以增進人與人之間的理解和諒解，就像上帝也會爲剪了毛的羔羊削弱寒風，體恤弱者。

吉卜林講過一個古老傳說，我覺得很適合套用在威爾遜總統身上。有個人做了一件非常高尚的事，想向其他族人解釋他的所作所爲，可是他才一開口就突然失聲，只能無言地坐下。這時，另一個人站了起來，他既未參與此事，也沒有特別的美德，但與生俱來的表達能力讓他得以滔滔不絕、生動描述那個人的事蹟。大家都聽得如痴如醉，內心澎湃不已。族人覺得此人的話語充滿生命、蠱惑力太強，怕他會捏造關於他們的不實謠言傳給後代子孫，於是便把他抓起來殺了。後來他們才發現，這個人的魔力來自他的言語，而非他本身。有一天，未來的世代也會發覺威爾遜總統的影響力源於他的文字與言辭，而非他本人。

8

我的老友貝爾博士

電話是我們的生活足跡，
就像《魯賓遜漂流記》裡「星期五」留在沙灘上的腳印一樣，
無論我們走到哪裡，它都會提醒我們，
人是群居動物，不可能完全獨處。

我不記得我是在威爾遜總統就職典禮之前還是之後演講，但我記得介紹我上臺的是亞歷山大·貝爾博士。當時眞的很快樂。這不是我第一次和貝爾博士同臺。我年紀還小、才剛學會說話時，就經常和蘇利文老師一起隨他參與大大小小的會議，推廣聽障人士語言教育。

有人說過，美好的回憶是一個人所能擁有的最珍貴的財富。我的確擁有許多關於貝爾博士的愉快回憶。大多數人只知道他發明了電話，但熟識他的人都認爲他對失聰者的貢獻與他的偉大發明一樣重要。我敬慕他的原因兩者兼有，在我心中，他不但是一個了不起的發明家和慈善家，更是一位情感深摯、善解人意的朋友。

貝爾博士可說是我認識最久的老友，甚至在蘇利文老師來之前，他就已經向黑暗中的我伸出溫暖的手。事實上，阿納諾斯先生正是透過他才把蘇利文老師送到我身邊。我和貝爾博士兩人做夢也沒想到，上帝竟是經由他的手把最好的禮物送給我。

他打從一開始就熱情大讚蘇利文老師的教學方法。《假如給我三天光明：海倫凱勒的人生故事》出版後不久，他就寫信給梅西先生，提到蘇利文老師寫的幾封信，她在信中描述自己教我的方式：

這些信揭露了一個長久以來備受質疑的事實，即海倫的卓越成就既歸功於自身的聰明才智，也歸功於她老師的天賦……證明了大家先前對蘇利文老師的印象大錯特錯。很多人誤以爲她在教導海倫時只是盲目摸索，完全憑當下的感覺行動，缺乏一套方法，然而這些信件卻說明了她一路走來始終遵循聾啞教育中最重要的指導原則，而且成效斐然，表示她的方法是對的。

他在大約同一時間寫給蘇利文老師的信中則說：

> 這些信件非常重要，價值非凡。它們……會成爲一種標準。妳在海倫早期教育中運用的教學原理對所有教師而言意義重大。

貝爾博士對失聰者的關懷有其家族淵源。貝爾家族長期研究語言科學；貝爾博士的祖父發明了一種可克服口吃的裝置，他的父親梅維爾·貝爾先生則改善了一套可視語音系統，專門用於聽障人士的語言教學。我到華盛頓拜訪貝爾博士一家時常見到他父親。

貝爾博士認爲他父親改良系統的貢獻比他的電話發明更重要，但據說老貝爾先生曾表示自己的成果「賺不了什麼錢」。東方人很適合用這套系統學語言，相較之下，西方人得花比較多心力，有時可能很難堅持下去。此外，最近編纂完成的《牛津辭典》也是以老貝爾先生的語音分類法爲基礎，建立出一套音標體系。

貝爾博士對他父親的愛非常動人。他們父子倆那麼相似，又那麼不同！老貝爾先生的個性比較溫和內斂，屬於戀家一派。他崇尚簡單的生活，即便兒子極爲富有，他仍舊儉樸度日，住在狹小的舊宅，心滿意足地過日子。雖然離開蘇格蘭多年，他還是維持從前在老家的習慣，每天都吃熱燕麥粥泡冰牛奶當早餐。

若貝爾博士很忙，有一、兩天不能去探望父親，他就會說：「好了，我得去找我父親。我需要和他聊聊天滋養身心。」

老貝爾教授迷人的小屋坐落在殖民海灘上，波托馬克河就是在那裡匯入大海。我時常看見兩個高貴的身影一起坐在門廊，好幾個小時不說話，只是安靜恬然地抽著菸，望著蒸汽輪船和小艇在河面上穿梭來去。當一聲特別的鳥語引起他們注意，兒子就會問：「爸爸，你會怎麼記錄這個聲音呢？」接著兩人便開始用可視語音系統尋找解答。他們全神貫注、忘我地研究，將周遭的一切拋在腦後，並將每一個音分析透澈，用符號記錄下來。若某聲鳥鳴特別棘手，花數小時解決問題也是常有的事。

他們倆都有種強烈的渴望，亟欲矯正每個發音缺陷。聽說聽他們講話是一種享受；蘇利文老師常提到這一點，協助貝爾博士發明電話的沃森先生也在《探索生命》一書中寫道：「他的發音乾淨俐落，非常悅耳，讓其他人的發音聽起來很粗野，相形見絀。」另外，他們父子倆都有教授演講技巧的經歷，也都喜歡朗讀。

貝爾博士對他的母親極爲溫柔，關心到無微不至。我認識他母親時，她已經嚴重失聰。我記得那是一個春日午後，貝爾博士駕車帶著我和蘇利文老師到鄉間兜風。我們摘了很多忍冬花、粉紅與白色山茱萸，還有野杜鵑。回程途中，我們在老貝爾夫婦家稍做停留，想把花送給老貝爾夫人。「我們從走廊的門進去，給他們一個驚喜。」貝爾博士邊說邊走上臺階，接著突然停下腳步，在我手中寫道：「噓！他們睡著了。」我們踮著腳尖悄悄進屋，插好鮮花。眼前的畫面令人永生難忘——兩個慈祥又可愛的老人坐在扶手椅上，老貝爾夫人的白髮低垂在胸前，老貝爾先生則仰頭靠著椅背，鬍鬚和捲髮襯托著紅潤的臉龐，有如一尊宙斯雕像。我們沒有擾他們清夢，留下鮮花就離開了。

我很喜歡拜訪貝爾博士一家，無論是在華盛頓，還是去他們位於加拿大布雷頓角島的避暑山莊。貝爾博士的太太也失去了聽力，我很佩服她戰勝殘疾的勇氣與堅毅。她是個讀脣語高手，能讀懂無數來訪者的言談，這需要極大的耐性、嫻熟的技巧和良好的心神狀態才做得到。她從不用手指拼寫，認爲這種交流方式會把失聰者與一般人隔絕開來。她很喜歡美麗的蕾絲織品，曾拿著一張薄紗絲網讓我觸摸那些編織的花卉草葉、活潑的丘比特、如絲般順滑的蜿蜒溪流、十字形花邊織成的漂亮小徑，以及點綴在兩側的輕盈枝椏。貝爾博士的女兒艾爾西和黛西總是很樂意陪我玩。黛西恨不得把聽到的美好事物全寫在我手裡，讓我和她一起分享快樂。

貝爾博士家經常有許多傑出人士前來聚會。他會把我介紹給那些博學多聞的科學家，例如蘭利教授、紐康教授、鮑威爾少校等，也會把他們說的話拼寫出來告訴我，甚至向我解釋物理學定律或磁學原理，因爲他認爲每個人都能無所不通。我很愛聽他高談闊論，無論他講得有多深奧、我懂得有多少，都無損我的興致。

世上有一群非比尋常之人，短短兩分鐘內就能主導全場，其他人也會靜下來聽他們說話。貝爾博士就是其中之一。他能用簡單生動的語言清楚呈現複雜的問題。以我的經驗來看，很少有人擁有這種超凡的天賦。像蘭利教授就沒有。

貝爾博士在言談間從不武斷，也不會自以為是。即便有人和他想法相異，他也會抱著真誠的好奇心與熱切的求知慾來探索一切。我想他是我認識的人中唯一一個能達到這種境界的人。只要有人提出不同的觀點，他就會說：「也許你說得對。我們來研究看看。」

貝爾博士選擇為那些生活在無聲世界、不受公眾關注的群體發聲，因此大多數人都不曉得他其實能言善道，是個天生的演說家。但我知道，他的言談強而有力、氣勢磅礡。我曾多次與貝爾博士並肩登臺，用指尖觸摸他的雙脣，傾聽他的演講；他的聲音、他的姿態、他的手勢無不散發出雄辯滔滔、令人心悅誠服的魄力，讓我不禁暗暗渴盼，希望自己的演說能像他一樣優美自然。講了幾句話後，他就會碰觸我的手臂，我再把手舉起來放在他的脣上，讓觀眾看看我是怎麼讀他的脣語。但願文字能描繪出他在我眼中那種意氣風發的模樣——他儀態軒昂、神采飛揚，舉手投足間盡顯崇高氣度；我指尖下是他捲曲如波的鬍鬚，美麗的虯髯將威嚴的容貌遮去一部分。每每說到感動之處，他就會神情激昂；他抬頭挺胸，鼻翼鼓翕，肢體動作協調優雅，猶如他翩躚的思緒。這種氣魄與力量之強之美，沒有人能抵抗。

貝爾博士終其一生都在熱心倡導、推廣聽障人士口語表達教學法。他用極具說服力的言辭指出，將失聰者視爲異類是非常愚蠢荒唐的行爲，並主張讓患有聽力障礙的兒童進入公立學校，和聽覺正常的孩子一同學習，進一步闡述這種方法帶來的經濟、社會與道德優點。此外，他也竭力敦促大家廢除手語系統，認爲該系統會阻礙失聰者培養語言習得的能力。聽障人士被隔離在健全人的世界外、多半只能內部通婚，讓他深感痛心和遺憾。他覺得若聾啞人將手語和手語字母做爲唯一的溝通方式，就一定會被社會孤立，甚至難以達到一般人的智力水準。

然而，許多人堅決捍衛手語字母與手語系統。口語系統的重點在於教導孩子用眼睛讀脣語、練習用自己的聲音說話，相較之下，手語較爲簡單易學，只是最終的成效無法與口語系統相比。至於我則別無選擇，因爲我不僅失聰還失明，基本上只能使用手語字母，直到後來才學會用手讀脣語。不過我想，要是一開始就學讀脣語，我的教育之路一定會遇上嚴重的阻礙，遲滯不前。

所有聾啞教育工作者無論其推崇的系統爲何，皆受到貝爾博士的影響。他本著最眞切的科學精神傳播自身觀點，完全不帶野心和企圖。多年來，他不僅自籌經費在華盛頓開辦實驗學校，透過教學實踐進一步探索、改善教育失聰兒童的方法，還幫助高立德大學的費伊博士蒐集聽覺障礙者相關數據，「美國聾人言語教育促進會」便是在他的建議下於一八九〇年成立。他除了捐助兩萬五千美元協助該會發展，更不辭辛勞、投入許多心力向大衆宣傳，讓更多人了解他們的理念。他因爲發明電話獲頒「伏特獎」，用這筆獎金在華盛頓設立了「伏特辦事處」，專門發布有關聽障人士的資訊。爲了讓每個失聰兒童都能學會說話，他孜孜矻矻地奮鬥，從未停歇。

你們這些視聽能力健全者或許沒有意識到「教失聰者學會說話」堪稱十九世紀最神聖的奇蹟之一，也不可能明白這件事對聾啞人士的意義。你們在靜默中撫慰疲倦的感官，我們卻在殘酷的無聲裡與世隔絕。無論是問候的話語、鳥兒的鳴唱，還是微風的嘆息，都無法穿透這層凝滯。這是一種無情又全然孤立的寂靜。兩百年前，我們找不到一絲希望，看不見一絲曙光。在冷漠的世界裡，沒有人爲我們奔走發聲。然而，傾聽是人類所擁有最深刻、最具人性且最富哲理的感知能力。多虧貝爾博士的努力，世上孤獨的失聰者得以體驗、享受人類社會愉快的交際方式。

雖然貝爾博士來自古老的國度，是自立自強的蘇格蘭後裔，但他飄洋過海來美國生活了這麼久，感覺就像我們自己人一樣。世上大概唯有他的生活不爲脾性所累，不受際遇所擾。天才本可特立獨行、任性不羈，可他卻天性淳厚、爲人善良，既無結怨樹敵，也不遭人憎惡。凡認識貝爾博士的人都認爲他爲他們的人生帶來深遠的影響。貝爾博士確實是一位極富同情心的人，哪怕是用極盡溢美之詞來形容他也不誇張。

「生活充滿樂趣！」貝爾博士常這樣說，特別是談到電話的時候。「有些事我們不曾期待，卻眞眞切切地發生了。正如我們能清楚看見前方的彎道，卻不知過了轉彎處會有什麼出乎意料的事等著我們。」他回憶起當年還是他學生的貝爾太太說服他去費城參加百年博覽會，向大家展示電話。時間訂在週日下午，輪到他時天氣酷熱難當，好幾位評審都面露疲態，看來他可能沒機會參展了。「不過，」貝爾博士露出燦爛的笑容。「就像在其他地方一樣，費城也可能發生意想不到的事。正當我決定離開博覽會時，奇蹟發生了。巴西皇帝佩德羅一世出現在會場，很快就認出我。他曾在波士頓和我討論過聾人的教育問題（他想在巴西創辦啓聰學校，因此赴美考察各種聾人教育方法）。他直直走向我，伸出一隻手致意，接著仔細觀察電話裝置，問我那是什麼？我便一五一十介紹給他聽，告訴他我原本想在當天下午展示給大家看。「爲什麼不呢！」佩德羅一世大聲說。「我很樂意體驗看看。」於是貝爾博士將一條電線拉過現場，拿起話筒，請佩德羅一世將聽筒放在耳朵旁邊。「天哪，這東西說話了！」他失聲驚呼。「是啊，眞的在說話！」凱文勛爵也接過聽筒說。評審一個接一個輪流試聽，貝爾博士的裝置就這樣持續展示到當天晚上十點，並在博覽會期間成爲衆所矚目的焦點。自此之後，電話便踏出第一步，開始朝商業性產品發展。

一八九二年，由於貝爾博士的發明備受爭議，他多次爲此在波士頓出庭應訊。我直到那時才知道電話的存在。那段期間，我們常跟貝爾博士見面，而曾協助他進行失聰者調查研究的派瑞特夫人也和我們一起待在切爾西市。每次開庭結束後，貝爾博士就會來找我們，或是我們去貝勒維酒店等他。那段日子對他而言非常煎熬，我們覺得自己應該多陪陪他，盡可能幫助他放鬆心情。貝爾博士非常喜歡戲劇和音樂，說服他跟我們一起去看戲或聽音樂會向來不是件難事。

波士頓不僅風景優美、交通便利，更是城市樞紐。我們三不五時就會駕車在波士頓市區與郊區兜風，其中海邊是我們最常去的地方。若能找到一位老漁民用小船載我們出海，貝爾博士就會很開心，覺得自己是世界上最快樂的人。

我們的對話常自然而然轉向科學。貝爾博士年輕時對大西洋海底電纜鋪設很感興趣；他用生動的語言告訴我，大西洋海底電纜歷經了許多失敗和挫折，犧牲了無數條生命，最後終於在一八六六年鋪設完成。貝爾博士跟我分享這件事時我才十二歲，正如其他孩子著迷於童話一樣，這個故事裡的英雄主義及人類神奇的想像力讓我激動不已。我彷彿聽見電纜躺在遙遠的海洋深處傳送千言萬語，打破時間的局限，爲我們連接東方與西方兩個世界。

此外，貝爾博士也是第一個在我掌中拼寫出「查爾斯．達爾文」這個名字的人。

「他做了什麼？」我問道。

「他創造了十九世紀的奇蹟。」貝爾博士回答。

他向我介紹《物種起源》，告訴我此書大大開拓了人類的視野與思路。這本巨著後來也成了我的精神和思想基礎。

貝爾博士帶我們參觀電話誕生的地方，對他的助手湯瑪斯．華生先生讚譽有加。他說，如果沒有華生先生，這項發明很可能胎死腹中，無法實現。一八七六年三月十日，華生先生在另一個房間裡工作，沒想到電話裡突然傳來貝爾博士的聲音，讓他大爲震驚，「華生先生，快過來，我需要你。」這是人類史上第一次用電話交談，就如同現在每天無數人用電話聯絡一樣隨意、一樣平常。我對他說，眞希望電話傳遞的第一句話能更有意義。「海倫，」貝爾博士回答。「時間已經證明電話的主要用途就是重複原始訊息。對千千萬萬像華生先生這樣的上班族而言，聽筒裡的『快過來，我需要你』這幾個字，就是電話爲繁忙的世界做出的最大貢獻。」

「在那天之前，你對這項發明有信心嗎？」我問。

「哦，當然，」貝爾博士說。「先前電話也成功傳送過訊息，不過知道華生先生聽見我的聲音，我還是大吃一驚。」

貝爾博士的書房裡並沒有電話，他曾略顯懊悔地說：「要是我打擾了家裡平靜的生活該怎麼辦？」當衆人語帶欽佩地討論這項發明，我聽到他說：「是沒錯，但我很懷疑它能否像莎士比亞與荷馬一樣將人類的語言傳得更廣更遠。」

有天晚上，我們在電線桿旁等路面電車，經年累月的風吹雨打已將木柱磨得光滑平坦。貝爾博士將我的手放在電線桿上說：「妳摸！妳覺得那些振動是什麼？」

「它一直都這樣嗡嗡作響嗎？」之前從沒摸過電線桿的我問道。

「對啊，整晚都這樣。這顫動的歌聲永不停歇，因爲它唱的是生活的故事，生活每天都在運轉，永遠不會停止。」接著他向我描述電線纏繞的方式與絕緣的原理，還解釋了許多細節，我想除了我這個失明的女孩，大家應該都很了解這些知識。「上面的銅線遍布世界，」他又說。「一站一站彼此相連，傳遞著人類的生離與死別、戰爭與金融、失敗與成功等種種消息。妳聽！我好像聽見了歡笑、淚水，還有斷斷續續的愛情誓言。」

還有一次我們在雨中散步，他問我有沒有摸過雨中的樹，接著將我的手放在一棵小橡樹的樹幹上。我非常驚訝，因爲我感受到一種微妙的細語，如銀鈴般低吟淺唱，彷彿樹葉彼此分享、傾訴瑣碎的小事。自此之後，我便經常在雨中撫摸樹木；雨滴滑過每一節翠枝，掠過每一片綠葉，像一顆顆小珍珠灑落下來，猶如歡笑嬉戲的小精靈。

在這些悠閒散步、驅車兜風的時光裡，貝爾博士的思緒寧靜地舒展開來。詩詞歌賦、奇聞軼事、蘇格蘭的回憶，以及他早年造訪日本的經歷，都如涓涓細水從他靈活的指尖流入我的掌心。他喜歡莎翁《威尼斯商人》劇中波西亞那段關於仁慈本質的獨白，最愛引用德萊頓譯述的賀拉斯詩句：

快樂之人，唯其快樂無憂，
據今日爲己有；
直抒胸臆，無須顧忌，
勿論明日種種，今日於我就已足夠；
無論陰晴，坎坷或坦途，
無論命運何如，誰也無法奪走屬於我的喜悅。
逝者如斯，上天也莫可奈何；
往事已矣，我已擁有我的時刻。

關於電話的爭議纏訟多年——我想應該有八年吧。美國最高法院最終裁定貝爾博士勝訴。貝爾博士逝世時，全球約有一千兩百萬部電話。據說他二十九歲生日時獲得的專利是有史以來最有價值的專利。

紐約到舊金山的電話線路開通後不久，我又見到了貝爾博士。當時全國各地幾乎都有電話線相連。這次華生先生在舊金山，貝爾博士在紐約，兩人重複著那句話：

「華生先生，快過來，我需要你。」

「他聽見了，」貝爾博士說。「雖然這次他沒辦法馬上過來，但在不久的將來，我們一定能在接到電話後數小時內橫越大陸。」他說總有一天，人類會實現跨洋飛行的夢想。後來林白用三十三個小時又三十分鐘飛越大西洋時，我便想起他說的話。

貝爾博士的發明讓許多美國人欽羨不已，既讓他開心，也讓他苦惱。無論他走到哪裡，都會有人上前想和電話發明者握手致意。有一次他在我手中寫道：「因為電話是很賺錢的發明，所以有些人認為我除了電話外沒什麼成就。遺憾的是，不少人將金錢視為衡量成功的標準。真希望我的實驗能幫助聾啞人士，降低他們說話的難度，那樣我一定會很高興。」

除了電話，貝爾博士也對其他發明感興趣，例如留聲機、視見電話和感應秤等。此外，他發明的電話探測器亦曾被用來定位、尋找加菲爾總統體內的子彈。

每當他想專心研究自己的理論或發明，就會隱居至布雷頓角島的美岳山莊、華盛頓近郊，或是佛羅里達州的椰子林，也就是他女兒費爾柴爾德夫人的家。「我需要絕對的安靜，」他說。「但在這喧鬧的世界裡，要達成這個目標實在不容易。」他還說，「電話是我們的生活足跡，就像《魯賓遜漂流記》裡『星期五』留在沙灘上的腳印一樣，無論我們走到哪裡，它都會提醒我們，人是群居動物，不可能完全獨處。」

即便後來我們於不同的人生軌跡中各自忙碌，我還是經常寫信給貝爾博士。我知道他醉心於工作，因此並不指望收到回覆，但他每次都會回信，甚至撥空讀我的書，寫信聊聊我的作品。從他的字裡行間我能感覺到他認為我很有才能，而非在世間苦苦摸索、宛如幽靈的可憐人。

「妳絕對不能、絕對不能把我和那些人混為一談，」他在讀完《我所生活的世界》寫信給我。「他們以為妳對世事毫無見解，還覺得這樣很有趣。坦白說，我很想知道妳對關稅、自然資源保護，或法國德雷福斯案[8]及其相關衝突有什麼看法。我還想知道妳對改革全球教育體系有什麼建議。我想看到妳走出自我，寫寫外面發生的大事。妳讓我們窺見了奇妙迷人的內心世界，所以我想聽聽妳對外界的看法。」《石牆之歌》出版

8 譯註：艾弗瑞·德雷福斯是法國猶太軍官，亦為法國歷史上著名冤案「德雷福斯案」的受害者。一八九四年，他被控向德國人出售軍事情報，以叛國罪逮捕。此案經有心人士操縱，進而掀起全球反猶浪潮，法國也因此爆發激烈的政治鬥爭。

後，他非常高興，因為「這本書再次證明妳的世界跟我們一樣充滿音樂與美的事物。」看到這裡，我想我對他的愛不言自明。

貝爾博士是個樂天派，喜歡給別人驚喜，也喜歡收到驚喜。我記得在蘇利文老師結婚不久前的某天早上，我收到一封信，信封上寫著「給海倫．凱勒的祕密」，下面還加註一行小字，「我不希望蘇利文小姐或梅西先生看到這封信，請讓別人將信件內容拼讀給海倫聽」。當時麗諾正好來訪，我便帶著信去找她。她說貝爾博士寄來一張支票，請我替他送一份結婚禮物給蘇利文老師。「問題是，我不知道她喜歡什麼，」他寫道。「我需要有人幫我。妳不就是最佳人選嗎？隨信附上一張支票，希望妳能用這筆錢幫我買個東西送給蘇利文小姐做為新婚賀禮。記得送禮前要保密，給她一個驚喜喔！」

我們當天立刻前往波士頓，在店裡精挑細選，翻看來自世界各地的漂亮小玩意，最後選了一座鳴聲柔和的鐘，但錢還沒有用完，所以隔天我們又來挑禮物，這次我選了一個純銀咖啡壺。我寫信給貝爾博士告訴他我準備了兩份禮物，他非常開心，還說他從我身上看到了「蘇格蘭人的精明」。

說也奇妙，描寫摯愛的朋友時，往事總會泉湧而至。一些多年來不曾想起的小事竟在此刻一一浮現，彷彿有什麼神祕的墨水在我腦海中不斷書寫。我記得蘇利文老師來我們家一年後，我們前往柏金斯啓明學校，途中我第一次來到首都華盛頓。奇怪的是，克利夫蘭總統當時給我的印象居然比貝爾博士還深。我是個情感豐沛又喜歡表露感受的孩子，見到總統時，我第一個念頭就是想親吻他。也許他不了解我的意圖，或認爲這麼做不太恰當，總之他把我推開了。在此我要很慚愧地承認，發生這件事之後，我就覺得克利夫蘭總統任內做得不怎麼樣。

貝爾博士非常喜歡動物，我們經常一起去動物園玩。除了華盛頓外，我們也會趁到其他城市參加會議、爲聾啞人士發聲時造訪當地的動物園。記得在我十四歲生日那天，貝爾博士送我一隻鳳頭鸚鵡。由於牠的鳥冠是亮黃色，耀眼奪目，因此我把牠取名爲「黃水仙」。黃水仙是個外表漂亮的危險分子，金色與白色相間的羽毛就是牠的盔甲。牠常在我看書時棲居在我腳上，在我翻閱書頁時來回擺動身體；有時跳上我的肩膀，用頭磨蹭我的耳朵和臉頰，有時將又長又尖的鉤狀鳥喙伸到我嘴裡，嚇得我背脊一陣發麻，接著再以最快的速度疾飛而去，發出陰險的尖叫落在狗背上或某人頭上。過沒多久，我父親想把牠送走，但牠已經惡名遠播，沒有人願意養，最後是圖斯坎比亞一家酒館的老闆收留了牠。至於禁酒法案（第十八條修正案）通過後牠的際遇如何，我不得而知。

貝爾博士總是渴望冒險，無論白天黑夜，無論天氣如何，他都會「喲嗬！喲嗬」一地呼喚他的朋友和同事，他們也都很樂意回應。

還記得有天晚上我們去匹茲堡欣賞壯觀的煙火表演。我們沿著河堤驅車前行，看著煙花自火爐中此起彼落、燦爛綻放。我永遠不會忘記貝爾博士於煙火開始的那瞬間無比興奮、激動萬分的神情。當時我們正在談論龐大的工業規模讓匹茲堡成為世界重鎮之一，貝爾博士突然跳起來大聲驚呼：「河水燒起來啦！」事實上，整個世界似乎都在燃燒。火爐張開熾熱的大嘴，烈焰如飛瀑般往上奔竄，彷彿要吞噬所有雲朵，將夜空染成一片豔紅。巨大的火爐軸頸周圍赫然伸出無數玫瑰色火舌，直直衝向天際；繁星有如被上帝親吻般霎時轉為緋紅，彎彎的月牙也映著粉色，就像纏了一條猩紅色頭巾。愈來愈多鮮紅、深紅與金紅色簾幕拉開，雲推著雲，煙籠著煙，直到天空變成一片波濤起伏的火海。蘇利文小姐和貝爾博士不斷在我手裡拼寫，又一次次抹去他們的話語，於腦海中找尋最貼切的詞語來描繪眼前的景色。「粉紅色蒸汽瀑布奔流而下，」一個說。「挾著泡沫自空中滴落！」另一個說，「火紅的噴泉吞沒夜幕！」「熔化的滾燙鐵棒像兔子一樣俯身衝進黑洞。」「河岸那邊有銀光閃閃的岩窟、烏黝的洞穴與漆黑的深淵。」「沸騰的爐火有如來自地心的火焰。」每隔幾秒，亮紅色火焰就會噴湧而出，像熊熊燃燒的「希臘之火」。眾多人影在沖天的熾焰與黑色的爐壁間鑽動；火柱猶如咆哮的神獸展開火鶴般的翅膀，飛向黑暗的蒼穹，貪婪地擄掠我們的目光。

進入雷得克利夫學院一年後那個夏天，我和蘇利文老師來到貝爾博士位於巴德克的美岳山莊。當時他正在研究航空科學，還打造出一架巨型四面體風箏，希望能藉此證實一些新的飛行理論。雖然風箏實驗不如他想得那麼成功，卻帶給我們無盡的歡樂。他指派我當他的首席顧問，每次放風箏前我都要檢查繩索，告訴大家繩索能否承受拉力。有一次，我牽著風箏線，有人從繫繩處放開風箏，我差點被風箏拖進海裡。後來貝爾博士堅持要我像他一樣戴上頭盔、穿上防水泳衣，以免再度出現什麼緊急情況。「我們永遠不知道風箏在打什麼壞主意，」他很認眞地在我手中寫道。「我們必須智高一等，隨時都要小心提防。」有時他會停下來向我說明情況：「風箏正在天上遨遊呢。」雖然這種順利的時候不少，但只要一陣強風就會把風箏颳跑；我們會發現風箏確實在「游」，但不是在空中，而是在布拉多爾湖裡。即便挫折連連，我也從未見過貝爾博士因此灰心沮喪，反而常拿失敗的實驗來開玩笑。

當時蘭利教授也來美岳山莊拜訪貝爾博士，航空科學自然成爲大家討論的熱門話題。我和蘇利文老師會和他們一起坐上觀測船，她與貝爾博士一連數小時不斷將他們的談話內容拼寫給我讀。雖然我不太理解他們在聊什麼，但仍不減我的興趣，因爲我很喜歡這群人。他們的討論充斥著高深的數學與科學，令人望而生畏，卻也讓我有機會觀察這些志向遠大的人。我發現只要聽衆對談話感興趣，即便對話題內容一無所知，他們也很喜歡、很樂意與聽衆一起討論問題。

美岳山莊有一艘舊遊艇供大家休閒玩樂。那艘船長年停泊於海岸邊狹長的水道，離貝爾博士的別墅將近兩公里遠。船的右舷浸在布拉多爾湖的鹹水中，左舷則面向一個淡水池塘。船艙裡，床鋪與毯子一應俱全，櫥櫃中也備有食物，方便想睡在船上的人休息。

有一次，許多客人聚在美岳山莊，聽他們的談話可能會以爲那是一場科學研討會。我、蘇利文小姐、黛西與艾爾西決定在船上過夜。那是一個清朗宜人的夏夜，我們就像小狗急著出門追逐嬉鬧一樣興奮，渴望冒險。我們早早動身，沿著岸邊小路匆匆上船，這樣就能在甲板上享受夕陽和晚餐。布拉多爾湖在落日餘暉中閃爍著粼粼波光；迷人的落日加上兩位美麗少女陪伴身邊，大家盡情歡鬧，氣氛多麼美妙。黛西不停地在我手中描繪天空與湖面的絢麗色彩，最後夜幕低垂，深沉的靜謐降臨大地，只有細浪輕輕拍著海岸，訴說著孤寂。

明月緩緩升起，我們興奮地沿著繩梯潛入湖中。這裡只有我們四人，只有美麗的波光和月色。雖然空氣中透著一絲涼意，湖水卻依舊溫暖，無盡的喜悅在我們心頭蕩漾。大家爭先恐後地爬上繩梯，比賽看誰能第一個拿到毛毯！拂曉時分，我們起床來到甲板；遠方的島嶼忽然飛來一群海鷗，在湖面上盤旋不去，有如美人魚在金色的晨光中梳理著晶瑩閃亮的秀髮。頃刻間，成群的海鷗振翅而起，搧去慵懶的睡意，俯衝鑽進水底吃早餐。這幅壯麗的景色就算通宵不眠等待也值得。那一夜，我們的確無心睡眠，深怕錯過任何一點良辰美景。雖然事隔多年，在舊遊艇上度過的愉快夜晚仍清晰刻在我的回憶裡，如同點點繁星，璀璨奪目。

還有一次，貝爾博士與天文學家紐康姆教授登上這艘舊船，和我們一起坐在甲板上。北方的夜晚總是這麼如夢似幻。皎潔的月光在湖水中編織出一條耀眼的銀鍊，「吉星女神」從墜落的露珠中冉冉現身。湖水溫柔地蕩漾，就像熟睡嬰兒微微起伏的胸口；微風帶著清香的嘆息拂過山巒與草原靜靜飄來。整個世界彷彿只剩下我們，還有那滿天星辰。

那是一個歡快的夜晚，我們討論科學，暢談心中的理想與友情。紐康姆教授聊到日食和彗星，說起獅子座流星雨，我想這種天象一定是百年一遇。另外他還講了很多關於天文學的計算知識，貝爾博士則在一旁向我解釋他說的一切。「海倫，妳知道嗎，」紐康姆教授突然轉向我。「天上的星星爆炸時，那些閃光要走上百萬年才會到達地球喔。」我聆聽著恆星的奧祕，覺得自己完全迷失在浩瀚無垠的宇宙裡，這種新鮮感讓我想起布蘭科．懷特的歌詞：

哦，太陽，誰能想到這樣的黑暗藏匿在你的光芒之下？
又有誰能發現，當樹葉、飛蠅與昆蟲一一顯現，
縱有無數眼眸，我們卻視而不見？

在美岳山莊最後一晚，我和貝爾博士在廣場上散步，蘇利文老師則與貝爾太太在藏書室欣賞布雷頓角島的照片。貝爾博士神情飄逸，將思緒寫進我掌中，一半是詩意，一半是哲理。雖然一整天的實驗讓他有點疲倦，但他的腦袋仍飛快旋轉，思潮起伏，更確切地說，他想從年少時讀過的詩句中尋得恬靜與安適。他背誦了《悼念集》、《暴風雨》與《凱撒大帝》中的段落；我還記得他神色凝重地反覆誦念「人生潮起潮落」。最後他說，「海倫，不曉得這些詩句是不是要告訴世人，我們是自身命運的主宰。可是我愈看這個世界就愈懷疑，因爲我們永遠朝著未知前進。」

「年輕時，」他接著說。「我熱愛音樂，想成爲音樂家，但命運卻另有安排。我因爲身體因素來到美國，開始著迷於實驗，最後發明了電話，現在又日以繼夜地研究航空科學。但妳知道我這一生最主要的興趣與志業是推廣聾啞教育。不，海倫，在事業選擇上，我不曾主宰自己的命運，」他停頓了一下，接著再度開口。「雖然妳有殘疾，但這些缺陷所帶來的局限卻以獨特的方式將妳推向世界。妳已經學會了說話，我相信妳注定要打破聾啞人與健全人之間的隔閡。妳是個特別的人，有特別的使命。」

我告訴他，我和蘇利文老師打算在我大學畢業後遁世隱居，「遠離公衆攪擾」，希望能如願繼續寫作。

「決定妳工作的不是妳，而是周遭環境，」他說。「我們對掌管宇宙萬物的力量而言不過是工具而已。海倫，妳要記住，不要用某種特定的表達方式限縮自我。寫作、演講、研究，能做的都做。妳做得愈多，就愈能幫助各地的聾啞人士。」

他沉默良久，又說：「海倫，在我看來，總有一天，愛情這種超乎友誼的情感會敲響妳的心門，請求妳的接納。」

「你怎麼會這麼想呢？」我問道。

「哦，我經常想到妳的未來。我覺得妳是一個討人喜歡也值得被愛的女孩，年輕時大家總會嚮往愛情與幸福，這是很自然的事。」

「我有時確實會思考愛情，」我承認。「那就像一朵美麗的花，雖然我可能摸不著，但那芬芳同樣讓花園充滿樂趣。」

他靜坐了一、兩分鐘，不發一語，我猜他心裡有些不安。然後他握著我的手，手指如微風般輕柔。「不要因爲看不見、聽不見，就認爲自己無權獲得女人最大的幸福，」他說。「許多人的疾病的確具有遺傳性，但妳的不會。」

「我已經很幸福了，非常幸福！」我說。「我有蘇利文老師、媽媽和你，還有各種有趣的事情要做，一點也不在乎結婚。」

「我知道，」他回答。「但人生難以捉摸。妳不可能永遠與妳的母親相伴，蘇利文小姐也會結婚，妳生命中可能會出現一段空虛的時光，那時妳會覺得很寂寞、很孤單。」

「我無法想像有男人會娶我，」我說。「跟我結婚就跟雕像結婚差不多。」

「妳還年輕，」他溫柔地拍拍我的手。「自然不會把我說的話當眞。但我一直很想告訴妳這些，希望妳也能抱著這份祈願。若有個好男人想娶妳爲妻，不要讓任何人拿妳的殘疾爲理由阻止妳，說服妳放棄幸福。」

過沒多久，貝爾太太和蘇利文老師過來加入我們。我鬆了一口氣，這樣就不必再談我結婚的事了。

幾年後，貝爾博士又提到那段對話。當時我和蘇利文老師去華盛頓告訴他，她要和約翰．梅西先生結婚了。「海倫，我早就說吧，」他用戲謔的口氣說。「她會結婚的。妳現在要不要聽我的勸，建立屬於自己的家庭啦？」

「不，」我回答。「我從來沒想過，現在也不打算冒這個險。我已經想清楚了，男女之間必須能力相當，才有辦法一同走過人生的風雨。我的缺陷對任何人而言都是沉重的負擔，要求對方背負這些壓力太不近人情，更何況我也沒有什麼東西能補償他。」我引述了伊麗莎白．布朗寧的十四行詩：

慷慨高貴的給予者，我能還給你什麼呢？
你把心裡金碧輝煌的寶藏原封不動地掏出來，
往我的心牆外堆，任憑我這樣的人拾起，抑或捨棄；
請不要說我冷漠寡恩，
你那重重疊疊的深情厚意，我沒有半點回敬；
不，我並非冷酷薄情，而是太過寒傖，無能以愛相應。

「喃，小姐，要是有意中人來追求妳，妳總有一天會改變主意的。」沒錯，我差點就改變了主意。但那是另一段往事了。

我最後一次見到貝爾博士時，他剛從愛丁堡回來。那是他第一次顯得快快不樂，似乎非常憂鬱。我想那是一九二〇年。他說他覺得蘇格蘭變得好陌生，他在那裡像個異鄉人，回到美國感覺好多了。第一次世界大戰在他心裡烙下了殘酷的傷疤。我感覺到他高貴的面容刻著悲傷的皺紋，但我想他的微笑只是暫時在皺紋裡睡著而已。他告訴我們，他要用自己的餘生研究水上飛機，還預言十年之內，紐約和倫敦之間一定會出現空中交通工具，未來高樓頂上也會有停機坪，人們會像現在開汽車一樣駕駛自己的飛機。他認爲航空運輸的成本比鐵路或輪船便宜，斷言下一場戰爭會在高空進行，潛水艇會比戰艦或巡洋艦更重要。

貝爾博士還預見有一天，工程師會找到辦法讓熱帶地區降溫，將炎熱的空氣送到有需要的嚴寒地帶。他告訴我，熱帶海洋溫暖的表層下湧動著來自北極與南極圈的冰冷洋流，還說可以用某種方法將這些海水引至表面，改變熱帶國家的氣候，把那裡變成更適合人類生活與工作的樂土。他奇妙的預言讓我心跳加速；但我做夢也沒想到六年後，法國工程師居然眞的計畫利用海洋來對抗不利於人類的極端氣候！

和他道別時，我們非常難過。我有一種預感，這輩子再也見不到他了。

一九二二年八月三日，貝爾博士在他的避暑山莊裡與世長辭，並於日落時分安葬在布雷頓角島的美岳山頂，這是他爲自己選的安息之地。「就是這裡，海倫，我會長眠於此。」他曾把這個地方指給我看，並引用了布朗寧的詩句：

流星飛掠，浮雲四起，
閃電倏忽，繁星來去！

之所以選擇日落舉行葬禮，是因爲此時夕陽會用金黃的暮色擁抱湖水，這就是「布拉多爾」的意思。

若凡塵外沒有另一種永恆的生命，那些故人會永遠活在我珍貴的記憶裡。每當摯愛的朋友靜靜躺入褐色的大地，我也埋葬了部分的自己。他們曾爲我的生命帶來滿滿的幸福、力量和智慧，縱使世事變遷、滄海桑田，這些都會一如往常支撐著我，陪我活下去。自從報上得知亞歷山大・葛拉罕・貝爾逝世的那一刻起，我的生活就此改變，再也回不去。淚水迷濛中，我看見貝爾博士依舊閃耀著光芒。他永遠活在我心裡。

9

投降

世間存在著一些高尚的靈魂，
他們的高度足以讓人們願意為其效力，
正如他們願意為別人效力一樣。

貝爾博士介紹我到華盛頓演講後，我開始陸續前往其他地方演說，例如維吉尼亞州的瑞奇蒙等，然後才回倫瑟姆。我和蘇利文老師都筋疲力盡，覺得很灰心，對未來充滿不確定。

與此同時，我們的經濟壓力愈來愈重。蘇利文老師結婚後，羅傑斯先生便把每年資助的金額減半。我原以為自己能憑藉文字來彌補缺口、維持生計，可是寫作斷斷續續，充滿太多干擾。我真的很厭倦這種喋喋不休敘寫自我的模式。不過雜誌社的編輯說：「不是妳個人的經歷就不必寫了。」漸漸的，我發現自己無法跳脫框架，不斷撰寫同一個主題——我自己。過沒多久，我就發現能寫的都寫了，實在毫無新意。

財務危機似乎成了生活的一部分，但不時有好心人試圖幫助我們擺脫困境。我不曉得卡內基先生是什麼時候開始關注我們，只記得一九一〇年底，他從我們的朋友露西・福勒小姐那裡得知我們生活拮据，幾天後便以他特有的效率和慷慨寫信給福勒小姐，說他已經為我安排了一筆年金。

由於我對這件事完全不知情，也沒有同意福勒小姐這麼做，便婉拒了卡內基先生的好意。當時的我既年輕又驕傲，總覺得只要好好努力，一定能成功克服一切。卡內基先生建議我再考慮看看，並向我保證，無論我接受與否，這筆年金都是我的，還說「我和我太太很樂意接受『試用期』。」這件事就這樣擱置了大約兩年。

一九一三年春天，我和蘇利文老師人在紐約，並應卡內基一家邀請拜訪他們。我永遠不會忘記他們的良善，讓我感覺到他們是眞心想幫助我們。卡內基夫婦很親切，讓人覺得很溫暖，他們十六歲的女兒瑪格麗特也非常可愛。她在我們談話時走進書房，「瑪格麗特是這裡的慈善家，」卡內基先生在他女兒將手放在我手上時說。「她就像善良的仙女經常在我耳邊低語，要我必須幫助別人，帶給別人快樂。」

我們邊喝茶邊聊了許多，卡內基先生問我是否仍決定拒絕他的資助。「對，」我回答。「我還沒有被打倒。」他說他理解我的堅持，但也提醒我，命運已經把我的負擔分給身邊的人，所以我應該要爲自己，也爲他們著想。這些話重重地壓在我心上；之前從來沒有一個慷慨大方、樂善好施的人提醒我，應該要爲我所愛的人設想，考慮他們的幸福與安樂。卡內基先生一再重申，我隨時都能領取那筆錢，還問我是不是眞的變成了一個社會主義者。

我承認確有此事，他立刻猛烈抨擊所有社會主義者，甚至恫嚇說要是我再不清醒，他就要好好打我一頓。

「不過，像你這樣的偉大的人應該始終如一，」我反駁。「你相信人與人之間應相親相愛，國與國之間應和平共處，而且人人都有受教育的權利。這些不都是社會主義信仰嗎？」我說我要把我寫的《走出黑暗》寄給他，該書詳實描繪了我成爲社會主義者的心路歷程。

卡內基先生問我演講的主題是什麼？我說是「幸福」。「很好的題材，」他評論道。「這個世界充滿幸福，只要人們願意尋找。」他又問我主辦單位訂的演講票價是多少？我說是一美元或一點五美元。「太貴了，眞的太貴了，」他說。「如果每場只收五十美分，最多不超過七十五美分，妳就能賺更多錢。」

他又問我爲什麼不多寫點文章？我告訴他，寫作對我來說不容易，因爲我敘寫速度很慢，編輯也認爲我能把握的題材不多。他表示贊同，認爲除了難得的靈光乍現，寫作對任何人來說都不簡單。「努力必須花在値得的東西上。據說伯恩斯創作〈人即人〉這首詩時是信手拈來，一氣呵成，但我不相信有這種奇蹟。他一定是長時間觀察不公正的現象，歷經多年思考，才能創造出這樣的作品。我跟妳說，這首詩就是伯恩斯一生的寫照。」

他讓我們看了一幅格萊斯頓的肖像畫。格萊斯頓是他非常敬佩的偶像。「妳知道嗎，這個偉大的英國政治家是蘇格蘭人。」我坦白說我不知道，卡內基先生似乎很訝異我對格萊斯頓知之甚少。我說像他那樣的人只會讓我覺得厭煩，即便他舉止高尚，我也沒興趣。「你會這麼崇拜他可能是因爲他的蘇格蘭血統。」我補上一句。「大概吧，」他回答。「血濃於水，在蘇格蘭尤甚。妳可以盡情嘲笑沒關係，但他的確是我們這個時代最偉大的人之一。我見到他時，他已經七十歲了。一看到他，我腦海中立刻浮現出彌爾頓的詩句：

他威嚴起身，
一如中流砥柱；
他的前額深深刻著心憂眾生的皺紋；
儘管憔悴，但眉宇間仍閃耀著
智慧的光芒與亡者的氣魄。」

除此之外，卡內基先生也很仰慕維多利亞女王。我說要是他把平常讚美女王的話告訴她本人，女王大概會賜給他兩條吊襪帶做爲盟友的信物，分別是首相迪斯雷利的和她自己的。卡內基先生活靈活現地描述維多利亞女王七十多歲時在溫莎舉行的生日宴會。有人送給女王一件鑲有花鳥圖案的銀飾，但我不記得這是不是卡內基先生的獻禮。總之女王陛下在宴席間優雅地起身致意，答謝友人，在座的賓客無不驚嘆，爲她的風采傾倒。

卡內基先生很喜歡格雷的《輓歌》，說他去過格雷的墓地，還把格雷母親的墓誌銘讀給我聽：

> 桃樂絲．格雷，
> 細心溫柔的母親，哺育眾多兒女孩子，不幸僅有一子存活於世。

他又問我知不知道卡萊爾爲他妻子撰寫的碑文？我說我不知道，但從他的脣語中我明白卡萊爾「覺得他的生命之光隨著愛妻逝世熄滅」。卡內基先生簡直就是一部行走的活詩集，不停引用布朗寧、莎士比亞、伯恩斯・華茲華斯與華特・史考特的詩句。其中他最喜歡的是波西亞的獨白，總是情感豐沛地吟誦著，「慈悲非出於勉強。」沒記錯的話，貝爾博士也經常把這句話掛在嘴邊。

卡內基先生同時也是一位很出色的演員。他會目光如炬，慷慨激昂地說：

要知道，凡是傷害渥維克伯爵的人都別想毫髮無傷地通過。

有一次，我記得應該是我和卡內基先生相處的第一個下午，他帶我參觀他的書房與藏書室，還拿了好多珠寶盒給我看，那些都是他捐助圖書館的城鎮送給他的謝禮。我注意到這些盒子工藝精巧、雕琢細膩，其中一個上面還用珠寶鑲著他的名字。在他收藏的書信中，有一封愛德華七世的來信讓他特別引以爲傲；我記得英王在信中表達感激，讚賞卡內基先生的慷慨奉獻，但我想不起來他的具體善行是什麼了。

卡內基先生分享了他小時候背著背包橫越英格蘭南部的事。他非常享受那次旅行，還說只要有機會，他就要和一群朋友從布萊頓一路開車到伊凡尼斯。他始終沒有忘記這個願望，惦念了一輩子；在他八十多歲的時候，終於美夢成眞。

他回憶起年輕時對財富的憧憬。那時他覺得是每年只要賺一千五百美元就夠了，不但生活無虞，還可以讓父母安享晚年。「然而命運賜予我的比這更多，多了成千上萬倍。善變的命運女神有時就喜歡這樣，捉弄世人後再掩面竊笑。」

「命運很厚待你，卡內基先生，」我說。「你在年輕時就實現了夢想，人生充滿喜悅。」

「是啊，」他熱切地回應。「說我是世界上最快樂的人也不爲過。有時我都不敢相信這是眞的。即使是在最瘋狂的美夢裡我也從沒想過自己能擁有這麼多財富。」

「我很喜歡待在花園裡，」他又說。「在那裡我覺得『連空氣都開出幸福的花朵』。妳知道這句話是誰說的嗎？」

「聽起來像雪萊。」我回答。

「錯啦！」他露出勝利的微笑。「是羅伯特・英格索爾。他看到美國國旗插上異國土地時說，『連空氣都開出幸福的花朵』。那又是誰對南方邦聯說『美國大陸上的空氣不足以吹拂兩面國旗』？」

「英格索爾。」我立刻回答。其實我根本不曉得是誰說的。

「妳很聰明，我看得出來。」卡內基先生拍拍我說。

卡內基先生是個樂觀主義者。我一直以為自己的思想早已根深柢固，但他改變了我。「悲觀主義者的舌頭有毒，」他說。「要是我有權力，一定會把他們全都放逐到西伯利亞。要知道，幸福快樂值千金。」

「不值那麼多啦，」我揶揄他。「你不是說我關於幸福的演講只值五十美分嗎？」

我們聊天時正好有幾個人來找卡內基先生。他介紹一位年輕人給我認識，說那是他造就的「十二位百萬富翁之一」，又補充說：「自從把賺錢這件事交給這些小伙子後，我的生活變得比之前更有趣，更有價值。海倫，要是以前，我根本沒時間陪妳聊天。有了時間思考後，我對很多事的看法都改變了。」

拜訪卡內基一家後，我和蘇利文老師便繼續巡迴演講。可是老師的身體狀況很不好。她秋天時動了一次大手術，還沒完全康復。但我們希望能藉由自己的力量度過難關；要是我能在夏天寫幾篇文章的話就好了。

我和蘇利文老師都非常感激卡內基先生願意幫助我們，更感謝他的洞察力與同情心，能理解我們婉拒協助的理由。卡內基太太跟他一樣和藹可親，平易近人。我記得我們拜訪後那個十二月，她特地寫了一封信給我，希望我能給他們一個機會證明他們的眞誠與友情。

很快的，四月一日，我不得不面對現實。當時我們應邀去緬因州演講，抵達巴斯時，氣溫陡然驟降。隔天早上起床，蘇利文老師病得很厲害。我們兩人在陌生的地方無親無故，沉重的無助感讓我恐慌不安。最後我們在飯店經理的協助下搭上火車，順利回家。一週後，我寫信給卡內基先生，告訴他我們的境況，承認先前拒絕他的幫助非常愚蠢。卡內基先生的回信非常熱情，信中還附上一張支票，未來我每半年都會收到一筆錢。以下是他的回信摘錄：

> 命運對我們非常仁慈，但願我的文字能引起妳的共鳴，打入妳的心扉。「世間存在著一些高尚的靈魂，他們的高度足以讓人們願意爲其效力，正如他們願意爲別人效力一樣。」而妳就這樣出現在我們的生命裡。我眞的很高興，每個人都希望自己的智慧之言能被人欣賞。請記住，我和我太太都非常感謝妳，因爲毫無疑問，施比受更有福。

無可否認，投降是件很丟臉的事，即便是向這樣親切善良的朋友屈服也一樣。正如裘德所言，「我妥協是因爲貧窮，而非意志不堅。」

那段時間，缺錢在我們的煩惱中只占了一小部分。梅西先生打算要離開我們。他已經不堪重負，也有很多理由想離開。我無法用三言兩語解釋那段日子有多煎熬，我想這世上最困難的莫過於重現那些深深牽動人心的情境。時間總能將鮮活的感性經歷澈底分解，簡化爲理性的抽象。我很想逃避那些心酸的往事，不願再提那些令人難過的細節。回想當時的情感絕非易事，描述人們的態度與事後的傷害更是難上加難。過去種種彷彿浸泡在混濁的溶液中難以辨識，即便得以凝固結晶，在各人眼中也不盡相同。在我看來，要誠實看待那些影響我們生命的人並分析其微妙動機完全不可能。無論我們怎麼努力，都很難百分之百原始重現當時的情景；更何況，理性剖析是對情感的傷害，就像植物學家爲了一探花朵構造將花瓣撕得粉碎一樣。每當我想起倫瑟姆，那段歲月恍如圍繞著情緒的光環；說過的話、做過的事不斷攪動我的記憶，喚醒複雜的情感，喜悅與苦痛同聲震顫，激起陣陣漣漪。我不會，也不願試著拆解那些經歷。

IO

旅行的意義

這些旅行是一種象徵，象徵我的靈魂不斷穿越思想的高地。
雖然我的身體受限，從一個城市到另一個城市，
從一個季節到另一個季節，追隨的不過是黑暗的蹤跡，
但這個不斷前進的行為本身已讓我心滿意足，
讓我覺得自己身心合一。於我而言，這就是不朽的奇蹟。

一九一三年秋天，我們開始頻繁旅行，到處奔波。我很高興大家逐漸關注到我，也很開心有人願意來聽我演講，但成爲公衆人物的陌生感讓我難以適應。在家裡，我三不五時就能呼吸樹林裡的新鮮空氣，生活中似乎只有嫩芽萌生、落葉紛飛，血管裡似乎只有綠藤纏繞、繁花綻放。冬去春來，清風掠過沼澤和溪流，穿過石牆縱橫的田野，捎來大地的消息。我感覺到：

造物主的偉大無處不在，
唯有自由的生命之歌響徹世間。

可是，在隆隆奔馳的火車裡顛簸搖擺，在喀噠狂奔的計程車裡東倒西歪，抑或待在飯店與演講廳無法外出，都讓我難以享受這些恬靜與舒暢。

我不習慣旅館的生活。呆板的氛圍讓我感到厭倦，更沒有花園可以散心。我好希望能走出房間到花園裡獨自漫步，感受燦爛的陽光乘著微風的雙翼拂過身邊。困在旅館的那些日子裡，我有種痛徹心扉的體悟：失明最苦的莫過於無所事事，第二苦的便是失去人身自由。

如果一個人看得見、聽得見，就可以從城市的高樓裡或疾馳的火車上欣賞壯麗的世界；窗外的景致連綿不絕，各種繽紛色彩融合在一起，交織成美麗的畫面。對感官健全的人而言，眼目所見與耳朵所聽的總能保持連貫性；一張張面孔、一串串話語、一陣陣喧囂以及天空一次次變換，都在演繹生命的故事，排解旅途的勞累與孤獨。然而對我來說，只要離開熟悉的地方，來到新的環境，透過觸覺與日常交流所熟悉的一切便澈底消失。我在陌生的世界中茫然失措，就像身處遙遠的大海，四周只有無垠的波濤，看不見陸地的蹤影。尤其是剛開始旅行的那段日子，感覺特別壓抑、特別難受。我想念過去走過的迷人道路，泥土如漣漪般綿延起伏，草浪在腳下翻騰湧動，行人與馬匹踏過的小徑，車輪輾下的車轍，汽車捲起飛揚的塵土，一路上還可觸摸種種生命的痕跡。幸好，過了一段時間，我便學會了在奔馳的長途火車上欣賞節奏分明的振動，我的身體在快速平穩的移動中得以休憩，思緒也隨著延伸的地平線與變幻無常的流雲自在馳騁。我不曉得哪種心情比較激動，是離開城市的興奮，或是在廣袤的草原與起伏的鄉間疾馳的感覺，還是對下一場演說成功的期待。每個人似乎都滿懷熱忱，亟欲表達自己對我們的關注，用各種方式傳達對我們的欣賞，讓我們既開心又感動。但我們無法參加那些特意安排的社交活動，也不能一一會見致電的人，因爲這些都是難以承受的負擔。

我不太擅長社交，只要在這類場合我都覺得很困窘，毫無輕鬆自在可言。我知道幾乎每個人都聽說過我的名字、想見見我，就像我們會想去看看那些耳熟能詳的地方、人物與景物一樣。我從八歲起就常與陌生人見面交談，但無論是當時還是現在，我都不知道要說什麼，有時用拼寫方式介紹別人給我認識會讓我覺得疑惑和難堪。其實我很清楚這些社交活動一定有某種我無法理解的益處，否則我們也不必忍受這類荒謬的事，比方說與好幾百個好奇心旺盛的陌生人一一握手，我們以前不曾見過彼此，未來也很可能不會再見。

每次被鄭重介紹給一群不認識的名人，我都覺得很不安，這大概是我目前所知最讓人心神不寧的事。更難堪的是，身體上的缺陷讓我有種格格不入的感覺。通常在這種場合，對方都會特別留意我的殘疾；許多人都在想跟我聊天、卻發現所說的話都必須拼寫在我手裡時突然舌頭打結，沉默不語。老實說我就和他們一樣不自在。我知道自己應該聰明帶過，緩和尷尬的氣氛，也的確準備了一些輕鬆幽默的話來應付這種情況，然而事發當下，我卻怎麼也想不起來。

有了幾次窘迫的經驗後，我決定把我能找到的每一句巧妙回應牢記在心。可是……唉！我的記憶力在這類場合總是一反常態，讓我屢受打擊；就算能想起一些妙語，卻又偏偏不適合當前的環境。我意識到，要想好好運用這些幽默的言辭，就必須先在腦袋裡分門別類、編排妥當。但儘管勞心費神地歸納，我還是不太相信自己有辦法快速找出恰當的話語應答。不管怎麼做，談話中依舊會出現可怕的沉默，大家會目不轉睛地盯著我，等待一個等不到的回應！於是，我決定培養緘默的藝術，這樣我就能偽裝起來，替自己的遲鈍披上明智的外衣。

時至今日，就算人們圍在我身邊，我的話還是很少，頂多耐心解釋我不是安妮特．凱勒曼[9]，既不會彈鋼琴，也沒學過唱歌，或是向他們保證我能區分白天與黑夜，打字機按鍵上不需要有浮凸字母，就像他們的鋼琴鍵上不需標示音階一樣。我已經磨出一身好功力，每當有人分享其他盲人的荒唐事，我都會裝出一副興味盎然的樣子，或是擺出

9 譯註：澳洲游泳運動員、演員及作家。

忍受苦難的表情，耐著性子告訴他們，盲人就像身處黑暗的正常人，被火燙到也會知道痛，寒風吹來也會覺得冷，肚子餓了也會想吃東西，渴了也會想喝水，有些盲人喝茶會加一塊方糖，有些喜歡多加幾塊。

我們每到一個地方，當地報紙都會刊出各式各樣的報導，內容常讓我們忍俊不禁。有些文章把我譬爲公主、首席歌劇女角或是光明女祭司，有些則撰寫我的生平，不少情況連我都是第一次聽聞，例如我是天生失明、失語和失聰；我從小到大都是自學；我能分辨顏色，也能接聽電話；我能預測什麼時候會下雨；我從不傷心、不氣餒也不悲觀消極；我有神聖的力量能讓自己快樂；我可以做所有常人能做的事。也難怪他們把我的人生視爲奇蹟。通常我們只有在被問及時才會提供一些細節，但我們永遠不知道事實在他們筆下會變成什麼模樣。

我們的旅行有時枯燥乏味，有時扣人心弦，兩種感覺奇異地雜揉在一起。

我還記得有一次搭車很有趣。當時我們乘坐的是華盛頓州的城際電車，由於這種車行駛的樣態很特別，我們便稱之爲「飛奔的鵝」，而它在許多方面也跟鵝很像。有時車子會毫無理由地驟然停止，不過我們並不介意，因爲那是一個春光明媚的日子，正好可以下車到路邊舒展筋骨，採採野花。

另外，我們也曾在紐約北部來來去去。有一次爲了趕時間赴約，不得不搭乘清晨收牛奶的火車。那段旅程眞的很愉快。火車幾乎每到一間農舍都會停下來；香濃的牛奶在高大鮮豔的罐子裡等著我們，年輕的酪農則活力充沛地向列車長打招呼致意。那是一個美麗的早晨。我開心地聽著身旁的人描繪鄉村景色。春天的樹葉精緻小巧，我能想像許多乳牛在及膝的青翠嫩草中恣意漫步，甚至能聞到牧草新鮮甜美的氣味。許多蘋果樹繁花盛開，一派迷人可愛。

還有一次，我們碰巧搭上從德州到路易斯安那州的末班車，沿途經過一些洪水肆虐的地區。我能感覺到洶湧的水拍擊車廂，若撞上漂浮的圓木或死去的牲畜，火車就會猛烈搖晃。一棵連根拔起的樹纏上鐵製的火車車頭，拖行了好長一段距離，讓我想起《馬克白》裡的台詞：

> 馬克白永遠不會被打敗，除非勃南森林向丹新南山移動，
> 朝他衝來。

我不知道這是凶兆還是吉兆，結果證明是好兆頭。雖然我們遲到了好幾個小時，但謝天謝地，大家安然無恙。

每到一個城市演講，我都會盡可能撥空到當地的啓明或啓聰學校參訪，只是我們的行程通常很緊湊，有時實在無力應付額外的安排。有好幾次我都受到非常無禮的對待，因爲我沒有在抵達目的地後立刻衝出旅館向全校師生握手。有一次我得了重感冒，病到幾乎說不出話來，有位啓明學校校長恰巧在此時邀請我去他的學校，我的母親和蘇利文老師只得向他說明情況，告訴他我因爲生病不克前往，那位校長傷心極了。其實無法經常走訪學校也讓我覺得很難過、很惋惜，不光是因爲我讓那些邀請我的人失望，也是因爲我的確很想了解全國各地爲失明與失聰者做了什麼。

我經常在演說期間收到殘障人士的來信，說他們讀過我的書，很希望能見見我，但礙於身體被疾病所困，只能待在家，或是無法參與日常活動，不能來聽我演講。因此只要有機會，我都會安排在演講前後探望他們。他們的勇敢與堅忍深深撼動了我的靈魂；一想到我竟然經常忘記自己蒙受的祝福，在遭遇挫敗時百般不耐，我就忍不住低下頭，羞愧難當。一幕幕令人心碎的場景讓我難以忘懷。他們顫抖著瘦削的雙手，痛楚深深刻在臉上；病房裡冷冷清清，只有在病痛間親手製作的珠珠項鍊、鉤針蕾絲織品、紙花、素描、丘比特娃娃等小東西讓他們稍感驕傲；歡快的驚呼裡混雜著痛苦的呻吟與刺鼻的藥水味；爲了讓病人舒服一點，護理人員試著調整病人的姿勢，過程中那些煎熬的停頓更讓人感到憂懼與痛心。

我腦海中不斷湧現新的觀點。人類文明在我眼前呈現出不同的面向，我的態度也隨之改變。我曾相信每個人都是命運的主人，我們可以把生活塑造成自己喜歡的模樣，也深信只要意志堅定，就絕對不會失敗。我認爲自己克服了失明與失聰的缺陷，進而感受到幸福，因此任何人只要勇敢投入生活、奮力拼搏，最終都能獲得勝利。然而，造訪的地方愈多，我就愈發覺自己過去講得頭頭是道、言之鑿鑿，實則對眞相一無所知。我忘了自己的成功有一部分要歸因於我的出身與成長環境，更多的是他人對我的幫助，也忘了是周遭的氛圍培養出我現在的性格。我就像一位公主，住在一座由鏡子打造的宮殿裡，只看見鏡中美麗的倒影，只看見自己的幸運。現在我終於明白不是人人都能獲得成功，且機會與教育程度、家庭關係及朋友的影響息息相關，也逐漸意識到雖然人類近五十年所擁有的工具遠超出數千年來的創造和發明，但卻忽視了自身的幸福與個人發展。

更可怕的是，人類一方面想藉由這些工具擺脫無望的辛苦勞動，另一方面又被這些本該讓人解放的力量束縛。

來到以礦業與製造業爲主的城鎮時，這種感受尤爲強烈。當地的工人在惡劣的環境中以勞動創造舒適和美麗，自己卻不曾分享這種成果。在我看來，貧窮又沒有保障的工人就是：

去遭受那些就連希望也覺得無盡的痛苦；
去寬恕那些比死亡或黑夜更深沉的罪孽；
去反抗那些看似無所不能的力量；
去愛，去承受；去希望，直到創造希望；
從自身的殘骸中孕育出心中所想。

隨著時間推移，我的盲目樂觀變成一種更深刻的信念。我一邊衡量醜惡的現實，一邊希冀美好的事物；即便遭遇挫敗，我也會繼續努力。

一九一四年一月，我們開始橫越大陸進行巡迴演講。那一次媽媽陪著我們，讓我覺得好開心、好幸福。她一直很想旅行，現在我讓她實現了夢想，可以從東岸一直到西岸，盡情遊覽這個美麗的國家！演講第一站是加拿大的渥太華，接著是安大略省的多倫多與倫敦市，在那裡，我們深深感受到加拿大人民特有的禮貌與友好。離開加拿大後，我們越過邊界進入密西根州，還去了明尼蘇達州、愛荷華州及美國中西部地區演講，一路上經歷了許多有趣又興奮的時刻，當然也有令人生氣的遭遇。

離開鹽湖城時，天氣非常冷，即便穿上毛皮大衣、毛皮手套與長靴，依舊覺得寒冷透骨。夜半時分，我們搭乘的火車意外脫軌，猛烈的震動差點把我們甩出臥鋪。車廂牢牢卡在路基裡，我們不得不在黑暗中盡快穿好衣服，換到一節椅子上鋪著稻草的移民車廂。那一晚，我們再也無法入睡。

我們大約在破曉時分來到瑞佛賽，氣溫愈來愈高，熱到讓人難以忍受。我開始聞到陣陣濃郁的芬芳。媽媽和蘇利文老師在我手中描繪沿途的風景。火車飛快駛過柑橘園與尤加利樹林，穿過一座座褐色的山丘，山間瀰漫著柔軟的鼠尾草香。遠方則矗立著白雪皚皚的高聳山巒。我們從薄霧迷濛的胡椒樹叢中疾駛而過，穿越藍色、金色與紅色的花海，最後來到洛杉磯。

我們一站上講臺，就受到一大群朋友、記者與攝影師熱烈歡迎。

我們非常期待這場演講，想給大家留下一個好印象，但我們很清楚自己做不到。毛皮大衣壓得我們喘不過氣，急需好好休息。我們很想直接逃到酒店，洗去旅途的塵埃與疲憊，但友人說他們已經準備好專車了。

在場的女性全都穿著優雅的夏日洋裝，帽子上綴著鮮花，撐著華麗的洋傘，而我們穿著不合氣候的冬衣，樣子狼狽不堪，除了尷尬還是尷尬，只得謝絕他們的專車，匆匆跳上一輛計程車，請司機盡快載我們到亞歷山大酒店。屋漏偏逢連夜雨，車子居然在轉彎時出了狀況，司機不得不停下來修車。剎那間，一群記者跳上車門踏板要求採訪，許多攝影師也紛紛追上來，舉起相機對著我們！他們竭盡全力地拖延，說什麼就是不讓我們走，我們則堅持要去酒店。朋友覺得難過，報社記者覺得憤怒，我們的經紀人也大發雷霆。酒店房間裡擺滿了精緻鮮花與新鮮水果，所有貼心安排都是爲了讓我們在下榻期間能過得更舒適、更愉快，只可惜當時我們情緒激憤、疲累不堪，無法好好享受一切，但這是我們數日來第一次覺得自己像個人，而非金屬囚籠裡的野獸。

媽媽曾說，和我們旅行的那些年是她最快樂也最辛苦的歲月。她夢想旅行夢想了一輩子，第一次和我們一起橫越大陸時，感覺就像美夢成眞。加州之旅是她從不敢奢望的經歷，往返舊金山海灣是她最愉快的體驗，特別是在夜晚時分。她向我描述晴朗的天空與群山環繞的壯麗美景；餵食跟在渡船後方、停在船舷上的海鷗取樂；用詩意盎然的言語勾勒黃昏時分的海灣，告訴我落日餘暉灑在金門大橋上，威嚴的塔瑪帕斯山靜靜屹立在遠方，守護著藍天碧海與萬物蒼生。她深深折服於高大的紅杉林，稱紅杉爲「自然之王」，認爲這些樹木比山峰更讓人驚嘆，「因爲它們是地球上最高尙的貴族，超越人類的感官世界。」這就是母親與紅杉木之間的連結；她爲自己所屬的亞當斯家族[10]感到驕傲，在南方傳統中，家族的顯赫象徵無限的榮耀。

第一次巡迴演說時，我們多次探訪穆爾森林，後來我又去了不少次。我踏入森林，就像走進上帝的聖殿，內心的激動難以言喻！每次觸摸那些紅杉木都有種撫慰感，覺得世間的動盪紛擾就此歸於平靜。我忘卻了內心的渴盼與悲傷，有如在安息日潛心休息，

10 譯註：海倫的母親凱特（Kate Adams Keller）出生於顯赫的亞當斯家族，為美國南方社會名流。

暫時遠離人世的庸碌與虛勞。我在聖殿中凝神靜默，專注祈禱；上帝似乎在幽微綿長的山徑中漫步，只是我們看不見。

我未曾有幸見過威廉．肯特先生[11]，但我知道他是一位高尙的紳士。爲了讓這片雄偉的紅杉林免遭破壞，他自掏腰包買下這片土地。數年後，我來到加州代表盲人演說，地點正是他的宅邸。他將這片林地贈送給美國政府做爲國家紀念公園，當時羅斯福總統希望將公園命名爲「肯特森林」，但他回答：「我建議將這座公園取名爲『穆爾森林』，以頌揚偉大的博物學家約翰．穆爾。我非常感謝您的美意。並非我不領情，只是我有五個身強體健的兒子，若他們無法將肯特家族發揚光大，我寧願世人遺忘這個名字。」我演講當天，肯特先生剛好不在，讓我抱憾至今。

幾乎每個城市都各有獨特的個性、迷人的景致與令人難忘的地方，正如每個女人都有不同的魅力，吸引性情各異的人前來一睹風采。其中舊金山就是讓我非常陶醉的城市。它坐落在壯闊的海灣旁，宛如氣派優雅的女王，與海鷗嬉鬧時又像皇室公主；羽翼灰白的鳥兒如深幽的海水中升起的氣泡，在上空盤旋不去。上帝以溫柔的聖手創造這座群山環繞的城市，將此地的風景線塑造得猶如美人側臥，柔美婉約。

遠處的塔瑪帕斯山就像一位傍晚時分於小屋門口酣睡的印第安老酋長，在它身下是通往太平洋的海灣與金門大橋；再過去是惡魔島，島上數架炮臺直指天際。黎明破曉，晨曦便會用「玫瑰色的手指」輕撫這位印第安酋長的睡眼；它睜開雙眸凝視心中的愛人，望著船隻駛過金門大橋，奔向太平洋的懷抱。這片古老的海洋至今仍像少年般強壯，充滿狂放不羈的氣息。

寫到這裡，快樂的回憶有如歸巢的鳥兒，在我腦中翩翩飛舞……我在懸崖餐廳享用豐盛的早餐；巨大的岩石浸在湛藍色海水裡；海獅終日在岩間嬉戲；溫暖的山丘上開滿藍色與黃色的羽扇豆花；尤加利樹林裡滿是辛香又略帶紅色的葉子，我特別喜歡把這些樹葉放在手中揉搓。我們站在雙子峰上，媽媽把我拉到身邊說：「眼前的景色足以彌補我這一生所有苦痛！」我們眺望遠方，整座舊金山城盡收眼底。市場大街從雙子峰一路延伸到海灣，大街盡頭矗立著高聳的鐘塔，無數渡船來來去去，陡峭的電報山坐落其間——與其說是街道，不如說更像一架梯子。水手和淘金客間依舊流傳著許多關於這條

11 譯註：美國慈善家，曾任美國國會議員。

街的故事。我們看見由朱尼佩羅・塞拉神父創建的都勒教堂，他的英勇事蹟至今仍爲加州人稱道；此外，我們還看到聖伊格納斯教堂，那裡的鐘聲每天早上七點都會響。孤山上巨大的十字架時時提醒我們，人生苦短，切莫虛度年華。

舊金山城有時雲氣繚繞，有時白霧瀰漫，似乎爲了獨處而躲進雲霧裡。雙子峰不時會脫去朦朧的外衣仰望群星，月亮則露出皎潔的臉龐高掛於夜空，人間處處都能一睹其容顏。黃昏時，雙子峰又戴上絢爛的皇冠；拂曉時，我們登上山頂，旭日的光芒有如展開的日式折扇，在巒峰間搭起一座火紅的橋。正當我們凝神遠望，屏息驚嘆時，雙子峰又從海上拽起巨大的雲層，掩藏自己的面孔。轉瞬間，城市、山脈與海洋都染上一層雲霧，放眼望去，只見一片白茫茫的幽暗。我常常在想，黑色與白色的幽暗有什麼不同？當然，以我的觸覺來說，兩者沒什麼區別，但「白色幽暗」這四個字感覺起來有種輕薄的半透明感，能使日光黯淡，卻又不像「黑色幽暗」那般陰鬱，讓我想起坐在白松林裡灑落在我身上的可愛樹蔭。

我在城市間經常靠氣味來判斷自己身處何方。味道的種類就和哲學流派一樣多。我一直沒有時間整理不同城市的嗅覺印象，但感覺起來是個有趣的主題。透過特殊的氣味想起曾去過的地方於我而言是很自然的事。

比方說，第五大道的氣味就不同於紐約其他街道和世上其他地方。那是一條芬芳四溢的大街；若說有貴族氣息聽起來可能有點好笑，但事實的確如此。走在平坦的人行道上，能聞到昂貴的高級香水、蜜粉、乳霜、上等鮮花，以及樓房裡飄散出來的美好香氣；來到住宅區，能聞到精緻的食物、柔滑的絲質窗簾與華麗掛毯的氣味。如果經過時湊巧有人打開門，我還能聞出住在這裡的人用的是什麼化妝品，知道屋裡有沒有明火，是燒木柴還是煙煤，裡面的人是不是自己烘焙咖啡豆，有沒有用蠟燭，房子是不是很久沒人住，剛粉刷或最近才裝修，甚至聞得出來裡面有沒有清潔工在打掃。如果警方想知道哪裡有酒館或地下酒吧，不妨帶我一塊去查緝取締。請美國政府成立一個「氣味偵測署」……聽起來是個好主意。

除此之外，我經過教堂時能判斷出是新教還是天主教教堂。如果置身於義大利區，我也一下就知道，因爲空氣中會瀰漫著義大利香腸、大蒜和義大利麵的香氣。來到油井附近就更不用說了。我還能嗅到十幾公里外的杜魯斯市和聖路易市的釀酒廠飄來的酒香，或是大老遠聞到伊利諾州皮奧里亞威士忌酒坊的濃烈氣味。每次我們開車從那附近經過，刺鼻的酒味都會把我從睡夢中熏醒。

在鄉下小鎮，我能聞到雜貨店、酸腐的奶油、馬鈴薯和洋蔥的味道，而且那些房子裡大多有發霉潮溼的氣味。分辨該城鎮是南方或北方小鎮對我來說輕而易舉；南方小鎮上有炸雞、粗麵粉、山藥和玉米麵包的味道，北方小鎮則有甜甜圈、玉米牛肉雜燴、魚丸和烤豆子的氣味。我覺得我可以寫一本書來描述加州濃郁、溫暖又豐富的香氣，但仔細想想還是放棄這個主題比較好，不然可要寫很久呢。

第一次巡迴演講堪稱我們最具代表性的一次旅行。接下來幾年，我們在廣袤的美國大陸往返穿梭，從波濤洶湧的大西洋到風平浪靜的太平洋，從緬因州到墨西哥灣沿岸各州，沿著混濁的小溪跋涉，或跟隨密西西比河航行。我覺得我們就像狂野的河流在生活中奔騰前進。我們越過荒蕪的沼澤和溼地，穿過爬滿苔蘚、陰森古老的樹林，在一望無際的紅土上遊走，行經白人與黑人的破爛小屋。忽然間，德州的荒涼與蒼茫映入眼簾，仿聲鳥歌聲嘹亮，山茱萸和野杜鵑繽紛錦簇，綻著南方的明媚春光。回家休息幾個月後，又開始另一段長途旅行。從我們所在的東部出發，經過狂風暴雨肆虐的桑德堡，橫越陽光普照的內布拉斯加州大草原，縱覽科羅拉多州的大峽谷，翻過猶他州在冬陽下熠熠生輝的群山，走過南北達科塔州無邊無際的平原，最後經過明尼蘇達州上千個波光瀲灩的湖泊。我失去了永恆感，即便是現在，我都不覺得自己住在家裡。遙遠的他方令我神往，我在不知不覺中期盼再次踏足遠方，於陌生之地重生。我就像一棵經常移栽的雲杉幼苗，樹根包裹在泥團裡，無論被帶到什麼地方，都能適應新環境。

對我來說，這些旅行是一種象徵，象徵我的靈魂不斷穿越思想的高地。雖然我的身體受限，從一個城市到另一個城市，從一個季節到另一個季節，追隨的不過是黑暗的蹤跡，但這個不斷前進的行爲本身已讓我心滿意足，讓我覺得自己身心合一。於我而言，這就是不朽的奇蹟。我的人生會通向：

……崇高旅程的起點，看見可以企及與走過的地方，而非漫無目的地閒晃；想像可以到達與經歷的時刻，而非思考遙遠的未來；專注在眼前的道路，而非隨意東張西望。與人相遇時汲取他們的智慧，匯集他們心中的愛，明白世界本身就是一條大道，是通往希望的大道，也是爲旅人開闢的大道。

這就是爲什麼華特・惠特曼的《大道之歌》是我最喜歡的長詩之一。它就像一面鏡子忠實反映出我心靈深處的體驗與感悟。無論生活有多沉悶、多無聊，我總能找到幾條路，這就是「大道永恆的誘惑」。我期待踏上神聖的道路前往天國；在那裡，沒有任何禁錮和束縛，我的聲音完美不朽，我會帶著上帝的美意爲大地唱響祝讚。這樣的期待本身就是一種幸福。

II

愛情的模樣

他的愛就像燦爛的陽光，照亮了我孤寂無助的世界。
被愛的甜蜜讓我心醉神迷，
我再也無法反抗內心那股熱切的渴望——
我想成為一個男人生命中的一部分，想成為他的另一半。
那一刻，我彷彿在天堂大門間穿梭起舞，
快樂的幻想就像一張大網纏裹著我。

第二次橫跨大陸進行巡迴演講時，我母親沒有一起去，換成波莉・湯姆森小姐與我們同行。湯姆森小姐於一九一四年十月開始擔任我的祕書，但她其實有很長一段時間額外承擔掌管家務的重擔，從未奢侈地享受過普通祕書的生活，職責也不像他們一樣明確，總是剛完成前一天的任務，新的工作又開始了。她要為我們安排行程，處理突發事故，理財，彌補我們所犯的過失，還要防範我們的疏忽。沒錯，這些湯姆森小姐全都一手包辦。她是一位善良眞誠、溫柔婉約的女性，也是我們的好友，總是不厭其煩、不顧疲憊地為我們付出。若沒有她的奉獻、彈性和韌性，若不是她願意放棄個人幸福，我們早已被迫遺世獨立。雖然我們有卡內基先生的資助，自己也賺了些錢，但日常開銷就像一匹貪婪的狼，不停吞食我們的財力。

第一次世界大戰爆發後，巡迴演講就不如從前一樣充滿樂趣。我不可能一邊毫無矛盾地面對人類的悲劇，一邊愉快地演說，也不可能像往日般開心地唱出心中的所思所想。即便在最深沉的睡夢裡，我也不可能忘記當前的世界充滿災難，日益崩毀。我經常做噩夢，夢境混雜著汗水和鮮血，大批民衆慘遭殺戮，命喪槍口，或是被逼到發狂。我不時從這些可怕的夢裡驟然驚醒，迷迷糊糊再度入睡，然後又夢見這些。很多人問我為什麼不寫點新的東西？可是我怎麼寫？機關槍在耳邊轟鳴，滿腔仇恨的軍隊瘋狂叫囂，一座座城市在戰火中燃燒……我的思路受阻，無法清晰思考。整個世界就像廣大的客西馬尼園，耶穌的受苦之地。日復一日，夜復一夜，傳來的都是令人痛苦的消息，而這偏偏就是我生活的一部分。我的精神從未如此貧乏。我希望自己的創作透著幸福的氣息，洋溢著生命力，可是當毀滅的哭喊聲飄洋過海，一陣又一陣地傳來，我又能寫出什麼樣的作品呢？最讓我痛苦的是，在那段充滿苦難的歲月，我收到數千封來自歐洲的求助信，但我和蘇利文老師都愛莫能助。當時我們正在美國大陸來回奔走，努力謀求生計。有些信我之所以沒有回應，實在是因為我無能為力。

高漲的民族仇恨在愈來愈多地方犯下野蠻的暴行，深深撼動了我的信念。我用指尖輕蔑地讀著滿紙冗長的解釋，那些文字全都反映出一個可怕的事實——人類的文明就此崩潰；曾在世間宣揚的美好價值，如今卻慘遭背叛。

儘管如此，我仍執著地冀望美國會在這充滿敵意與不幸的混亂中證明自己的仁厚、慷慨與善良。我相信威爾遜總統擁有高貴堅忍的心，一定會堅守他的中立政策，保持「基督徒的溫柔」。我決心盡我所能用行動和語言抗議美國國內的軍國主義。雖然我和蘇利文老師已筋疲力竭，但我們都認爲應該要做點什麼，至少向這個受苦受難的世界傳遞善意。

於是，一九一六年夏天，我們進行了反備戰的學托擴[12]巡迴演講。內布拉斯加州、堪薩斯州與密西根州的許多城鎮都請我們過去演說。然而，這次巡迴非常失敗，因爲大多數聽衆絲毫不關心戰爭與和平議題。唯一值得慶幸的是，當時的氣候出奇地涼爽，我們趁著清晨驅車前往下一個目的地，旅途非常愜意。村莊和城鎮在黃澄澄的玉米田與麥田中掩映，或是散落在廣無邊際的牧場間；草原上開著如小樹般高大的向日葵，葉片又粗又寬，碩大的花朵沉甸甸地垂著頭，遠看就像一串串鮮黃色項鍊，彎彎曲曲地纏繞著美麗的草地。我最喜歡的是空氣中那種豐收的氣息，綿延數里，在寂靜中隨著我們一同前進。當然，旅程中並不總是陽光明媚，風平浪靜。我記得我們經歷了幾場可怕的暴風雨；雷聲轟隆作響，溫暖的雨水傾瀉而下，地上泥漿四濺，但我們那輛小小的福特車每次都順利戰勝惡劣的天氣，載著我們抵達目的地。

我們演講的地點五花八門，有時在禮堂，有時在擠滿鎮民的嘈雜帳篷，有時也在湖邊的營地進行演說。雖然聽衆不時會表現出眞摯的熱情，但我心裡很清楚自己不適合做這類演講，因爲這些主題勢必會引發各式各樣的問題、對話及辯論，需要機敏靈巧的應答能力。

當時媒體界的態度讓我非常氣憤。只要我針對公共事務發表看法，他們就會用超乎想像的愚蠢評論來批判我的發言。若我將自己局限在社會服務與盲人公益活動，他們就會對我大肆吹捧，稱我爲「失明者教母」、「神力女超人」和「現代奇蹟」；相反的，若我探討緊迫的社會或政治問題，又碰巧一如既往地站在非主流那邊，新聞媒體的語氣就會澈底變調，爲我扼腕嘆息，認爲某些無恥之徒利用我的不幸操縱我，讓我充當代言人，向大衆鼓吹他們的觀點。事實上，那些看法都是我自然流露的心聲。那時的我內在壓抑著許多情感，需要找個出口宣洩出來。我喜歡坦率的辯論，不反對尖銳的批評，前提是必須把我當作一個人，一個有思考能力又有主見的人。

我所參加的組織當時正傾盡全力讓美國不要捲入戰火，與此同時，另一個組織也以同樣的熱誠竭盡所能地將美國推往戰爭，而該組織中有一位至關重要的人物，就是美國

---

12 譯註：學托擴運動（Chautauqua Movement）為十九世紀下半葉到二十世紀初風靡於美國的夏季成人教育運動。

前總統羅斯福。

我早在一九〇三年就見過羅斯福總統。當時我正在我的精神導師希茨先生家做客。羅斯福先生送我一大籃鮮花，希望我能接受他的邀請到白宮參訪。他非常親切熱情，還問蘇利文老師很多關於我的教育問題，接著轉向我詢問有沒有方法能讓他直接跟我對話？我說只要花幾分鐘學手語字母就行了，並應他的要求示範手語字母的拼法。最後他拼出了幾個字母，唯獨「F」讓他有點手拙。「我眞笨。」他焦急地說。後來蘇利文老師又教他如何透過脣語與我交談。

他問我該不該讓小西奧多踢足球。我有點尷尬，因爲我不知道他是在開玩笑，還是認眞詢問我的意見。我不露聲色地告訴他，我們在雷得克利夫學院不踢足球，但我聽說有些哈佛教授反對踢足球，認爲這樣會占去太多讀書與學習的時間。接著他問我有沒有聽過古羅馬時代的作家與執政官普林尼？我說有；他又問我有沒有讀過他寫給羅馬皇帝圖拉眞的信，信上說，若允許希臘人繼續進行體育活動，他們心思就會專注在運動上，不會對羅馬構成威脅。除此之外，我們還談到霍特小姐爲紐約盲人做的貢獻，以及我在麻州所做的事。他鼓勵我繼續推動這類公益事業，呼籲大眾重視盲人的福祉。「這個世界上最好的事莫過於努力追求、實現美好的理想。」

當時我對他的印象是他很機警，好像隨時都會跳起來似的，另外他還有點急於行動，似乎想先發制人。在美國還未參戰的那幾年，他在我眼中衝動有餘而理智不足，直到現在我還是這麼認爲。他的雷厲風行總讓人有種他在做大事的感覺，也唯有在充滿侵略性的野心中才顯出他的強大。

我所代表的組織期待的是公平對話與公開辯論。我希望把整件事攤在人民面前，讓他們來決定是否參戰或置身事外。事實證明，民衆在這個議題上沒有選擇權。

我不是在假裝自己知道如何解決世界上所有問題，只是覺得身上肩負著清教徒的使命感，認爲自己有義務維護世界秩序。很多問題的確不關我的事，但我仍保有一種責任心。不過，很多時候我對自己深切關注的議題反而保持沉默，因爲我擔心自身的觀點會牽連他人，讓他們遭受外界指責。我始終不願相信人的本性無法改變；就算眞的不能，我也確定人類至少可以克制它、引導它，使其變得大有所益。我相信人的存在是爲了生命而不是財富。生命中有愛、有幸福、有快樂的勞動……我認爲戰爭是當今經濟體系必然的結果。即便我錯了，我也相信人民的辯論不會破壞眞理，只會愈辯愈明。

我試著讓聽眾了解我所看到的一切，但那些擠在帳篷下的人對我的演講很失望，抑或興趣缺缺。他們是來聽我談論幸福的，也許還想聽我朗誦〈我的上帝，讓我離祢更近〉或〈我的國家，自由的甘美之地〉。他們不想費神討論戰爭，擾亂心中的平靜。大多數人都相信我們不會捲入歐洲戰火，墜進混亂的漩渦。

那段時日的失望與挫敗無法用言語形容。事實上，真正令人振奮或意志消沉的是血淋淋的事實本身，不是語言。語言不過是描畫出來的火焰罷了。絕大多數人永遠無法光靠文字言語深刻交流，體驗真實，唯有那些對心靈顫動敏感的人才能感受靈魂深處的悸動，如不安的鳥兒在樹叢中拍打翅膀。無論用什麼方式都不可能澈澈底底、完全講述一個人的人生故事。一本真正的自傳應該要記錄個體的思想和情緒，描繪怦然心動的感覺，書寫歡笑和淚水，絕非單純在紙上寫下時間，或是記載實際發生的事。靈魂圖上標記的是情感，而非日期。人生瞬息萬變，若只是簡單描述冷冰冰的事件，就無法展現作者在經歷那些起落時的心路歷程。

現在我要從記憶中挖掘出一段往事。這段往事包含種種矛盾，我寧願將之塵封在心底。然而，書寫自傳這個舉動似乎就是在向讀者承諾，或至少默認自己毫無隱瞞，即便這段過往並不愉快，甚至還會喚醒曾經的遺憾亦然。我不想讓別人覺得這本書只是在講那些自以為能取悅讀者的事。我希望任何一個感興趣的人都能明白，我只是一介凡人，我也有常人的脆弱與矛盾。

第二次學托擴巡迴演講期間，湯姆森小姐返回蘇格蘭老家度假，陪伴我的是蘇利文老師和一位擔任口譯的年輕人。這個年輕人很認眞又很熱心，總是迫不及待想讓聽衆理解我的意思。一九一六年，他陪我們度過了一個令人失望又疲憊不堪的夏天，並在同年秋天和我們一起回到倫瑟姆。我們這次回家一點也不開心。梅西先生已經離開了，不會再出來迎接我們。雖然親愛的伊恩盡心盡力把房子打掃乾淨，布置得非常舒適，花園裡也開滿鮮花，但我們心中沒有一絲歡樂，美麗的繁花反倒添了幾分惆悵，讓氣氛更加陰鬱。我發了一封電報請媽媽過來。幾天後，她來到倫瑟姆，撫慰了我們寂寞的心。

由於蘇利文老師病了，因此那段日子我們過得並不安穩。她被疲勞與焦慮壓垮，得了胸膜炎，咳嗽不止，醫生建議她到紐約州的寧靜湖過冬，也就是說，我們這個家要散了。我們的經濟能力負擔不起，不得不辭退伊恩。一直以來我們都很喜歡他，他的離去讓大家痛徹心扉。他是一個來自立陶宛的農民，當年會說的英語不超過三個字；蘇利文老師把他帶離農田，訓練他成爲我們的廚師、管家與長工。他全心全意爲這個家付出，替我們打理一切，現在他走了，倫瑟姆這片土地似乎也跟著死去，心跳不再搏動。

我心緒紊亂，無法靜下來思考，也無法寫作。這是我有生以來第一次覺得活著很蠢。常有人問我，要是蘇利文老師出了什麼事我該怎麼辦？如今我也在問自己同樣的問題。我們倆的生命緊緊相連，無法分離，這點再清楚不過。少了她，我的世界會變得孤獨淒涼，黯淡無光，到時該怎麼辦呢？我無法想像自己一個人繼續演講寫作。以我的狀況來說，無論做什麼事都得有非常關心我的朋友陪伴左右，在身邊給予協助。那年夏天的經歷讓我了解一個事實——世界上很少有人眞正關心我的理想和抱負。想到這裡，孤立無助的感覺再次湧上心頭。

我要講的那段往事就是在這樣的背景下發生的。有天晚上，我獨自坐在書房，心情非常沮喪。那位暫時代替湯姆森小姐擔任祕書的年輕人走進來坐在我旁邊，靜靜握著我的手很長一段時間，開始用溫柔的語氣和我說話。我很訝異他居然這麼關心我。他深情的話語中帶著甜蜜的安慰，讓我的心激動得顫抖。他爲了給我幸福做了很多規劃，說若我願意嫁給他，他會一直陪在我身邊，幫助我度過生活中各種難關。他會爲我拼讀，幫我蒐集創作素材，總之蘇利文老師爲我做的他都會做。

他的愛就像燦爛的陽光，照亮了我孤寂無助的世界。被愛的甜蜜讓我心醉神迷，我再也無法反抗內心那股熱切的渴望——我想成爲一個男人生命中的一部分，想成爲他的另一半。那一刻，我彷彿在天堂大門間穿梭起舞，快樂的幻想就像一張大網纏裹著我。我好想把這件美妙的事告訴媽媽還有蘇利文老師。可是這個年輕人說：「別急，我們必須一起告訴她們。我們得先試著揣摩、了解她們的感受。她們起初一定會反對。妳的母親不喜歡我，但我會用對妳的眞心贏得她的認同。我們暫時保守相愛的祕密吧。妳的老師現在病得太重，不能讓她太激動。我們之後再第一個告訴她。」我和他一起度過了許多愉快的時光。我們在美麗的秋林裡漫步，他也拼了許多書報雜誌給我讀，但我們不得不保守祕密，讓我倍感煎熬。三十年來，母親與老師就是我的全部，一想到不能和她們分享這份幸福，我的心就悲苦難安，這種感覺一點一滴吞噬了被愛的喜悅。

有天晚上我們分開時，我告訴他，我決定隔天一早就要把我們之間的事告訴蘇利文老師。然而第二天早上，命運女神一如往常地將一切掌握在祂手中，撒下一張糾纏混亂的命運之網。當時我正在梳洗更衣，滿心激動想和親人訴說我的快樂。這時，媽媽一臉痛苦地走進我的房間，手不停顫抖。「妳和那個傢伙到底在做什麼？」她問道。「報紙上滿滿都是關於妳和他的可怕故事。到底怎麼回事？快告訴我！」我從她的言語和態度中感覺到她對我的情人充滿敵意，我驚慌失措，假裝不懂她在說什麼。「妳要跟他訂婚了嗎？你們領結婚證書了嗎？」我非常害怕，不知道發生了什麼事，只是急著想保護我的情人，於是便否認一切，甚至對蘇利文老師說謊，因爲我擔心一旦告知她眞相，她的反應也會這麼激烈。當天，母親喝令那位年輕人離開，不准他跟我說話，但他用點字寫了一張紙條告訴我他會去哪裡，還拜託我跟他保持聯絡。我對媒體的報導否認到底，直到湯姆森小姐從蘇格蘭回來，陪蘇利文老師去寧靜湖療養，母親帶我回蒙哥馬利的家，我才全盤托出。

我欺騙她們的眞相就這樣攤在陽光下。每當想起媽媽悲傷的面孔，我的心就如火燒般疼痛熱辣。她求我先不要寫信告訴蘇利文老師，等她身體好一點再說，因爲「這種震驚和衝擊一定會害死她。」幾個月後，蘇利文老師才得知實情。

我無法解釋我的行爲。即便現在回首往事，試著理清頭緒，卻依舊困惑不解。我的所作所爲似乎完全與我的本性相悖。或許只能用那句老話來解釋——愛情讓人盲目，讓人意亂神迷，讓人失去理智。我和那名年輕人繼續用書信聯絡，來往了幾個月，但夢想最終還是破滅了。我的愛情猶如曇花一現，在不祥的星兆下綻放。我爲摯愛的親人帶來許多痛苦，他們打從心底反對我和對方交往。這份意料之外的愛情悄悄來臨，卻又在暴風雨中飄然而逝。

隨著時間過去，我和那名年輕人都陷入了謊言與誤解的網羅。我相信如果蘇利文老師當時在我身邊，一定會理解、同情我們兩個。生命中最大的悲哀不是失去與不幸，而是失望與背叛。

這段短暫的愛情就像黑暗汪洋中的一座快樂小島，永遠留存在我生命裡。我很高興自己有過一段被愛與被追求的經歷。愛本身沒有錯，錯的是當時的環境。那份愛情曾試著表露心意，只是時機不對也不夠成熟，所以始終無法開花結果。也許那時的情意因爲失敗的結局才顯得如此美麗。現在我已經看透了一切；只是思維愈理智，心靈就愈悲傷。

我們過了一個充滿焦慮與痛苦的冬季。蘇利文老師的健康狀況沒有好轉，而且寧靜湖天氣陰冷，她在那裡過得也不開心。最後，大約在十二月初，湯姆森小姐陪她一起坐船前往波多黎各，在那裡待到隔年四月。那段時間，她幾乎每週都親自用點字寫信給我，信中多次提到波多黎各舒適宜人的氣候，字裡行間洋溢著滿滿的喜悅。她描述了「世界上最美的天空」、棕櫚樹、椰子樹、高大的蕨類植物、百合花、聖誕紅及許多她從未見過的美麗花朵。她說，如果有個地方能讓她好起來，非那座迷人的海島莫屬。可是她直到秋天回倫瑟姆後才完全康復。因此這一年多的時間，她都無法公開演講。

很多人鼓勵我寫一本關於盲人的書，我也很想這麼做，不僅是因爲我覺得這可能有助於他們就業，也是因爲我需要轉移注意力，暫時放下戰爭議題。那年冬天我本來可以完成這本書，可是少了老師的幫助，我無法蒐集寫作材料，也請不起專人擔任助手。我之所以常提到自己經濟拮据，並不是想找理由抱怨，而是因爲有不少人批評我和蘇利文老師做得不夠。事實上，我們多年來爲了謀生歷經艱苦，嘗試了各種實際與不實際的方法。眞希望那些人能理解我們的境況！

出於種種原因，我們已耗盡微薄的財產，不得不賣掉倫瑟姆的房子。我們曾與這棟房子和美麗的小鎮合而爲一，屋裡充滿歡笑與溫情，許多件隨我們多年的家具和物品早已成爲日常生活中不可或缺的一部分。寬敞高大的書架，我常用來寫作、擺放稿件的氣派橡木長桌，透過書房大窗戶向我打招呼的花卉草木，還有那張我常坐在上面愉快烤火的沙發……種種回憶既親切又熟悉。有多少次，熾熱的火光照亮所愛之人的臉龐，溫暖我無法再次觸摸的雙手，撫慰那些如今不再跳動的心。這些悲痛與憂傷讓我們更戀戀不捨，難以放下這個家。

房子本身好像也有人性，爲我們的離去哀悼嘆息。每個房間似乎都在無聲地與我們溫柔道別。我覺得一棟房子不只是木材、石磚和水泥而已，更像一個時而庇護、時而驅逐、時而祝福、時而懲罰我們的神靈。這座溫馨的老農舍曾把我緊緊擁在懷裡，也曾珍藏過孩子們的笑聲與鳥兒的歌聲。這裡曾是我的家，讓我感受到鄉村的恬靜，愉快地在此創作，看著大家揮汗耕耘，播撒種子，等待收穫園裡的鮮花和蔬果。離開那天，陽光明媚，處處都能看到六月施展魔力，創造出迷人的風景，唯有我們的心空蕩一片。我在這間屋子裡度過許多美好的季節，看過許多醉人的光景，然而離別之際，我的腳就像生了根似的動彈不得。哦，那些美麗的五月，嬌小的沼澤金盞花優雅綻放，盛開的紫羅蘭蔚然成海，粉色與白色的蘋果花宛若天上的雲絮！哦，那些清朗的六月，爬滿牆面的藤蔓薔薇、豔紅的酢漿草、白色的野蘿蔔花、紫色的紫苑草，以及散發陣陣清香的松針！

哦，來自森林深處的清涼微風與潺潺溪水！還有那些繁茂的樹木，那些樹都是我的朋友——幾棵細長的白松守在書房旁；粗壯的蘋果樹熱情好客，我常坐在其中一棵樹上盡情做白日夢；高大的榆樹樹蔭灑落田野，雲杉也向我點頭致意。這裡不會讓人想到世上的戰爭、帝國的沒落與幻滅的痛苦，只有一種陶醉、永恆的感覺。自此之後，我就再也沒有體會過這種感受。我們在倫瑟姆住了十三年，若用時間來算，這段日子並不長，很多時候我們還不得不離開遠行，但若用心來衡量，這就是我們的一生。

那個早晨，我們在悲傷中驅車離開，但想到我們深愛的房子也會為他人帶來快樂，心裡便感到些許寬慰。如今這棟住宅已成了波士頓約旦馬許百貨公司幾名專櫃小姐的家，但於我而言，裡面仍藏著過去所有歡笑和淚水，還有深深的依戀。因此，無論是誰住在那裡，無論我身在何方，我永遠把它當成我的家。

12

好萊塢奇遇記

我們不過是活動的幻影，
於夜半深更，
在表演大師手裡，
繞著走馬燈來去。
——波斯學者奧瑪 珈音

周遊全國一段時間後，我們決定在紐約郊區美麗的森丘落腳，買了一幢小樓房。這棟房子外觀奇特，有許多尖頂和稜角，因此我們稱它爲「沼澤上的城堡」。這裡的「我們」指的是我、蘇利文老師、湯姆森小姐和狗狗席格琳德。

我們很高興終於能擺脫公衆生活的喧囂、匆忙與紛亂，並在花園裡種了幾棵樹和幾株葡萄藤。我在樓上有間小書房，通風良好，四面八方的清風都能穿過房間。由於想閱讀但丁和佩脫拉克的原著，我開始學習義大利語。我們希望能就這樣伴著書籍與夢想安靜地生活下去。可是才安頓下來沒多久。我們就收到法蘭西斯・崔佛蘭・米勒博士的信，他在信上說想把我的人生故事拍成電影。這個提議讓我驚喜萬分；我認爲電影可以生動地演繹情節，讓大家知道我是如何被拯救，從殘酷的命運中解脫，而當前這個世界戰火紛飛、混沌不堪，我們又該如何拯救社會，平息紛爭，消弭不公不義，擺脫精神上的盲聾。這就是這部電影名爲《救贖》的原因。

現在回想起來覺得很奇怪，我當時怎麼會那麼自負，居然千里迢迢遠赴好萊塢，在大銀幕上回顧自己的人生，暗暗希望大家看我的電影時不至於無聊到睡著。對影視圈來說，我的故事並不是什麼令人興奮的題材。我們在好萊塢遇到的大多數演員都非常優雅，而且纖瘦窈窕，有如天仙下凡，我則笨手笨腳又身材臃腫。我不像美麗的精靈一樣能「好好施展魔法」，也無法像仙女一樣披著輕盈的雲彩婀娜移步，更不會用魔杖施法打動觀眾的心，召喚歡笑和淚水，但我確實很喜歡好萊塢的生活，唯一的遺憾是這部片讓投資商虧了不少錢，即便到了今日，這部電影對製片人而言依舊是不小的負擔。

好萊塢生活充滿刺激，永遠不知道今天出門會有什麼奇遇。路邊的天竺葵猶如一張波斯地毯在腳下鋪開，有時會看到一隊騎兵，有時會目擊一輛運冰馬車在大街上翻車，有時會瞥見山坡上的小屋竄出火苗，或是一輛汽車搖搖晃晃衝下懸崖。放眼望去，一切都好新鮮。我們驅車駛向沙漠，那裡一片空曠，除了眩目的陽光和無盡的沙堆外什麼也沒有，偶爾可以看到幾株仙人掌或一簇灌木叢。轉彎時，有人驚呼：「快看！那裡有個印第安人！真正的土著印第安人！」我們趕緊下車一探究竟，彷彿廣袤的宇宙天地間，一切倏然靜止，唯一有動作的就是那個印第安人。我們一行人朝他走去，問他是否可以讓我摸摸那個用染色老鷹羽毛做成的漂亮頭飾。我們像演默劇似的比手畫腳想跟他對話，沒想到對方用非常標準的英語回答：「當然可以，這位小姐想摸多久都行。」原來他是電影演員，正在等攝影師呢！

每天清晨破曉，湯姆森小姐都會和我一起騎著馬，踏著露水，在黎明的靜謐裡漫步。涼爽的微風捎來鼠尾草、百里香和尤加利樹的芬芳，讓我心曠神怡。我在比佛利山的小路上度過了生命中最快樂的時光。我非常喜歡我騎的那匹名叫佩姬的馬，我想牠也喜歡我，雖然牠知道我是個笨拙的騎手，卻很少亂發脾氣。可是有一天，佩姬突然掙脫斷掉的肚帶，甩開馬鞍，飛也似的衝進山林，把我丟在草莓園自己休假去了。我猜牠一定是看到什麼特別有趣的東西吧。話說回來，要是農夫沒有把成熟的香甜草莓全都採完，留幾顆給我的話，我倒不太介意摔進草莓園裡。

我們準備以《假如給我三天光明：海倫凱勒的人生故事》為藍本拍一部短片，拍攝地點在布倫頓攝影棚，導演是喬治．福斯特．普拉特先生。他對我很有耐心，不僅設計了一套方便我遵循的敲擊式信號，更給湯姆森小姐足夠的時間翻譯他的話。湯姆森小姐在我手裡拼寫出大概的指示，我再根據敲擊信號做出相應的動作。叩、叩、叩——往右邊的窗戶走；叩、叩、叩——舉起手向著太陽（指的是幾盞照得人發燙的大燈）；叩、叩、叩——找到鳥籠（我已經找了五次）；叩、叩、叩——表示驚訝，撫摸鳥兒，面露喜色；叩、叩、叩——表情放鬆，自然一點。我從湯姆森小姐拼寫的文字中讀出導演有點不耐煩：「沒什麼好怕的，籠子裡不是獅子，只是一隻金絲雀。再來一次！」

每次擺姿勢時我都很緊張，渾身不自在。我在鏡頭前很難展現出自然的一面，更何況我根本看不見攝影機！我毫無演技可言，很難進入狀態。每當聚光燈打下來落在身上，無論當下是站是坐，我的體溫都會愈來愈高，手汗也愈冒愈多。困窘的感覺讓我的額頭和鼻子泛起油光，看起來一點也不美。有時本來應該要露出勝利的微笑，但我卻表情僵硬，眼神空洞呆板，臉上完全沒有人生歷練與智慧的痕跡。每當我遇到難題，認眞思考（例如寫出適合銀幕的大字），就會不自覺皺起眉頭。幸虧周遭的工作人員脾氣都很好，總是耐著性子提醒我，我才能保住「爲人親切友善」的名聲。除此之外，我們每天都得去攝影棚兩次，每次都要化妝和卸妝。

起初，只要他們告訴我想在場景中達到什麼效果，我就會在心裡自問：如果我獨自一人待在房間裡，或是和朋友一起在一個熟悉的地方，我會怎麼做？可是我的努力經常被外在的聲音打斷，因爲他們會用信號向我強調「自然一點！」我才明白拍電影不能用想的，至少我那種思考法沒用。後來只要發現自己又在思索當下的舉動，我就會立刻強迫大腦停止，專心聽導演給我的指令。

當然，我無法親自出演童年與少女時代的戲，只能請別的演員代勞。一個名叫佛蘿倫絲・羅伯茲（現在的藝名爲席薇亞・道恩）的孩子飾演小時候的我。雖然她的視力和聽力都很健全，卻把年幼的我演得唯妙唯肖。我非常喜歡她，而她逼眞的演出也讓我不禁同情、憐愛她所詮釋的孩提時代的自己。另外一位演員是安・梅森，飾演大學時代的我。她是個模樣甜美、衣著講究又愛笑的女孩，經常在片場閉上眼睛假裝失明，然後又突然睜開，老是把我逗得哈哈大笑。她每每上戲都很投入，我特別喜歡她演我做美夢的那一幕，還有她跟尤利西斯與希臘諸神等書中人物並肩互動的場景。

然而，介紹我的朋友卻讓團隊傷透腦筋。我眞的很喜把所有友人請來登上大銀幕，但其中有許多人已經逝世，像是亨利・羅傑斯、馬克・吐溫、菲利普・布魯克斯、奧利佛・溫德爾・霍姆斯、愛德華・愛萊特・豪伊爾……而那些還健在的朋友也都跟我一樣，已經老了。

我寫了一封信給當時人在加拿大新斯科細亞的貝爾博士。他的回信優美動人，部分摘錄如下：

妳的信深深打動了我，我彷彿又看見多年前在華盛頓遇到的那個小女孩，其實直到現在，妳在我眼中仍是一個小女孩。我只能說，妳要我做什麼我都願意，遺憾的是，我無法趕在妳去加州前回美國，一切只能等妳回來再討論。

妳一定記得，初次見面時我並不是七十一歲，頭髮也尚未花白，那時妳還只是個七歲的小女孩。很明顯，一部紀實電影若要再現我們當年的模樣，就非找人代演不可。妳得找一位黑髮的年輕演員來飾演妳小時候遇見的亞歷山大·貝爾。至於以後的場景，因爲是演現在的我們，我倒是能和妳一同入鏡，這樣對比起來應該會很有趣。

貝爾博士的信讓我靈光一閃，若用象徵手法讓我的朋友出場說不定很吸引人。愛德華·吉朋的《自傳》中有個令人難忘的段落，談到他耗時二十年完成《羅馬帝國衰亡史》後走出位於洛桑的書房，在一條種滿相思樹的小徑上散步，讓我想到「在相思樹下散步」或可成爲這部電影的象徵。還有什麼比相思樹廊更能代表我穿越黑暗與無聲的人生旅程？還有什麼畫面比遇見朋友一同在幽靜的小路上散步，欣賞遠處的湖光山色更扣人心弦？只可惜我的構思未能實現，讓我深感遺憾，因爲我一直想讓這部電影成爲充滿感恩的見證，藉此感謝朋友對我的慷慨、幫助和理解，是他們的付出成就了我的人生故事。

參與這部電影的人多到像支軍隊一樣，每個人都對拍攝方式各有想法。在相思樹下散步的提議最後被一幕荒誕滑稽的場景取代。那場戲的背景是個充滿繁文縟節的盛大宴會，我的朋友無論在世或離世全都到場，包含二十年前就上天堂的父親、豪伊爾博士、布魯克斯主教、奧利佛・霍姆斯博士、貝爾博士、譚夫人、亨利・羅傑斯，還有在山間長眠二十年的約瑟夫・傑佛遜，醒來後竟然比在世時還要精神抖擻、生氣蓬勃。

我覺得自己好像在不知不覺中死去，來到另外一個世界，逝去的故人全都出來迎接我，只是和他們握手時，我才發現他們的手比我想像中眞實得多。坦白說，那些演員的手和我朋友的手一點都不像，這些復活的朋友言談間也沒有我熟悉的調性和韻味，而且三不五時就會有人在談話中插嘴發表意見，讓我大爲驚訝，特別是在馬克・吐溫講了一段機智詼諧或讚美別人的話後，讓我哭笑不得。最令人匪夷所思的是，根據腳本要求，我得在所有音樂停止，宴會與人際互動接近尾聲時說一段話，大意是：「八萬名盲人痛苦無助，但當今社會依舊無法給予他們應有的機會……更有數百萬人從出生到離世都沒有體驗過活著的喜悅……我們現在就下定決心，爲大家打造一個更健全、更友善的世界吧！」

另一場戲裡，我得在鏡頭前跳舞，替客人倒茶。最後一位客人匆匆離開後，導演給出一個「叩、叩、叩」的信號，要我「舉起手然後放下，表現出麻煩的客人全走了，終於能鬆一口氣的感覺」。還有一場臥室的戲，導演要我演出自行穿衣脫衣，閉起眼睛睡覺的橋段，滿足大衆的好奇心，查理．卓別林甚至主動提議要入鏡吻醒我這個「睡美人」。現在我還眞希望當時有加這場戲。

拜訪卓別林先生可說是這趟加州之旅最開心的回憶。他邀請我去攝影棚看他演的《狗的生活》與《夏爾洛從軍記》，聽到我一口答應，他似乎非常高興，好像我幫他一個大忙似的。他是個很靦腆的人，幾近膽怯，但他的可愛與謙和讓一些再尋常不過的場景多了幾分浪漫。電影放映前，他讓我摸摸他的衣服、鞋子和小鬍子，好讓我更了解他在銀幕上的形象。他坐在我旁邊，一次又一次地問我是否眞的對他的電影感興趣，喜不喜歡他和那隻小狗。

這是十年前的事了。後來生活的悲劇以及他身邊那些轉瞬即逝的人事物讓他遭受兩次巨大的打擊。一九一八年認識他時，他是個情感眞摯、思慮縝密的年輕人，非常投入表演藝術與小提琴演奏。在我看來，他的心思細膩又敏感。有人說，只有語言擁有讓人發笑著迷的力量；面對這樣的論述，我們這位幽默大師引用了波斯學者奧瑪・珈音的詩句做為回應：

我們不過是活動的幻影，
於夜半深更，
在表演大師手裡，
繞著走馬燈來去。

現在回頭來談我的電影吧。開拍後沒多久，大家就意識到我的生活的確沒什麼戲劇性色彩。普拉特先生周圍的人不停建議他，以神祕奇幻的氛圍來描繪我的故事，會比平鋪直敘的寫實手法更吸引觀眾目光。但普拉特先生認為這在執行面上有困難。

「你難道看不出來嗎！」他們大聲哀號。「海倫・凱勒的生活一點也不浪漫，既沒有戀人，也沒有起伏跌宕的感情經歷。不如讓她想像出一個愛人，在幻夢中追隨他吧！要是電影沒有這類扣人心弦的情節，只會淪爲枯燥乏味的爛片。」

爲了創造出激動人心的場景，我們做了許多嘗試。例如在其中一場戲裡安排「智識」與「無知」在時光洞穴洞口爲了奪取我的心靈激烈爭鬥。整個團隊全體出動，於將近六十五公里外的山林間找到最佳取景地點。這場戲比職業拳擊賽還要刺激，其中一名鬥士還是女性。代表「無知」的醜陋的巨人與臉色蒼白、氣喘吁吁的「智識」爲了爭奪海倫寶寶的靈魂，在山坡上激烈扭打。

「無知」將「智識」推下懸崖那一刻，我屏住呼吸，心想要是她死了，保險公司不曉得要賠多少錢。「無知」爆出一陣殘忍嗜血的笑聲，在山頂上舒展強而有力的四肢，狂妄又不可一世。人們七嘴八舌，議論紛紛。彷彿過了好幾個世紀，「智識」蒼白的前額終於從石崖邊緣冒出來。從高聳陡峭的懸崖跌下去，又費盡力氣爬回戰場，我們的「智識」居然只是稍有喘吁而已。想也知道，接下來又是一場搏鬥。這一回合比之前更激烈；最後「智識」擊中「無知」的要害，拋出自己的衣服纏住「無知」，將他狠狠摔在地上壓住不放，直到對方屈服投降。邪惡的妖魔就這樣帶著瘋狂又充滿恨意的目光消失在大地的陰影裡，「智識」則把閃耀著智慧之光的披風蓋在海倫寶寶身上。

這場魔幻氣息濃厚的戲讓大家對這部電影的未來充滿信心，非常樂觀。現在看來，就算是腦袋最遲鈍的人也知道，關於海倫．凱勒的電影其實沒有絕對的形式，無須拘泥於特定的框架。爲什麼要浪費時間拍成紀實電影呢？在幻想的國度裡天馬行空地想像，拍出一部吸引觀衆的片不是更好嗎？

雖然投資人艾德溫．萊布佛里博士對此怒不可遏，但大家還在胡思亂想，準備把荒謬的念頭全拍出來。各式各樣的建議蜂擁而至，比夏天的蒼蠅還多，讓導演不知所措，完全迷失方向，紛亂的想法讓他什麼也看不清。當時我們確信自己會拍出一部經典之作，我敢說那時其他電影人一定也曾駐足觀看，讚嘆我們種種驚人的創舉。

有一次，爲了拍一段具有象徵意義的情節，大家掙扎許久，可說是我們在好萊塢最難熬的時光。那場戲是說我無法了解語言的含義，讓蘇利文老師很氣餒，後來她睡著了，耶穌突然出現在她的夢裡對她說：「讓小孩子到我這裡來。」夢醒之後，老師心裡再度充滿勇氣。爲了「做」出這一幕，所有人都來到好萊塢附近貧瘠的荒野取景。

一百多個孩子從汽車和公車裡衝出來，朝著山坡空地前進。荒涼的山坡上閃著刺眼的陽光，披覆著枯萎植被的大地也烤得滾燙。之所以選擇這片荒地，是因爲這裡比較像耶路撒冷。導演慌忙指揮愁眉苦臉的小演員就位，但那些孩子才剛開始爬山，就被濃密的芒刺刺痛，嚎啕大哭起來。大人只好又背又抱，把孩子送上山。可是人數衆多，山坡又很陡，大家費了好一番工夫才把所有人帶上去。烈日當頭，許多孩子很快就覺得口渴，這時我們才發現忘了幫他們準備牛奶！他們的哭聲讓人聽了好心疼，而那些粗心疏忽的媽媽卻把自己的錯怪到導演頭上，紛紛指責他冷酷無情。我們只得趕快派工作人員進城，在那裡煎熬了一個多小時他們才回來。

眞希望有一天導演能寫書分享一下他拍外景的經驗，尤其是那些父母以一天三美元的價格把小孩「賣」給製片人這件事，我很想知道他的看法，肯定會讓人有所啓發。

我去好萊塢前總認爲藝術家模特兒一定有某種特殊的情感，畢竟是這些人成就了他們的作品，無論是電影、大理石雕刻還是繪畫，都需要模特兒的奉獻。但後來我才發現這只是我的錯覺罷了。事實上，那些創作者雖然大多時候都以人類爲素材，內心卻鄙視這些幫助他們實現理想的人。馬克·吐溫曾說：「我們要感謝那些傻瓜！要不是他們，我們無法成功！」我猜他在講這句話時也是這麼想的。

我們設計了一系列場景來表現我對尤利西斯種種冒險的感受。既然我沒有戀人，那就讓尤利西斯充當一次吧。我記得有一場戲是他和他的船員遇上海難，讓我激動不安。「明星」都去了巴伯亞，海面捲起驚濤駭浪，岸邊布滿險峻嶙峋的岩石。他們在我掌中拼寫拍攝過程，細節眞實到讓我渾身顫慄——船頭撞上巨石砸得粉碎，船員在湧浪中拼命掙扎，有些人突然消失無蹤，可能是溺水身亡。最後，尤利西斯和幾位健壯的船員登上美麗又邪惡的瑟西島。我保證，這些驚險的橋段絕對是演員眞槍實彈、搏命演出！

爲了拍這場戲，我自己也有一段驚心動魄的經歷，那就是搭飛機在空中飛行。事後飛行員告訴我，有那麼幾分鐘，我差點慘遭不測。雖然這只是爲了拍出更多奇幻的片段，但對我來說的確是一次震撼人心的體驗，我當下完全忘了自己是在拍電影。那時我的母親、弟弟和蘇利文老師剛趕到加州準備拍攝最後幾個場景，他們都反對我坐飛機，但我仍堅持親自上陣。飛機上只能容納我和飛行員兩個人。我害怕嗎？可是恐懼怎能阻擋我那顆渴望飛翔的心呢？往上，往上，再往上，飛機載著我逐漸升空，飛揚的塵土氣味、成熟葡萄的馥郁芬芳，還有尤加利樹的刺鼻辛香都離我遠去！往上，往上，再往上，我們衝破雲霧飛上山巔，珍珠般的雨點迎面而來，灑落在我身上！我們以閃電般的速度飛快掠過洛杉磯的高樓大廈，追風逐雲了半個小時，最後終於掉頭返回原地。飛機在空中一次又一次地優雅俯衝，我感覺到大風吹過群山，穿越遼闊的平原，既像風琴的旋律，又像大海的波濤。我的心隨著機身起落泛起陣陣悸動，欣喜的情緒踮起腳尖旋轉，有如神靈在跳舞。我的身體第一次覺得如此滿足，如此自由自在，無拘無束。

還有一次，我們去聖佩卓造船廠，那天的經驗也很有趣。我們之所以去那裡，是想拍出勞工艱苦勞動帶給我的心靈震撼；成千上萬名工人揮舞鐵槌，鍛造工具，有了這些工具，人類才得以駕馭水、火、風，創造出偉大的文明。整個勞動場景氣勢磅礴，激動人心。榔頭在鑄鐵廠此起彼落，敲擊聲譜出一段旋律鮮明的三重奏；大鐵爐裡竄出焰火，工人迅速鼓風，不停捶打鉚釘，巨大的吊臂銜著重物抬上抬下，激起劇烈的震動。許多工人停下來看我，廠內一陣喧騰。工頭大聲吆喝，命令衆人繼續工作，但他們仍伸長脖子、興致勃勃地看著我這個坐在吊車上的盲女。後來我才聽說那次拍電影取景導致工人怠工三小時，讓美國那天至少損失數千美元。

接著我們登上一艘剛剛完工、準備啓航的輪船，他們讓我在船頭打破一瓶香檳，算是「洗禮儀式」。當時我又熱又渴，不是很在乎這場莊嚴的儀式，扔酒瓶時還因爲浪費一瓶好酒而發出一聲長嘆。正午十二點，造船廠的人不僅把午餐分給我，還端來一杯冰涼的水，對我展現出極大的興趣和善意。最後我們坐上汽車返回下榻的酒店，一路上我的身體幾乎動不了，腦子也無法思考，因爲心頭上壓了太多情緒與未曾有過的感受。

我們享受了一段開心的時光，然而過沒多久，沮喪陰鬱的日子隨之降臨。有人悲觀地認爲，這部電影包含太多視角，恐怕會變成大雜燴。這也難怪，這部片的確很難透過一個特定的人物，從某個特定的視角來拍，因爲描述的事件和人物太多，場景自然不停轉變。

即使如此，我們還是不想扼殺內在的渴望，亟欲超脫物質，拍出美好的精神世界。我們討論了一下，決定離開燈光熾熱的攝影棚，轉到空靈縹緲的外景地點拍攝。起初普拉特先生堅決反對，但有人認爲，只把我拍成平凡的女人未免太過愚蠢，也許可以把我描繪成神祕的七苦聖母，一邊孤獨漫步，一邊爲盲人、傷者與人類的墮落悲傷嘆息。普拉特先生被說服了。沒錯，這的確是個好主意。

一般人對於他人的身體殘疾能處之泰然，是因爲他們可以自我安慰，認爲那些殘缺並不是他們造成的，因此無須對此負責。但這種態度與哲學觀無法撫慰「七苦聖母」的心；笨拙平靜的外表下藏著我對命運的不滿和哀嘆。

拍這場戲那天，攝影棚外擠滿了奇怪的人，有男有女，有不同的種族、年齡和膚色，還有身體傷殘程度不一的殘疾人士。排隊等待消毒時（當時流感肆虐，每個人都必須先往鼻腔與喉嚨噴藥才能進入攝影棚），我們詢問身穿制服的片場醫護人員，這些人消毒過了嗎？他的回答讓我們放心不少，我們便三步併做兩步，匆匆往前走。

幾個肢體殘障人士在土堆上表演雜技。土堆旁有一條用來鋪設水管的溝渠，有個缺了兩條腿和一隻手臂的男人用木棍和彎曲的鋼條充當殘缺的肢體，用這些「自製拐杖」在溝渠上跳來跳去，讓圍觀的人興奮不已。與此同時，一個盲人敲著手杖走過來；幾個中國人蹲在熱燙的沙灘上用豆子玩賭博遊戲；一位滿頭白髮又留著濃密白鬍的老人坐在帆布椅上拉六角手風琴，還有一群女人聚在一起嘰嘰喳喳聊個不停。

湯姆森小姐走向一個看起來像巨人殺手傑克的人，問他們在拍什麼片？「凱勒的。」他回答。「你知道她是誰嗎？」湯姆森小姐問道。「不知道。問我簡單一點的問題吧！」那人笑著說。

攝影棚裡，大家忙成一團。原來我們當天就要出去拍外景。那場戲是「七苦聖母」

出現在受苦受難的世人面前，爲他們點燃希望之光。令人驚訝的是，剛才片場那群殘障人士竟然一下子全爬上外景車，導演、攝影師和主要演員則早已在另一部車上等候。我們一行人就這樣浩浩蕩蕩地出發，一路上討論劇本，了解外景相關細節。

警察批准我們使用的那條巷子在當地惡名昭彰，最近剛被封鎖。那條小巷又長又窄，只有兩個入口，一個與大街相連，另一個則要爬一段長長的陡峭臺階才能到。

我們抵達時，巷內空無一人，但大家下車後，這裡就成了名副其實的「瘋人院」，彷彿有雙看不見的手清空了一艘難以形容的諾亞方舟。不曉得從哪裡跑來幾隻狗，模樣和牠們的人類朋友有幾分相像；眼前出現一個個擺滿貨品的攤位，當鋪和二手服飾店也把商品掛在門外的竿子上，還有香菸攤、修鞋鋪和小酒館，磨剪刀、賣水果等各式各樣的小販都大聲嚷嚷、唱著歌叫賣。這些喧鬧聲讓人心煩，氣味也令人作嘔，更讓人受不了的是推來擠去、橫衝直撞的人群。在這片嘈雜混亂中我只想緊緊抓住什麼，好支撐著自己的身體。

普拉特先生的助理蓋伊來到我身邊時，我總算鬆了一口氣。他把我從大街上擁擠的人群中帶出來，這樣我在小巷入口階梯上露面前，人們就不會看到我。「七苦聖母」的長袍罩著我的頭和手臂，布料很厚，還打了很多皺褶。導演指示我慢慢步下臺階，到了人行道後再往巷子中間走，然後抬起頭、舉起手，站著別動。後來我聽其他人描述，我剛開始走下臺階時沒有人注意到我。有個女人探出窗外看見我，立刻放聲尖叫。這時人群開始騷動，大家都望向臺階。我走下臺階時，大家似乎合爲一體，行動非常一致，完全不用導演指揮。對聖人迷信與敬畏的本能支配著他們的行爲。由於我走不穩，身體搖搖晃晃，讓他們非常困惑。他們察覺到我的舉止有異，失明的雙眼也有點奇怪。我一踏上人行道，身旁有幾個人就跪了下來，還沒走到巷子中間，所有人全都跪倒在地，一樣無須指揮。我像雕像一樣動也不動地站了幾分鐘，心裡有點害怕，不曉得下一步該怎麼做。剎那間，我感覺到在場每個人都陷入沉默，那種寂靜極爲反常。恐懼在我心頭搏動，如高牆將我團團包圍。我伸手摸摸身邊幾個人低下的頭，這種接觸深深撼動我的靈魂。淚水順著我的臉頰滑落，滴在我手上，沾溼了他們的髮梢。周圍的人開始大聲哭泣，離我愈來愈近。我感覺有人拉我的長袍，撫摸我的雙腳；愛與悲憫如潮水般湧來，完全不需要費力假裝表演。我心裡充滿強烈的渴望，想爲他們擔起重重痛楚與苦難。我不知道自己當時說了什麼，只記得我不斷禱告。那是我有生以來第一次那樣禱告。

「上帝啊，可憐我們吧！可憐我們無依無靠，可憐我們破碎的生命與受褻瀆的身軀！可憐我們的孩子吧，他們如鮮花般在我們手中枯萎！可憐所有傷殘的人吧！懇求祢降下異象，讓我們知道祢看見我們的失明，聽見我們的聾啞，將我們自苦難的深淵拯救出來，讓我們脫離貧窮，免遭離棄！貧窮讓我們看不到未來，離棄讓我們聽不到希望，我們苦苦摸索，向祢祈禱，請打碎我們身上沉重的枷鎖，滋養我們荒蕪的心，洗滌我們被罪惡囚禁的靈魂，救贖祢無家可歸的子民！救救孩子吧，我們辜負了承諾，未能給他們天堂！救救飢餓的人吧，他們無人餵養！救救病痛纏身的人吧，他們無人照料！救救有罪的人吧，他們無人憐憫！請寬恕我們軟弱卑微的藉口，赦免我們奉祢之名犯下的種種罪孽！」

有場戲將這部電影的荒謬推到極致——四巨頭在法國開會決定世界的命運，我則前往巴黎強烈要求他們結束戰爭。雖然我在現實中覺得那些議員與將軍邪惡又愚蠢，常抓緊機會發洩我的憤慨，但在這一幕，我不僅要與他們對話，提出睿智的見解，還要發表一場撫慰人心的演說。時至今日，我還是很高興他們給我這個機會，向那些支配人類命運的人表達自己的看法！開拍時，我擺出氣勢萬千的姿態，在英國首相勞合喬治的陪同下帶著火山般的熱情與鬥志踏進會場。我記得當時我只有碰一下法國總理克里蒙梭戴著手套的指尖。幸好，我們在離開好萊塢前終於意識到這場戲太荒唐，所以連同其他誇張的情節一起剪掉了。

電影最後幾幕洋溢著豐富的奇幻色彩，如今回想起來還是會嘴角上揚。這次我化身爲類似聖女貞德的人物，爲全球勞工的自由而戰。大隊人馬在敵人的堡壘前集結，我則騎著白馬衝到前線。如果我當時騎的是佩姬，或許還能控制牠，因爲我已經很熟悉牠的步態了，可是……唉！佩姬是匹黑馬，但這個磅礡的場景需要一匹壯碩的白馬。我騎的馬名叫史萊戈，是匹愛爾蘭馬，性情就和牠的名字一樣剛烈。不過史萊戈的確很適合那種瘋狂的衝鋒戲碼。當然啦，那一幕還有混亂的人群，大家穿著各種奇裝異服，代表世界各地的人民；馬兒高聲嘶鳴，人們放聲叫喊，旗幟隨風飄揚，號角隆隆作響，整個場面亂成一團。喧騰的環境讓史萊戈變得躁動不安，動作愈趨凶猛，嚇得我倉皇失措，更別說我當下一手拉著韁繩，另一手拿著喇叭，導演還不時要我吹幾聲了。加州毒辣的陽光晒得我愈來愈熱，皮膚也愈來愈紅，每多拍一秒，就多一分尷尬。汗水沿著我的臉流下來，喇叭的氣味讓人作嘔。突然間，史萊戈毫無徵兆地直起後腿，一名攝影師冒著生命危險衝到馬肚下，猛拉事先藏好的韁繩，將史萊戈拽回地面。拍完那一刻，我心裡的喜悅難以言喻。之後我就再也沒有像先前一樣狂熱地幻想自己帶領全世界人民走向勝利了。

13

舞台生活

我喜歡這種溫暖的人潮在身邊湧動的感覺；
我喜歡舞台上的悲傷讓我哭泣，缺憾讓我煩憂，
荒唐讓我大笑，意想不到的良善和勇氣讓人激動不已；
我喜歡看那些演員化好妝，換上華麗的戲服，
那些蜜粉、裝飾、面具、緞帶、珠寶和奇特的裝扮，
交織成一個充滿活力、繽紛多彩的世界。

這部電影票房慘烈。雖然我的驕傲和自尊不容許我承認這一點，但我們的確是那種賠多賺少的人。遺憾的是，世界上像我們這樣的人還不少。

我們回到森丘過了兩年平靜的生活，最後不得不面對現實——我們必須想辦法開源，多賺點錢才行。朋友會在我過世後切斷金援與資助，也就是說，若我比蘇利文老師先離開，她就會一貧如洗。目前的收入只夠我們溫飽，完全存不到錢。

一九二〇年冬天，我們加入奧芬歌舞雜耍劇團，於全國各地進行巡迴演出，一直持續到一九二四年春天。當然，我們這三年多裡並非一直忙於工作；表演期主要落在一九二一年和一九二二年，空閒時我們會去新英格蘭、加拿大和紐約及其周邊地區走走，待上一陣子。

很多人說，我們參與這類表演活動只是為了譁眾取寵，甚至還有歐洲友人寫信給我，勸我不要再受人擺布，盡快停止這種「糟糕的戲劇表演」。事實上，加入劇團完全是我自願的，我還說服蘇利文老師跟我一起去。演出的報酬不僅比寫作和演講高很多，對我們來說也比較輕鬆，因為我們經常會在同個地方待上一週，不必像之前經常在城市間奔波，或是一抵達目的地就得立刻登臺演講，連休息或準備的時間都沒有。劇團演出時間大多在下午和晚上，而且時間很短，大概只有二十分鐘左右，劇院的規定又能保護我們不致與演講一樣被熱情要求握手的觀眾追得喘不過氣。

不過，蘇利文老師並不喜歡匆忙趕場的劇團生活，也無法適應舞臺上刺眼的燈光與劇院裡的喧騰，但我倒樂在其中。一開始看到我們的名字與猴子、馬、狗、鸚鵡和雜技演員並列在演出名單上，感覺的確很怪，但我們的節目並不低俗，觀眾也非常喜歡。

我覺得歌舞雜耍的世界比我之前的生活圈有趣多了。我喜歡這種溫暖的人潮在身邊湧動的感覺；我喜歡舞臺上的悲傷讓我哭泣，缺憾讓我煩憂，荒唐讓我大笑，意想不到的良善和勇氣讓人激動不已；我喜歡看那些演員化好妝，換上華麗的戲服，那些蜜粉、裝飾、面具、緞帶、珠寶和奇特的裝扮，交織成一個充滿活力、繽紛多彩的世界。若要我描述演員在後臺表演給我看的種種迷人片段，大概得講個三天三夜，用上比《美國名人錄》還要長的篇幅才行。更棒的是，許多演員都准我進他們的更衣室，或是讓我摸摸他們的服裝，甚至彩排給我看。我常想，演員在舞臺上的表演才是他們眞實的生活，臺下的一切不過是虛假的幻象，直到現在我還是這麼認為，也希望眞是如此，因爲對許多人來說，現實人生比戲劇更多舛、更殘酷。

現在回頭想想，這些演出或許曾在某個時刻讓我感到厭倦。我可能曾聽著演員朋友訴說心事，情緒卻毫無波瀾，也可能曾討厭過這種日復一日瘋狂表演又缺乏穩定的生活。但總體來說，我還是很慶幸自己有這樣的經驗。加入雜耍劇團不僅讓我的生活充滿刺激和新鮮感，更給了我許多體味人生的機會。

從本質上來看，巡迴演講相較之下充滿許多不愉快的經歷。比方說，演講合約要求我們登臺前得先到觀眾席收錢，但我們很少、也很討厭這樣做，因爲這種舉動好像暗示我們不信任觀眾。有一次在西雅圖，參與活動的民眾非常踴躍，於是我們安排了兩場演講，一場在下午，一場在晚上，當地的主辦人說要等晚場結束後才能把一千美元的報酬給我們，然而時間一到，他並沒有出現在會場，我們完全無法追回這筆錢，我方的負責人也不願大老遠跑去那邊打官司，而且根據合約，無論我們拿到酬勞與否，都要付他佣金，所以他並沒有因爲這件事蒙受任何損失。

這種情形層出不窮，紐約的敦克爾克、賓州的密德維爾、俄亥俄州的阿什塔比拉、加州的聖地牙哥和聖羅莎都發生過這樣的事。但不是民眾的問題，而是當地主辦人的錯。有一次，我們堅持要先拿到酬勞再登臺演講，結果聽眾大爲不滿；第二天，早報的頭條印著斗大聳動的標題，「海倫・凱勒沒拿到錢就拒絕演講！」有了這次經驗，我們決定改變作法，防堵類似的情況發生。後來我們在愛荷華州的阿勒頓演講時就和主辦人說好，門票收入對半分。那次有很多人來聽演講，我們按比例可以拿到七百多美元。看到主辦人心不甘情不願地掏錢，我們都在心裡偷笑。還有一次是在溫哥華，來聽演講的觀衆遠超出主辦單位預期，因此我們拿到的酬勞比合約上的數字多兩倍。

隨著劇團巡迴演出時，落腳的劇院大多非常舒適，有些還很漂亮。艾比先生是劇團負責人，不僅能力超群，心地也很善良，總是不遺餘力地改善大家的福利與工作效率。雖然鮮少有人有機會直接面對面和他溝通，但他的仁慈與良善影響了劇團上上下下每一個人。我發現團裡大多數經紀人都很有禮貌，其中有些人緣很好，很受歡迎。我非常感謝我的經紀人哈利・韋伯先生，他爲人誠實守信，做事認眞負責，從沒讓我們失望過。艾比先生除了關心商業利益外，也很關心每一位成員，他們就像齒輪一樣維繫劇團運作。無論是哪個人或哪個環節出了岔子，他都能在第一時間知曉，不惜一切代價解決問題。他常邀請盲人、聾啞人或殘障人士參與演出，並透過巧妙的節目設計讓觀衆難以發現他們與常人不同。除此之外，他還致力於慈善事業，成立了「全國歌舞雜耍表演協會」。該協會迄今擁有上萬名會員，每人都享有協會提供的千元保險；若遇上疾病、失業或其他不幸的情況，無論該名會員身在何方，協會都會提供必要的經濟援助，而患有結核病的會員也能進入協會專門設置的療養院治療。該協會在加州、亞利桑那州、科羅拉多州等地都設有醫療服務站。

至於臺下的觀衆都很熱情也很友善。許多外國觀衆根本聽不懂我們在說什麼，卻還是給予熱烈的掌聲，彷彿對我們的演出心領神會，讓我非常高興。節目開場通常是蘇利文老師講述她教育我的故事，我再接著上臺做一小段演講，最後留點時間讓觀衆提問，其中有些問題非常有趣，譬如「妳能不看手錶就知道現在幾點嗎？」「妳有沒有想過要結婚？」「妳有玩過通靈板嗎？」「妳覺得現在是投資的好時機嗎？」「我最近可以出門旅行嗎？」「牛爲什麼有兩個胃啊？」「多少才算太多？」「妳相信世界上有鬼嗎？」「妳會認爲貧窮是種祝福嗎？」「妳會不會做夢？」總之問題千奇百怪，不勝枚舉。

我非常在乎觀衆。演講前，我都會先透過傳到臉上的細微振動來感受觀衆的呼吸，演講時也會留意觀衆的感受，看他們是聽得津津有味，還是無動於衷。幾次下來，我覺得觀賞歌舞雜耍表演的觀眾特別容易溝通，也比較願意與臺上的人互動，而且善於表達自身情感，只要覺得高興，就會毫不猶豫地展現出來。其他場合的觀眾就不一樣了。我遇過最怪的一次是在講道壇上演講，當時聽眾似乎非常安靜，而且講臺很高，我覺得自己彷彿隔著一堵牆跟他們說話。在電台演說的經驗也差不多，好像講給一群幽靈聽似的，沒有生命的震動，沒有移動的腳步，沒有鼓掌的聲音，也沒有菸草和化妝品的味道，只有我的話語在無盡的虛空中飄蕩。但在看歌舞雜耍的觀眾面前，我從未有過這種迷茫困惑的感受。

14

我的母親

唯一支持我的是內在的信念，
我相信人世所有困惑都能在真理閃耀的天堂找到答案，
她會明白我的缺陷其實是神的美意，盡然釋懷，
而上帝的計畫就如一條細長的金線串起塵世間的一切，
將天地萬有緊緊相牽。

我在劇團巡迴演出期間第一次體悟到何謂喪親之痛。這件事嚴重衝擊我的生活。記得當時我們在洛杉磯表演，突然傳來母親去世的噩耗。雖然父親在我十六歲時離世，但那時我年紀尚輕，所以感覺一直很不眞實。這些年都是母親陪著我，母女之間充滿愛與理解的羈絆讓我們倆緊緊聯繫在一起。

我對兒時的記憶非常模糊，不太記得母親在我受教育前是什麼樣子，只依稀記得在她懷抱裡的感覺和她擦去我淚水的雙手。但這些片段實在太朦朧，我很難在腦海中完整拼湊出她的全貌。

她常告訴我，我出生時她有多快樂，還不時回憶起十八個月的我，那時我是個視聽能力正常、健健康康的孩子。她說，我才剛學會走路就追著陽光和蝴蝶到處跑，不管看到什麼都要伸出胖胖的小手摸一摸，一點也不害怕。「那時妳的眼睛好漂亮，好有神，」母親叨唸著。「能看見大家都找不到的針和釦子呢！」她有一個精緻的針線籃，底下是三根細長的支架，離地面很高，靠近頂部的地方有許多鏤空花紋。母親告訴我，小時候我最喜歡來到她膝旁，咿咿呀呀地說個不停，她猜我是在說，「媽媽，我什麼時候才能長那麼高，可以透過籃子的小洞看看裡面有什麼東西呢？」她還記得我喜歡看木柴燃燒的火焰，說我當時就是不肯睡覺，一定要守在火爐邊看噴濺的火花，白煙裊裊飄進煙囪時，我還會開心地咯咯笑。「是啊，我們曾度過一段短暫又美好的生活。」她惆悵地感嘆道。母親二十三歲那年，我生病了，從此雙目失明，雙耳失聰，她的人生也澈底改變。突如其來的變故讓她如初夏般燦爛的青春驟然遭遇大雪紛飛的寒冬，即使她從來不說，我也知道，我帶給她的痛苦遠超過其他孩子。母親向來不是那種樂觀開朗的人，朋友也不多，無論身在何處，內心總是盤踞著悲傷與孤獨。當然，她來倫瑟姆看我們時心情很愉快，和我們一起旅行也增加了不少閱歷，但這些都無法撫平她的痛苦。她始終認爲我的缺陷是一齣人生悲劇，無法坦然接受事實。儘管她的哀愁已被時間碾碎，化爲沉默，可是她內在的痛並沒有減輕，而這些憂傷與煎熬更加深了她的憐憫之心，讓她更懂得同情別人的不幸。

母親從不談論自己。縱然對痛苦非常敏感，但她仍羞於坦露內心，甚至不願向自己的孩子傾訴。雖然她的個性內斂含蓄，但她始終是我生命中最親近的人。她對我說，她每天早上醒來都會想到我，每天晚上睡前也都惦記著我，這些話在我心裡漾起無法形容的甜蜜。後來母親罹患風溼病，雙手的疼痛讓她很難用點字寫信給我，對此她非常難過，因爲她不喜歡由別人代讀她寫的信。

讓我感到安慰的是，母親的第二個孩子，也就是我可愛的妹妹米爾德終於實現了她的願望和祈盼。米爾德五歲時，我弟弟菲利普出生了，他的名字是爲了紀念我孩提時代一個親密的好友菲利普．布魯克斯。父親去世後，母親盡心竭力撫養兩個年幼的孩子（這時我已經到紐約與波士頓求學，大部分時間都不在家）。米爾德後來嫁給來自阿拉巴馬州蒙哥馬利的沃倫．泰森，母親晚年有時跟他們住，有時跟我住。

母親的性格脾氣不適合操持家務，但嫁給父親後，她必須管理一個南方大家庭，負責打點所有日常瑣事，同時監督黑人的工作、整理花園、照料家禽，甚至還要親自醃火腿和煉豬油，爲孩子縫補衣裳，而且幾乎每天都要招待父親帶回家吃飯的客人。她不但是飼養家禽的專家，手工醃製的火腿也廣獲好評，很多鄰居都很喜歡她做的蜜餞和果醬。她默默忙於家務，看到我在身邊緊抓著她的裙角不讓她走，心裡有說不出的悲傷。她站在巨大的鐵罐邊指揮黑人煉製豬油，修長的身材與高貴的氣質就像羅馬神話裡的女神茱諾。蘇利文老師常覺得不可思議，這樣一個敏感又容易緊張的女人怎麼有辦法承受這一切？可是母親從不抱怨，每天埋頭處理那些瑣碎的家事，彷彿生活中沒有其他樂趣。不管哪裡出狀況，住家、雞舍還是農場，她都會暫時擱置眼下的一切，專心解決。有一次她對蘇利文老師說：「煉豬油當然不像雕刻、建築或詩歌那麼有魅力，但我想，既然它屬於世間萬事之一，就一定有它的價值。」

母親非常熱中於園藝，總是悉心照顧庭院裡的花草。對她來說，世上最快樂的事莫過於讓一株枯萎的植物重新恢復生機，開花結果。她認爲，即便是最微不足道的小花小草，也都是大自然的孩子，必須用心呵護。一個快要變暖的初春早晨，母親來到花園，想看看之前種下的玫瑰是否安好，卻發現嚴重的霜凍把這些脆弱的花蕾全凍死了。那天早上，她寫信給我說她爲那些夭折的玫瑰失聲痛哭，「就像大衛王爲他死去的兒子哀慟。」

母親對鳥的愛不下於鮮花。她在倫瑟姆的時候，會花上好幾個小時在附近的樹林裡觀察小鳥種種可愛又奇特的行爲。她看著鳥兒戀愛築巢、餵養雛鳥，教幼鳥學習飛翔。仿聲鳥與歌鶇更是她心中最愛。

除此之外，母親對時事的評論非常精闢，充滿智慧。她就像大部分南方人一樣對政治很感興趣，但自從我澈底改變立場後，她就覺得我們之間的距離愈來愈遠，讓我很難過，好像我又加重了她的煩惱和憂傷。然而值得寬慰的是，即便觀念分歧，我和母親依舊能愉快地東聊西聊。

她什麼書都看，是個雜食讀者。無論新書還是舊書，無論是喬叟時代還是羅斯金時期的作品，她都喜歡。她不但厭惡平庸，也痛恨僞善。有一次，某個名人講了一段枯燥的陳詞濫調，我記得她引用那番話時語氣非常不屑。論才智，她與蘇格蘭作家湯瑪斯·卡萊爾的妻子卡萊爾太太有幾分相似，而她也很喜歡讀卡萊爾太太的書信集。她在梅西先生的推薦下讀了席尼·史密斯的書，常說史密斯的文字是她無聲的心靈伴侶，英國作家鮑斯威爾的《約翰生傳》也帶給她許多快樂時光；但蕭伯納的作品卻激怒了她，不是因爲他言辭激進、善於嘲諷，而是因爲他一直以來都很反傳統，作風離經叛道。另外，大衛·勞倫斯的書她也看不下去。「他似乎無法想像女人的純潔與天眞，」她驚訝地說。「在他眼裡，愛情變得淫褻不雅，毫無道德可言。就連端莊謙遜的紫羅蘭也不願爲他綻放。」

然而在眞正的大師面前，母親始終保持謙遜。華特·惠特曼沒有讓她心生畏懼，巴爾札克多部作品她都熟記在心，此外，她也看過拉伯雷、蒙田與孟德斯鳩的著作。讀到拉尼爾時，她說：「他筆下那隻『冷靜的灰色鴿子』帶著愛的翅膀和信任的眼神，依偎在我懷裡。」

某個難忘的夏天，我們在佛蒙特州的聖凱薩琳湖畔租了一間小屋。波光粼粼的湖泊，松樹繁茂的小山，還有人們稱之爲「佛蒙特之路」的蜿蜒林蔭小徑都讓人陶醉不已！我腦海中珍藏了一個畫面，描繪當時的母親，她坐在湖邊的門廊上輕輕擺動雙手，凝神注視著乘船或划獨木舟遊湖的孩子與年輕人，溫柔美麗的臉龐寫滿惆悵與渴望，夕陽則慢慢消失在翠綠的山丘後方。

第一次世界大戰爆發後，母親不願談論戰事，但一看到成千上萬青年在蒙哥馬利周圍紮營，她的心便充滿渴盼，希望自己能保護這些年輕人，爲他們抵擋前方可怕的災難。俄羅斯向同盟國提出意義非凡的和平協議時，她說，她眞想伸長雙臂越過海洋，擁抱這個勇於承認戰爭是違反人性之罪的國家。

母親的死就像她一直祈禱的那樣，在她沒有老到生活無法自理前就降臨了。她很怕生病，擔心臨終前會長臥病榻，忍受彌留時生離死別的折磨，總希望自己能在睡夢中安詳離開，或是一瞬間溘然長逝。回頭來看，一切如她所願。她在蒙哥馬利與家人一起度過生命中最後的時光，但離世那一刻，身邊卻無人相伴。

上臺前兩小時，我收到母親去世的電報。我之前完全不曉得她病了。一想到要面對觀衆，我全身上下每根肌肉纖維都在尖叫，但我必須完成演出。幸好，觀衆對我遭受的痛苦與打擊毫不知情，稍稍緩和了我與蘇利文老師的緊張情緒。那天有人問我：「妳幾歲？」是啊，幾歲呢？剎那間，我覺得自己就跟時間一樣古老。我反問對方：「你覺得我看起來幾歲？」大家笑了起來，似乎覺得我迴避這個問題很有趣，大概是講出年齡讓我有點尷尬吧。另外一個問題是「妳快樂嗎？」我深吸一口氣，回答說：「快樂，因爲我堅信上帝。」演出結束，我終於可以獨處片刻，細細咀嚼內心的悲慟。我相信，我和母親會在永恆又美麗的樂土重逢。然而，她的離開在我生命中留下淒涼陰鬱的空洞。每每重遊我們一起去過的地方，我心裡都會湧起滿滿的思念。我好想念她親自用點字寫給我的信。母親去世隔年四月，我到蒙哥馬利探望妹妹，此情此景讓我覺得母親再次離我而去。唯一支持我的是內在的信念，我相信人世所有困惑都能在眞理閃耀的天堂找到答案，她會明白我的缺陷其實是神的美意，盡然釋懷，而上帝的計畫就如一條細長的金線串起塵世間的一切，將天地萬有緊緊相牽。

15

希望的曙光

艾伯特・哈伯德：

「如果想完成什麼事，

就去找你認識的最忙的人。

其他人是不會有時間的。」

一九二一年，盲人資訊交流中心「美國盲人基金會」在愛荷華州文頓市的美國盲人勞工協會年會上正式成立。多年來，此機構一直被認爲是盲人最需要的組織。基金會的構思來自西賓州啓明學校校長H·蘭道夫·拉蒂默先生，他本身也是盲人。

基金會第一任主席是來自紐約的米格先生。正因爲他堅持不懈的努力，美國盲人基金會才能像今天一樣發揮應有的效益。基金會資金起初都是由米格先生和他的朋友共同籌集，直到一九二四年才有人呼籲大衆捐款，當時我和蘇利文老師還受邀代表基金會進行演講。

乞求他人金援不是什麼愉快的事，即使目的在於行善也一樣，但當前的文明社會中，大多數慈善與教育機構都要依靠公衆善款與富人捐助。這並不是什麼光彩的舉措，可是在找到更好的辦法前，像我這樣的人就只能繼續在各地奔走，在豪華辦公大樓的電梯裡上上下下，請求富人提供資金。我們會拿著帽子站在人家門前或街角，拜託路人給我們幾分錢，也會在擁堵的車流中爬上汽車踏板懇求有錢人，希望對方能用他們的「金色羽翼」庇護我們，幫助我們實現崇高的志業和理想。

我做過巡迴演講，拍過電影，參加過歌舞雜耍劇團，這些年來從未放棄自己的夢想，希望能爲盲人打造一個更幸福的世界。然而，時至今日，我並未找到什麼實際的方法讓這個夢想幻化成眞。我行遍全國，始終覺得雖然大家已經爲盲人做了很多，媒體也寫了不少相關報導，但這個社會依舊將盲人視爲異類。

親愛的讀者，請想像一下隔壁鄰居是個盲人。你經常在街上遇到他，無論晴雨，他都小心翼翼地走在人群中間，看不見周遭的人；他全身緊繃，用拐杖輕輕敲擊路面，側耳傾聽，努力循著聲音的指引，在黑暗中穿過曲折紛雜的街道。你同情地瞄他一眼，一邊往前走，一邊猜想他的內心世界有多奇怪，他的感覺和你的有多不同。朋友，殘酷的想像結束後，請試著了解事實的眞相吧！盲人的心也是心，盲人的痛也是痛，他們和你一樣追求愛、快樂與理想，你想要的東西，他們也想要。他們也夢想擁有愛情，期待成功，希冀幸福。假如明天出了一場意外讓你突然失明，你還是你，你心中的渴盼不會就此改變。也許有人認爲盲人最大的劣勢是無法欣賞美麗的日落，無法享受群山起伏、星月燦爛的美景；事實上，眞正困擾他們的是生活中無數瑣碎的障礙。若能擺脫這些局限，即便心中的藍天蒙上烏雲，他們也不會那麼在意。對盲人而言最難承受的是，許多簡單的日常雜事他們都無法獨力完成。但他們仍懷抱著期待，希望自己能變得更強，獲得自由，同時貢獻社會。在大部分國家和大部分時代裡，除了少數幾個特例外，盲人向來都是被施捨、同情、蔑視甚至是虐待的對象。許多人都將這種痛苦視為上天的懲罰。一直以來，盲人的角色與路邊的乞丐差不多，只能在救濟院尋一個棲身之處。然而，在這樣艱苦的環境中，在無盡的黑暗世界裡，依舊孕育出不少偉大的人物。正如彌爾頓曾驕傲地說：「失明並不可悲，可悲的是無法忍受失明！」特權或特殊照顧是我們最不需要的事物。若只因為製作者是盲人就去購買一些毫無價值的東西，對盲人來說毫無益處，長遠來看還會造成有害的影響。可是多年來，許多善良的人一直在買些沒用而且通常都很醜的商品，而他們之所以這麼做，無非是出於同情。舉例來說，很多珠珠飾品吸引的不是欣賞的目光，而是憐憫的眼神，讓大家認為盲人只能做出這樣的作品。事實上，只要有漂亮的設計和一點監督指導，盲人就和視力健全的人一樣能做出美麗的飾品。

閱讀方面，明眼人同樣將我們視為特殊群體，經常捐贈一些內容陰鬱的說教類書給盲人閱覽室，顯然認定我們的讀物一定要和不幸的命運相稱。值得一提的是，我們最常翻閱的其實是充滿趣味、令人心情愉快的書，對那些承載悲傷的著作則敬而遠之，甚或束之高閣。

現在我們的藏書已遠遠超過當年我求學時的數量，但與健全人相比還是少得可憐。據說給視力正常人讀的書每年出版超過一萬種，而盲人的書除了教科書外，總共只有三千一百五十種。我們對所擁有的圖書心存感激，但我們仍渴望獲得更多、更豐富的書籍。

爲了滿足盲人對書籍的渴求，許多措施與改變紛紛出爐。過去就算使用浮凸印刷也不代表所有盲人都讀得懂，現在美國盲人勞工協會的「統一印刷委員會」已在全美推行、採用統一的浮凸印刷系統，讓每個盲人今後都能輕鬆閱讀。這項措施的主要推手之一是米格先生，他慷慨資助委員會，讓他們完成統一印刷系統的工作。當時的委員會會長是備受愛戴的羅伯特·歐文先生，現爲美國盲人基金會研究與資訊部主任。國會每年都會撥一筆預算用於出版浮凸文字圖書，許多州也設立了紅十字會分會，協助抄寫點字書予盲人閱讀。在政府通過相關法規，讓戰爭中失明的士兵重新接受教育後，全國各地的婦女開始投入謄寫書籍的工作。這項服務不僅讓失明的士兵受益，也幫助了失明的高中生和大學生。點字書寫並不難學，目前仍有許多婦女在爲盲人抄寫故事和詩作，她們的奉獻點亮了盲人黑暗的世界。

很多盲人的聰明才智足以分擔視力健全者的責任，享有同樣的回報。但大多數盲人從學校畢業後都會經歷一段艱難的時期，無論過去擁有什麼美好的憧憬和期望，出了社會後都有可能逐漸幻滅。眼明者對失明者充滿偏見，認為失明等於「無能」，而不得不面對現實謀生問題的盲人只好迴避公開的市場競爭，轉向工作坊，卻又經常逃離工廠淪為街頭藝人。雖然街頭賣藝改善了他們的收入，但這麼做的盲人愈多，社會大眾對他們的偏見就愈深。

以當前的情況來看，盲人若沒有勇於挑戰的鬥志，缺乏引人矚目的性格，就不可能涉足所謂的高階職業，躍升為成功人士。即便兼備這些特質，他們仍需要別人有力的援助。有些學生在啓明學校待了十多年，花了州政府數千美元公費接受鋼琴、小提琴、風琴或聲樂等全方位訓練，最終滿懷希望和理想離開學校，卻發現自己只能回家與沒有受過教育的家人待在一起，沒有鋼琴，沒有錢，沒有朋友，過去提供教育機會的機構也只是讓他們自己想辦法過日子。有個年輕人曾是個很厲害的鋼琴家，但現在只能靠替鋼琴調音來維持生計。由於他長期拿笨重的工具包，雙手變得非常僵硬，再也不能演奏了。

還有一位住在我家附近的年輕小姐，她雖然有著訓練有素、優美動聽的嗓音，卻只能靠折廣告傳單賺取微薄的工資。這類學無所用的案例不勝枚舉。他們擁有各式各樣的天賦和能力，若能在離校後獲得適當的幫助，說不定就能成爲音樂家、作家、編輯、政治家或神職人員。

美國盲人基金會成立之前，只有全國防盲委員會（即現在的全國防盲協會）專門爲盲人服務，解決種種問題。無論過去還是現在，該會都是美國最重要的盲人組織之一，不僅幫助有視力缺陷的兒童保護視力（這些孩子的眼疾若沒有好好治療，就可能發展成失明），在公立學校開設視力保護課程，調查並研究致盲原因，更促進政府通過相關法案，減少可預防病因的危害。

現在的人或許很難想像二十年前新生兒失明的首要原因是新生兒眼炎，而且還不能公開討論相關議題。如前所述，麻州是盲人運動的領導者之一，州政府率先通過一項法案，要求所有新生兒眼炎病例都必須詳實通報，調查病因，並提供患者免費治療，藥物的純度與安全性則有醫療當局與權威醫學專家背書。消息一出，其他州立刻跟進，迄今已有二十九個州通過類似的法規。幾個月前，麻薩諸塞州啓明學校校長艾倫先生告訴我，曾經滿是失明嬰兒、等待清單一長串的日間托兒所現在幾乎空無一人；聽到這個消息的瞬間，是我人生中最快樂的時刻。「預防失明」是我非常關心的事，卻無法有更積極的作爲，爲此我深感遺憾和抱歉。然而，國際獅子會大力支持這項工作，讓我備受鼓舞。他們在世界各地開設免費診所，矯正兒童的視力，據點從奧克拉荷馬州的布萊克威爾到中國青島都有。爲了讓人們看得更清楚，爲了預防新生兒失明，成千上萬名眼科醫生在紐約等地盡心盡力奉獻。最近，威廉・霍蘭德・威爾默醫生與約翰霍普金斯醫學院在巴爾的摩開了一家聯合醫院。威爾默醫生是世界知名眼科權威，目前已停止私人執業，致力於眼部疾病相關教學與研究。

紐約醫生身邊總有一大群護理師指導病患遵行醫囑。許多病人不僅貧窮，教育程度也不高，不少人既不會說、也聽不懂英語，因此這些護理師的工作非常重要，也非常必要，雖然所費不貲，但該做的還是要做。有些人把紐約描繪成一座自私自利、只會奪取一切而不回饋的城市；我希望這些人能看到紐約也有了不起的地方——他們的醫護人員把這項艱巨的任務處理得很好。

美國盲人基金會的目標在於整合分散又雜亂無章的工作，避免疊床架屋、浪費精力，同時指導地方相關組織，確保每一類盲人都能得到所需的協助。

四年前，我們開始爲基金會發起募捐活動，獲得社會大衆熱烈支持。我們花了三年的時間，從東岸到西岸，在全國一百二十三個城市進行了二百四十九場演講，聽衆超過二十五萬人。此外，我們還參加了無數午餐會和招待會，不斷打電話聯絡可能對基金會工作感興趣的人，就像那些參加競選活動的政治人物一樣疲於奔命。不過我們有個政客沒有的優勢，那就是我們的計畫能吸引各界人士關注，而他們只能獲得一小部分人的支持。

有些自以爲聰明的人說，年過四十就別期待生活中會出現什麼驚喜。我覺得這句話不太對。我這輩子最大的驚喜就發生在我四十歲生日之後，其中有許多都與我爲盲人做的事有關。亨利．范戴克博士就是帶來驚喜的人之一。

當時基金會募捐活動要選一位全國統籌主持人，我腦海中閃過艾伯特．哈伯德的話，「如果想完成什麼事，就去找你認識的最忙的人。其他人是不會有時間的。」我立刻想到范戴克博士。他是個大忙人，我能一一想起他過去二十五年來做的事：在普林斯頓教書，進行了幾年的全國巡迴教學演講，做了三年的外交工作，世界大戰期間當過一年海軍，寫了許多深受讀者喜愛的作品，花了很多時間探索、認識大自然，還撫育了五個孩子和九個孫子。即便扣掉他走訪諸多水域釣魚的時間，我仍覺得范戴克博士就是我們要找的人。他就是絕佳首選。

范戴克博士是那種會在你遇到困難之時出手相助的朋友。他會為了自己關心的人事物不厭其煩地日夜操勞。「我並不是樂觀主義者，」他說。「這個世界和我自身都充滿太多的惡；但我也不是悲觀主義者，這個世界和上帝都懷有太多的善。我只是一個淑世主義者，想盡點綿薄之力改善這個社會，相信上帝會讓世界變得更美好。」

剛起步時，奧圖．卡恩先生的慷慨和熱忱帶給我們很大的幫助。他的仁慈與善舉不僅嘉惠本國盲人，更點亮了英國盲胞的黑暗世界。

當時全國各地的報紙爭相報導這項活動，教會、學校、猶太教會、婦女社團、青年聯盟、男女童軍和服務性社團，尤其是獅子會，都在各方面給予我們很多協助，例如籌備會議、募集資金、舉辦午餐會和捐款捐物資等。獅子會還特地將盲人視為主要扶助對象，就像扶輪社特別關懷、服務殘疾兒童一樣。

令人欣慰的是，無論走到哪裡，各界人士都很願意也很樂意與我們合作。一九二六年冬天，我在華盛頓待了一週，范戴克博士也從普林斯頓趕來協助我。我們抱著很大的期待，希望首都能聽見盲人的聲音。華盛頓果然沒有讓我們失望。他們不僅建立了國家盲人圖書館，每年還會撥款用以印製浮凸文字書籍，而失明士兵的復健療程推廣也始於這座城市。

某天中午十二點，我和蘇利文老師去白宮拜訪柯立芝總統。他非常親切地接待我們。先前耳聞他很冷淡，但當時的我完全沒有這種感覺。雖然他只能在百忙之中抽出幾分鐘的時間聽我描述基金會的情況，可是他聽得很認眞，接著把我的手指放在他唇上說：「我對你們在做的事很感興趣。我會盡我所能與你們合作。」

柯立芝總統以行動證明他的誠意，不僅成爲我們的榮譽主席，還寄來一張個人支票，慷慨捐贈基金會一大筆錢。柯立芝夫人是個情感豐沛的人，每句悲傷的話語都能打動她的心。她告訴我，她一直在關注失聰人士（她多年前曾在北安普頓教聾啞人士讀書），很樂意幫助我們，爲盲人的世界帶來光明。

另外，我也拜訪了參議員博拉、湯瑪斯．夏爾（盲人參議員）與蘭辛夫婦。他們都竭盡所能地幫我，讓這趟華盛頓之旅大獲成功。吉伯特．格羅夫納先生及其妻子（即貝爾博士的女兒，我的兒時玩伴艾爾西）、菲爾和萊諾・史密斯、弗雷德里克・C・希克斯夫人、德國大使馮馬爾贊先生和約翰・海伊的女兒華茲華斯太太等人也都給予我們許多資助和支持。

底特律的身心障礙聯盟主席查爾斯・坎貝爾先生是我認識多年的好友，也是扶盲工作的戰友。多虧他孜孜不倦的努力，盲人運動獲得全城人民的關注。青年聯盟特別舉辦了一場募款會，那天晚上我們就募得四萬兩千美元。我離開後，底特律民衆對盲人的關懷並未就此停歇，最近幾天我還收到來自當地民衆的支票，金額從一美元到五百美元不等。底特律之所以成爲這場神聖旅程中收穫最豐的一站，都要感謝亨利・喬伊夫婦、席伯夫人、沃倫先生、W・O・布里格斯先生、費希爾六兄弟、艾茲爾・福特夫婦及其他善心人士。

離開底特律後，我們來到費城。這是第二場募款會，當時費城人民對盲人基金會及其宗旨知之甚少。主持這場集會的是愛德華・巴克先生，范戴克博士熱情激昂的演講與充滿智慧的話語如潮水般傾瀉，注入人心。那個週日下午，我們便籌得兩萬兩千美元的善款。

至於聖路易和芝加哥兩大城市，當地服務盲人的工作人員請我不要發表演說，我們也尊重他們的意願。不過，有個城市邀請我們，卻又冷漠以待，那就是水牛城。出於某種原因，我無法理解他們爲什麼拒絕關心這場全國性的助盲工作。當天我一到禮堂，發現參與者只有二十人左右，心想一定是日期弄錯了。但是……唉！那種受傷的心情實在難以平復。大家對我們的活動完全不感興趣。整整五天，我只募到約三千美元。羅徹斯特的人口雖然只有水牛城的一半，但不到五天，我們就募得了一萬五千多美元。當然，這樣的好成績有一部分要歸功於里昂夫人。多年前，我、蘇利文老師和貝爾博士到里昂夫人執教的羅徹斯特啓聰學校參訪，那是我第一次見到她。另外，我還要感謝哈伯・席比利先生及其夫人全力支持基金會的工作，盡心幫助盲人。

我原以爲電影圈的明星可能會被我們的訴求感動，給予同情，因爲「光」與他們的生活息息相關，更是他們賴以生存的重要元素。但我錯了。我寫了一封又一封信送到各大片場，除了瑪麗・畢克馥外，我沒有收到任何回覆，那種杳無音訊的沉默甚至刺痛了我失聰的耳朵。收到瑪麗・畢克馥和她先生道格拉斯・費爾班克斯回信那一刻，我的心不由自主地顫抖，難掩激動。

不用說也知道，我從小就知道瑪麗・畢克馥這號人物，就像孩子熟知童話故事裡的角色一樣。我從沒想過這種虛幻的「認識」有朝一日會化為現實，但有時童話中的美夢的確會成真。我還清楚記得那一天，過去只存在於腦海中的瑪麗搖身一變，成為臉上堆滿笑容、活生生站在我面前的年輕女孩。我們受邀片場和她共進午餐，當時她身穿褪色格紋洋裝，腳踩綴有補丁的鞋，頭髮編成兩條金色長辮，急忙從一間小農舍跑出來迎接我、蘇利文老師、湯姆森小姐和基金會工作人員查爾斯・海斯先生。她說費爾班克斯先生很快就會到，不過我們不用等他。「我們拍電影時的作息都不太規律，」她說。「所以大多時候都住在片場，方便工作。」當時她正在拍《小安妮・魯尼》，費爾班克斯先生的《蘇洛之子》則剛殺青。席間我向瑪麗說明來意（我實在很難稱這個身材瘦小，穿著舊格紋裙和補丁鞋的女孩為費爾班克斯太太），她不但很專心聽，談吐也很有智慧。她告訴我，她在成為演員前曾參與舞臺劇演出，第一部戲就是扮演一個失明的女孩，還說她一直很想拍一部以盲人女孩為主角的電影。瑪麗生動地描繪故事大綱，問我願不願意在拍攝期間提供一點建議。我答應她屆時一定會來好萊塢，確保她的盲人女孩貼近真實，不會和許多影劇作品的設定一樣荒謬，刻意安排失明的主角做些盲人根本做不到的事。

吃完午餐後不久，費爾班克斯先生和他的導演唐諾．克里斯普就來了。費爾班克斯先生在拍攝過程中扭傷了腳，所以走起路來有點跛，克里斯普先生臉上則有一道被「蘇洛之子」鞭打所留下的傷口[13]。瑪麗把我們剛才討論拍片的事告訴費爾班克斯先生，說她想把一部分電影收益捐給盲人。「太棒了，瑪麗！」他回答。只可惜這部片後來沒有拍成。我想瑪麗大概是在情節構思上遇到了瓶頸，但我仍衷心期盼、祝福她能實現這個美好的計畫。

那天下午，我們一直待在片場看瑪麗拍電影。她讓我坐在外景拍攝地點體驗現場氛圍。當時的場景是兩個敵對的幫派狹路相逢，引爆一場混戰。我能感覺到瑪麗和她那一幫夥伴從我面前衝過去，兩方人馬互相叫囂。許多年輕男演員看到蘇利文老師在我手中不斷拼寫，忍不住好奇分心，所以這場戲重拍了好幾次。離別之際，我心裡湧起一股淡淡的酸楚；沒想到瑪麗居然願意在拍電影時抽空與我見面，她眞是個善良的好人！那嬌

13 譯註：唐諾．克里斯普（Donald Crisp）除了執導《蘇洛之子》外，更在片中軋一角，飾演反派人物賽巴斯汀。

小疲憊的身影、甜美溫柔的臉蛋，還有那雙捧著滿滿善意、沾著髒汙的暖燙小手，都深深烙印在我的腦海裡。

我在這趟旅途接觸了不少人，其中最愉快的回憶之一是和嘉莉・雅各布・邦德見面。我們開心地和她一起用餐，飯後在客廳裡欣賞她的歌聲。那些歌都是用她的詩作譜成曲，詞句與旋律都很美，讓人有種親密的熟悉感，彷彿只要在那裡待久一點就能學會哼唱了。

除此之外，我還參觀了路德・伯班克在聖羅莎的實驗花園，看到地球上從未發現過的植物、果樹和花卉，這些奇蹟都是我們身旁這位嚮導創造出來的。伯班克先生牽著我的手輕輕觸摸沙漠仙人掌，無論什麼生物碰到這種仙人掌都會覺得痛；接著他向我介紹從沙漠仙人掌培育出來的無刺仙人掌，不僅外皮光滑，觸感舒服，而且還很好吃。

我之所以這麼珍惜這些訪友的回憶，不光是因爲過程愉快有趣，也是因爲他們對盲人的關注與關懷帶給我許多溫暖。另一位致力於助盲的朋友是來自南加州帕薩迪納的約翰・威利斯・巴爾博士。他是個有求必應的好心人，曾用如火般熱情的言語爲美國十萬盲人發聲。

過去這兩年，我因爲答應要寫這本書的關係，必須投入大量時間創作，所以無法爲這場盲人活動進行巡迴演講，但我已經寫了很多信，這本書一完成，我就要再次上路。我們還有一百五十萬美元要籌。

令人欣喜的是，這兩年來我們仍不斷收到各界善心人士的捐助與饋贈。去年，小約翰・戴維森・洛克菲勒先生捐了五萬美元，以己身的雄厚財力做爲武器，將蒙昧無知逐出陰暗的堡壘。前幾天，他又捐了一筆數目相同的善款。米格先生也捐了五萬美元，少了他，基金會就無法熬過創始之初的艱困歲月。此外，菲力克斯・華伯格先生同樣捐了五萬美元，而創辦《瑪蒂達・齊格勒盲人雜誌》的齊格勒夫人之子威廉・齊格勒先生捐了一萬美元，克里夫蘭的山繆・馬瑟先生、哈利・高曼先生、紐瓦克的福爾德夫人（寫到她時，我心裡格外感激。她對我的關心是我這一生難得的福分）以及納森・霍夫海默基金會則分別捐助五千美元。克里夫蘭盲人之家創建人格雷瑟利先生慷慨地將款項放在我手中，我能感覺到他激動顫抖，似乎在門口募款的不是我，是他。由於目前捐款人數愈來愈多，實在無法於此一一列名感謝；雖然我只具名提及幾位捐贈者，但我並沒有忘記其他好心人，正因爲有他們一點一滴的付出與奉獻，才能累積這麼多資金，讓基金會化爲可能。湯姆森小姐拆信時，經常有支票從信封裡掉出來。這些支票有的來自普通學校或主日學校的學生，有的來自德國、中國或日本，有的來自退休軍人，有的來自失明或失聰人士。今天早上，我們收到底特律某個團體的五千美元善款，還有一位貧困女工一美元的心意。

值得一提的是，孩子對於募款的反應讓人感動不已。有些人帶著自己的小撲滿，把所有積蓄倒進我的衣兜；有些人寫信說了一些溫暖又可愛的話，還附上原本用來買汽水和糖果的錢。有個名叫布萊德弗・羅德的十五歲殘疾男孩在紐約恩迪考特的見面會上送給我一束漂亮的玫瑰，還捐了五百美元做爲永續基金。如今那些玫瑰早已凋零，那顆年輕善良的心也停止跳動，但他可愛的行爲會永存於我的心靈花園，終年燦爛盛開。

16

存在的本質

我滿懷憾恨地向研究人員解釋，
說我對世界的認知不只是透過感官，
還有奇妙的想像與聯想。
這些思緒會形成抽離又混亂的外部經驗碎片，
我再將之整合成和諧獨立的實體，
形塑出我對天地萬物的理解與感知。

現在我很少去想自身的缺陷，它們再也不像從前那樣讓我傷心難受。我曾痛苦地反抗掙扎，如今已在緊閉的人生大門外安坐下來，努力克制衝動暴躁的天性。我知道很多人同情我，覺得我是個「可憐的小傢伙」，在我身上很難找到活下去的力量，甚至認爲我無法觸及他們所知的一切，因此他們經常顯露出傲慢自大的一面，有時還對我有幾分鄙視和輕蔑。若他們在喧鬧的商店街上碰到我，臉上的表情就好像在百老匯見鬼一樣。每每遇到這種情況，我都會在心裡偷笑，繼續追逐自己的夢。許多人以爲自己看到的是殘酷的現實，我卻用愉快的幻象（也可能是眞相）讓自身際遇蒙上一層美麗的面紗，如果沒有這層紗，我就眞的失去了活著的理由。不過，若一個人了解事物的本質，就不會爲各種定義爭論不休。我覺得自從找到人生的樂趣後，我就掌握了存在的本質。

要是能擺脫身體缺陷，獲得些許自由，感覺一定很棒！要是能帶著包包和家裡的鑰匙隨意進出，獨自在小城裡漫步，不必向任何人報備行蹤……要是能自己看報紙，無須他人協助……要是自己能逛逛商店，挑一條漂亮的手帕或一頂好看的帽子……要是這些都能實現，那該有多好！

唉，可惜現實並非如此。我有時不得不用同個姿勢坐上好幾個小時，不敢東張西望，也不敢晃動手臂，以免別人盯著我看或是誤會我的動作，這種情況著實令人厭倦。當然，我看不見別人的目光，但我身邊總有視力正常者陪伴，有時他們看到別人對我的反應都覺得很尷尬。聽說東方人會避免直視盲人，而阿拉伯人在進入盲人的居所時會用手遮住眼睛。眞希望美國人也能這樣敏感、貼心爲他人著想。我非常理解其貌不揚的小泉八雲爲什麼想移居日本，因爲那裡的人彬彬有禮，不會一直注意他的外表。

我聽起來好像在抱怨。事實上，此時此刻我正坐在書房，沉浸在書海裡，享受賢人與智者的陪伴。有時我會想，如果當年豪伊醫生缺乏豐富的想像力，沒有意識到感官完全封閉的蘿拉其實也有不朽的精神世界，我的人生會變成什麼模樣？畢竟豪伊醫生開始教蘿拉時，那些和我一樣失明失聰的人在法律上被界定爲白痴。豪伊醫生博士經常引用布萊斯頓的話：

> 若一個人只能認出自己的父母、知道自己的年紀等諸如此類的事，就算他的智力程度很低，也不算白痴。但若一個人天生就是聾子、盲人或啞巴，會被認爲不具備理解能力，因其缺乏得以創造思考的感官知能，在法律上等同於白痴。

我仍清楚記得關於蘿拉的回憶。我幾乎是在認識第一個單字時就對她感興趣了。蘇利文老師在柏金斯啓明學校時和她同住，兩人很熟，就是蘿拉教她手語字母的。蘇利文老師告訴我，蘿拉得知她要去阿拉巴馬州教一個盲聾兒童時非常興奮，還提出許多教學建議，要蘇利文老師別寵壞我。啓明學校的女學生送我一個洋娃娃，蘿拉還特地幫娃娃縫製衣服，而這個洋娃娃正是我學會第一個單字的推手。我剛開始上課那段時間，她也經常寫信給蘇利文老師。

後來蘇利文老師帶我去參觀柏金斯啓明學校，蘿拉是她介紹給我認識的第一批人之一。我們去找她的時候，她正坐在房間窗前用鉤針織蕾絲。她一下子就認出蘇利文老師的手，似乎很高興老友來訪。她親切地吻了我，可是一知道我想摸摸蕾絲，就立刻把手邊的織品收起來，用力在我手裡寫道：「我怕妳的手不乾淨。」蘿拉的手很漂亮，非常秀氣修長，手勢也很豐富。我又想碰碰她的臉，但她像含羞草一樣猛地迴避我探詢的手指，理由就和不能碰蕾絲的原因一樣。蘿拉非常高雅，很講究整潔，而我卻大剌剌又靜不下來，讓她很受不了。「妳還沒有教她舉止要優雅啊。」她對蘇利文老師說，接著一字一頓在我手裡用力拼寫：「拜訪女士時不能沒有禮貌。」後來我又想席地而坐，蘿拉立刻把我拉起來，再度寫道：「妳穿著乾淨的洋裝，不能坐在地上，這樣會把裙子弄皺，懂了嗎？要好好記住喔。」

道別時，我急著想親她的臉頰和她說再見，結果不小心踩到她的腳。她很生氣，我覺得自己就像主日學課本上說的那種壞女孩。

後來她跟蘇利文小姐說我「頑皮活潑，一點也不愚鈍」。我覺得她就像我以前在花園裡摸到的雕像，動也不動，雙手冰涼，猶如生長於暗處的花朵。

表面上看來，我和蘿拉的經歷非常相似，因此經常被拿來比較。我們失明與失聰的年齡差不多，雖然父母和朋友對我們特別好，但由於沒有足夠的出口來表達、宣洩內心的渴望，導致我們變得非常任性焦躁，有時還會搞破壞。豪伊醫生在蘿拉七歲左右時出現，拯救了她的人生。豪伊醫生眼中的蘿拉是個身體健康的孩子，個性樂觀但容易緊張，有顆漂亮的大腦袋，而且充滿活力。蘇利文老師在信中幾乎是用同樣的話來形容我；更巧的是，我們都有藍色眼眸和淺褐色頭髮，我受教育的年齡也是七歲。

不過相似之處僅止於此。我們的學習方式其實截然不同。我應該要更深入描寫這個主題，但若要客觀比較我和蘿拉及其他盲聾兒童的教育，我絕對不是最佳人選，所以還是留給旁觀者評論吧。從我讀過的相關文章來看，蘿拉是個聰慧伶俐的人，而且求知慾很強。我相信如果由蘇利文老師來教她，她的表現一定比我更出色。

在我認識的盲聾人士中，有一個性格和想法都與我極爲相近，那就是柏莎·蓋勒倫夫人。她是法國人，我們倆書信來往已二十餘年。我和她都在書籍文字中找到最多快樂和自由，都覺得失聰比失明更痛苦，且我們的生命也都因關愛和友情變得美麗。正如蘇利文老師一直在我身邊爲我開路一樣，蓋勒倫先生過去三十年來時刻守護著她，幫助她戰勝每一個難題和阻礙。只是蓋勒倫夫人滿足於歌唱和夢想，而我則急切地想挑戰自己的極限。

蓋勒倫夫人十歲時完全喪失視力，幾週後又失去部分聽力。起初聽力受損的情況並不嚴重，只要稍微努力一點還是聽得清楚，甚至能欣賞音樂。她父親是一位傑出的法文教授，不僅對她關懷備至，疼愛有加，還讓她接受良好教育，培植文學素養與鑑賞能力。蓋勒倫夫人寫了好幾部戲劇作品，其中有兩部曾在巴黎演出；隨後她又創作了詩集，《在我的夜裡》是她最知名的詩作。她父親有許多朋友都是赫赫有名的人物，她很喜歡聽他們談智論理，其中一位便是法國大文豪雨果，而且雨果還爲她寫了一首詩，稱她爲「偉大的夢想家」。這倒是眞的，她的確運用自己非凡的想像力和記憶力洞悉生命，透察靈魂。

最後，蓋勒倫夫人完全失去聽力，澈底體會到痛苦的滋味。

有一天，她和先生出去散步，回家後兩人坐在一起看書。她在信中告訴我，她非常喜歡蓋勒倫先生的嗓音。「每次他讀書給我聽的時候，」她寫道。「我們兩人的思緒彷彿融爲一體，靈魂彼此相遇，感覺非常美好。」可是那天他們閱讀皮耶．洛蒂的《在摩洛哥》時，奇怪的事發生了。厄運悄然降臨。蓋勒倫先生才剛開始朗讀，她就覺得耳裡一陣嗡鳴，只聽見音節不斷重複，像失諧的回音一樣相互碰撞。幾分鐘後，她只得帶著絕望放棄。過了一、兩天，不管聲音也好，噪音也罷，她全都聽不見。用她的話來說，「她的耳朵死了」。自此之後，她再也無法踏足音樂殿堂，過去熱愛的文人學者精采對談也化爲無聲。

幸好，蓋勒倫先生會寫點字。他開始和書寫板形影不離，只要能讓愛妻高興，只要能安慰她、鼓勵她，他什麼都願意寫。每天傍晚，蓋勒倫夫人都像遇上船難急盼救援的人一樣，希望蓋勒倫先生快點下班回家。他溫柔的愛總能將她從噩夢中喚醒。蓋勒倫夫人說，為了克服失聰造成的種種困境，他們付出了常人無法想像的努力，直到他們從《假如給我三天光明：海倫凱勒的人生故事》中得知我能讀脣語，才覺得終於有人懂他們的心情。我們之間就這樣搭起友誼的橋梁。蓋勒倫夫人問了我很多關於脣語的問題。她第一次嘗試，就能從朋友的脣間讀懂埃雷迪亞的十四行詩。她滿懷喜悅地寫信給我說：「這次成功讓我好開心、好振奮！我得救了！能與所愛之人溝通的感覺美妙無比，現在我可以盡情享受這份甜蜜了！」

今天我又收到蓋勒倫夫人的信，裡面還附上她用點字寫的詩。這些珍貴的詩篇能讓後人明白何謂內在的勇氣與甘美。我想，若有一天法國的將軍和政治家遭世人遺忘，這些詩歌仍可做為永恆的見證，向大家證明儘管不幸與災難壓垮了我們的外在生活，我們依舊擁有無可征服的精神力量。

希奧多西婭・皮爾斯是我印象最深的盲聾人士。這位可愛的女孩來自加拿大布蘭佛德，命運對她非常殘酷。她不僅在十二歲那年失去視力和聽力，更飽受脊椎側彎的折磨，整整三年都被綁在床上。她曾用優美的詩體寫信給我，寫了好幾年，之後她來到紐約，說她無法壓抑自己想冒險的渴望。與病魔纏鬥四年後，她虛弱的身體再也無力承受病痛，就此香消玉殞。生前她寫了一本名為《小燈籠之光》的詩集，將書獻給我。

海倫．舒茨是另一位盲聾女孩，她證明了即使身體有缺陷，靈魂依舊能高聲歌唱。十四年前，她被紐澤西盲人委員會會長莉迪亞．海斯小姐收養，而海斯小姐本身也是盲人。她常用顫抖的手指情緒激昂地告訴我，看到蘇利文老師把我教得這麼好，她也決心要幫助盲聾兒童，讓對方的生命充滿喜悅與幸福的光芒。在她的關愛澆灌下，一個孤單憂鬱的孩子長成一名快樂的妙齡女子，令人大為動容。另一個女孩海倫．馬丁也有類似的經歷。她從小就沒聽過一點聲音，沒見過一絲光明，卻很會彈鋼琴，凡是聽過她演奏的人無不讚嘆她細膩靈敏的觸覺，而這都要感謝我的朋友蕾貝卡．麥克小姐。她為海倫籌募了一筆善款，讓她有機會展現自己的音樂天賦，我都說她是「盲聾人士的守護神」。

我曾收到來自內布拉斯加啓明學校一位十三歲女孩的來信。她是個快樂的孩子，字裡行間洋溢著她從學習中汲取的歡樂，透過那些布滿凸點的信紙，我彷彿看到她對我露出燦爛又淘氣的笑容。她說她每天都忙著學新的東西，沒有時間去想生活中種種不幸。幾年前，我代表盲人去底特律時和她見了面，她已經結婚成家，先生是福特汽車公司的員工。她告訴我，她先生發揮巧思，把他們的家設計成「全世界最可愛的小家，一個屬於我的家，」說完她又急切地伸出小手匆匆補充，「還沒完呢——我們有一個健康又可愛的兒子，已經七歲了。我擁有女人想要的一切！我的人生沒有殘缺，再完整不過了！」

另一位有趣的盲聾女性是凱蒂．麥吉爾，她在《瑪蒂達．齊格勒盲人雜誌》工作多年，為自己和母親賺取生活費。她每個月都要看雜誌校樣，還要幫不懂點字的編輯霍姆斯先生謄打幾百封來信。由於霍姆斯先生也不懂手語字母，因此會在凱蒂的掌心、手臂或背上拼寫，用這種方法和她交談。在此我要很開心地告訴大家，凱蒂現在在紐約州享有一筆小額的退休金。

我經常與湯米．史特林格見面，每次和他相聚都很開心。我和湯米從小就認識了，上次看到他時我在紐約的雪城隨歌舞雜耍劇團表演，他和幾位朋友就住在那裡。他很自豪地告訴我，他靠製作板條箱和編織生菜籃為生，還說他的房間裡裝滿了工具和自己發明的東西。我想起當年躺在醫院病床上的小男孩，不但失去了光明，更沒有家人照顧，身邊也沒有人愛他、關心他。還好我和蘇利文老師成功勸服阿納諾斯先生讓湯米去盲人幼稚園，現在想來眞是慶幸。

關於盲聾人的故事，我可以一頁又一頁不停寫下去。這個群體比其他身心障礙人士更能吸引我的注意。我擔憂的是，四十年過去了，我早已重獲生而爲人的權利，但還有很多人永遠生活在黑暗與無聲的世界，他們的生存問題至今仍未解決。

衆多難題中須盡快處理的是全美盲聾人口普查。蕾貝卡．麥克過去兩年一直在進行這項調查，截至目前爲止，她已整理出一份名單，上頭有三百七十九個名字。許塔德曼神父認爲，若加上體弱多病的人和年長者，總數可能多達兩千人。麥克小姐掌握的名單中有十五名兒童已達入學年齡，亟需接受教育。

常有人問我該如何教育盲聾兒童，希望我能給點建議，提供最佳解方。但這些孩子四散於全國各地，而且沒有幾個父母負擔得起家教費，即便付得起，也很難找到願意到府授課的特教老師。無論是請啓明學校還是啓聰學校的老師去照顧這些失去視聽能力的孩子，都很強人所難，這樣的安排對老師和學生都不公平。況且這項工作並非一般教師能勝任，一定要找那些經過特殊培訓、有才能又有想像力的老師才行。除此之外，每個孩子的情況各不相同，必須因材施教，視個人情況給予不同的關注。

雖然爲這些孩童開辦特殊學校或許是個幫助他們的好方法，也是最明智的選擇，但我個人不贊成這麼做。我寧願看到各州爲盲聾兒童設立專款基金，讓他們進入州立啓明學校，派一位特教老師協助指導，這樣他們可以認識新朋友，與其他孩子一同生活。假如建立一所全國性的學校，他們就必須離家求學，失去家人的陪伴。我之所以選擇啓明學校而非啓聰學校，是因爲盲人的語言學習能力相對較強。根據柏金斯啓明學校的經驗，失明的孩子很快就能學會用手語字母與盲聾人士交談。

盲聾兒童早期教育的重要就算強調千萬次也不過分。舉例來說，蓋勒倫夫人就很幸運，能在失聰的痛苦來臨前學會使用語言。値得慶幸的是，她的教育並沒有出現斷層。如果一個人剛失明失聰就接受教育，或可成功留存大量感官印象；如果一個孩子曾學過說話，那他的語言能力或許不會消亡。要是受教育的時間太晚，他們就會失去學習的動力與渴望。

這類孩子很少有什麼特殊天賦。他們的殘疾經常影響心智發展（但還是有例外），且根據相關測驗結果顯示，他們的感覺器官也沒有特別發達。我本人就是這樣。

我這一生接受過大大小小數不清的檢查。身體機能健全者總是對我充滿好奇，想知道像我這樣缺乏一種或多種感官能力的人要怎麼判斷周遭環境。

盲童的玩伴也很喜歡考驗他們的能力，像是看看他們能否在陌生的地方辨別方向，或是知不知道他們手上放的是什麼東西。一般來說，孩子的觀察都很實事求是，不像大人容易加油添醋。他們很坦率地說，如果踮腳走路，就算走到很近的地方，盲童也感覺不到；或是盲童一開始分不出來誰是誰；要是有人站在路中間，盲童會撞上去等等。他們的結論也許有些粗淺，但絕不帶有任何偏見。

相反的，成人研究者往往相信個體若失去某種感官能力，其他感官會變得更加敏銳。事實上，這種所謂「更加敏銳」的能力不過是大量運用與高強度訓練的結果。一旦眼睛看不見，其他感官勢必要承擔更多責任，再加上自然訓練，能力當然會有所提升。

大部分的人都不知道觸覺的應用範圍有多廣，很容易將觸覺局限於指尖。其實觸覺支配著我們全身上下每一寸肌膚，如果有需要，它可以變得異常敏銳，產生極高的識別力，可說皮膚上每顆的微粒都是一個小觸角，它們與外在環境互相接觸，進而讓大腦做出判斷，辨別觸覺帶來的體驗與感受，例如冷、熱、痛、摩擦、光滑、粗糙及物體表面的細微振動等。

這種感覺就是我與外界溝通的主要途徑。手是最發達的感覺器官，指尖的神經數量遠超過其他肢體部位。但手的功能之所以強大，不完全是因爲神經密布的緣故。拇指與其他四指的結構，以及手腕、手肘和手臂的運動，都讓手有更多機會感知、接觸外部世界。

觸覺實驗在感覺研究領域中占了一大部分。最近哥倫比亞大學神經學教授蒂爾尼博士邀我做了一些實驗，試圖以精確的科學方法來探究感覺的本質。我不知道世界上有沒有人像我一樣成爲醫生、心理學家、生理學家和神經學家仔細研究的對象。目前我應該只有兩種實驗沒經歷過，那就是活體解剖與精神分析。對科學家來說，我就像隕石、太陽黑子或原子。謝天謝地，我還沒被分解成離子和電子。我想他們遲早會把氦原子中帶電的 α 粒子植入我遲鈍的身體裡，再讓原子核裂變成無數個粒子。假如那天眞的到來，唯一讓我感到安慰的是，那些迷你版的我再也不必擔心會被計程車撞到了。

科學家把各種奇形怪狀、有著冗長希臘名稱的精密儀器帶進我的生活，不時折騰我。它們就像惡魔仔細記錄、核對我的缺陷和特徵，任何一個愛講閒話的人都能把這些數據死背下來，公諸於世，讓全世界知道我的祕密。我就像卡西烏斯一樣想哭，那些靈敏的設備居然把我微小的心智活動一點一滴攤在陽光下，直到它們「看起來就像雄偉的奧林帕斯山！」

每次檢測我都要鼓足勇氣，等待殘暴的儀器發動攻擊。這些機械嗡嗡作響，以精準的力道在我身上又掐、又刺、又擠、又壓、又戳。一個監控我的呼吸，一個數算我的脈搏，一個測試我覺得是冷是熱？有沒有臉紅？知不知道什麼時候該哭，什麼時候該笑？恐懼與憤怒的滋味如何？像個木陀螺不停旋轉有什麼感覺？像顆大電池迸出火花有什麼感受？好玩嗎？我順從地讓他們用橡膠皮帶綁住我的手腕，「會太緊或太鬆嗎？」「哦，沒關係，一點也不痛，反正我的手臂已經痲了。」

接下來是一連串振動測試，音叉和鐃鈸紛紛登場。一個看起來像吸塵器的裝置爬上我的背，整個「管弦樂團」開始大聲咆哮，傳來極端混亂又嘈雜的震顫，最後再以小巧的觸覺計收尾，測量我能感受到多少強弱振動。

然後我的頭又被塞進一個像老虎鉗的儀器，手指和關節快速上下移動。他們會問我是哪根手指、哪個關節在動？運動方向是往上還是往下？我的答案全憑直覺，只能仰賴機器說出眞相。

一輪又一輪測驗持續好幾個小時，大家似乎都在質疑我的感覺系統。結果出爐的時候，單調細碎的低語彷彿在告訴我，測得的數值與期待相去甚遠。檢查開始前，我還信心滿滿，以為自己的感覺能力比健全者更好，但那些儀器設備就像兒時玩伴一樣坦率說出實話——我的感覺能力就和其他人一樣，除了自身殘疾外沒什麼特別之處。我滿懷憾恨地向研究人員解釋，說我對世界的認知不只是透過感官，還有奇妙的想像與聯想。這些思緒會形成抽離又混亂的外部經驗碎片，我再將之整合成和諧獨立的實體，形塑出我對天地萬物的理解與感知。

真希望在我有生之年能看到有人發明出解讀大腦思考過程的儀器。儘管這些實驗有時會得出草率的結論，我還是很重視這些研究；雖然我的貢獻不多，但我很高興能參與其中，幫忙取得一些結果。我相信，我們總有一天能測定感官經驗的本質，解析其所產生的概念和認知，探索內在思維與外在世界整合的過程，而且準確度極高。若蒂爾尼博士在我身上做的試驗能讓大家進一步了解這個重要範疇，我付出的時間與身體受的那點苦就有了豐厚的回報。即便沒有知識上的進展，我還是有所收穫，因為這些研究讓我有機會認識蒂爾尼博士。

我在這本書中試著向大家證明，就算一個人聽不見、看不見，依舊能憑藉自身堅強的信念與敢於冒險的勇氣創造出美好的生活。我的一生就是一部「友情編年史」。我的朋友，我周遭所有人，每天都在為我構築新的世界。要是沒有他們的關愛，我就算鼓起所有勇氣也活不下去。不過，就像《金銀島》作者史蒂文生一樣，我知道與其空想，不如付諸行動。

沒有人比我更了解身體缺陷帶來的痛苦與剝奪感。我很清楚自己的情況，若說我從來不覺得難過、沮喪或掙扎是不可能的，但我很久以前就決定不再抱怨了。就算是為了別人，重度傷殘人士也必須努力快樂地活下去。宗教存在的目的就是要讓我們面帶微笑，勇敢奮戰到生命最後一刻。這也許稱不上什麼崇高的理想，但與「向命運屈服」相比，兩者天差地遠。當然，想改變命運就必須付出努力，也需要朋友的支持與安慰，更要保持堅定的信念，相信上帝有美好的計畫。

回首人生，我感到心滿意足，因為我知道自己已經「擺出小貓頭鷹的模樣」。英國詩人與作家愛德華．費茲傑羅在寫給朋友的信中說道：「我的祖父養了幾隻不同種類的鸚鵡，牠們各有本領。我記得其中有隻叫比利，我祖父說牠蓬起羽毛的樣子頗有貓頭鷹的風範。只要有人稱讚其他鸚鵡很棒，認爲牠們更厲害，我祖父就會說，『你們這樣比利會很傷心——來吧，親愛的，擺出小貓頭鷹的樣子吧！』所以我也擺出小貓頭鷹的模樣。」費茲傑羅指的是他剛完成的《大堂故事》（*Tales of the Hall*），而這也是我對自己人生的看法。我已經擺出了小貓頭鷹的模樣。

17

友情物語

就算一個人聽不見、看不見，
依舊能憑藉自身堅強的信念與敢於冒險的勇氣
創造出美好的生活。我的一生就是一部「友情編年史」。
我的朋友，我周遭所有人，每天都在為我構築新的世界。
要是沒有他們的關愛，我就算鼓起所有勇氣也活不下去。
不過，就像《金銀島》作者史蒂文生一樣，
我知道與其空想，不如付諸行動。

想到有時人們會因爲我的生活圈太小而爲我感到惋惜，我就忍俊不住。事實上，親朋好友、書報雜誌、雜誌、旅行和寫信等都能替我打造出一個有趣又繽紛的世界。有些朋友覺得我很可憐，但我擁有的其實很多，他們的同情反而讓我爲自己所有的一切感到驕傲。

所有非點字讀物都需要別人拼寫給我聽。早餐時，湯姆森小姐會拼讀當天報紙上的標題，我再決定想聽哪些新聞。雜誌也是一樣。替我拼讀的人有時是湯姆森小姐，有時是蘇利文老師，或是某個正好來訪又懂手語字母的朋友。我就這樣讀了《美國信使》（*American Mercury*）、《大西洋月刊》（*Atlantic Monthly*）、《世界之作》（*World's Work*）、《哈潑》（*Harper's*）和《旁趣》（*Punch*）以及其他雜誌。

蘇利文老師每個禮拜都會拼《國家》雜誌讓我讀。我非常欽佩雜誌主編奧斯瓦德·蓋瑞森·維拉德先生；在美國，能與刊物齊名的編輯寥寥可數，他就是其中一位。他像太陽一樣發光發熱，追求愛、信念與個人自由，而且從不悖離現實，也不屈服於權貴，不會爲了取悅別人粉飾太平、美化社會種種不公。我常想，要是國內有更多像維拉德先生這樣的編輯，新聞媒體業的水準一定會變得很高。

點字雜誌經常轉載這些書報雜誌裡的文章，有時我甚至覺得盲人刊物比一般刊物更棒。許多紙本雜誌編輯很慷慨，允許我們無償使用他們編纂的素材，而我們的編輯又總能選出最好的文章，因此盲人讀物完全沒有瑣碎又無關緊要的內容。然而，我們的刊物也和一般報章雜誌一樣受到讀者閱讀能力的限制。

除了點字雜誌外，很多朋友也直接用點字寫信給我，有些人則一句一句抄寫成點字後再寄過來。我特別喜歡用自己的手指讀信，若是別人拼寫給我讀，感覺就少了點隱私，好像那些信不完全屬於我。我加入麻薩諸塞州盲人委員會時，他們就替我把所有資料轉印成點字，現在美國基金會也把公告、特殊書信與通訊錄都謄寫成點字文件。

我的朋友艾德娜．波特曾帶著點字書寫板環遊世界，好把她認為我會感興趣的風土民情記錄下來。對於一個不習慣點字書寫板的人來說，用如椎子般的點字筆刺扎文句不僅費神費力，速度也慢到讓人心焦，感覺不太適合邊旅行邊寫。

艾德娜寄來的大多是明信片，上頭寫著短短幾句歌詞或幾行話，用詼諧的筆調描述旅途中的精采趣事，跟我分享她的種種奇遇和冒險。

讀到她聽見大西洋上的冰山嘎吱作響，我也跟著膽戰心驚；我彷彿和她並肩站在肯辛頓花園裡，與她一同飛越海峽，「變成一個小黑點，在高高的藍天上翱翔。」

我和她一起在巴黎漫步；在盧森堡花園前和那座名為《盲》的雕塑四目相對；在巴黎聖母院為無名士兵舉行的彌撒中低頭默哀；我去了小島探訪法國女演員莎拉・伯恩哈特的花崗岩紀念碑，她的祖先曾住在這裡捕鯨為生。我匆匆經過德國，懶洋洋地在威尼斯巷弄間穿梭，欣賞「明月當空，船夫清歌，輕輕掠過水道兩側的建築」。

我站在羅馬競技場裡，站在維蘇威火山前，接著往東方前進。

最後我來到恆河畔，聆聽聖水「唵——唵——唵——」地吟誦著神祕咒語，遊覽泰姬瑪哈陵；我去了中國，看著在地的官吏策馬飛馳；櫻花盛開之際，我又到了日本，「花瓣如雪花般飄落，寺院的鐘聲悠揚低迴，人們紛紛前往神社祈福。瞧！那些女人背著孩子，那些男人穿著和服，腳下蹬著十公分厚的木屐，喀噠喀噠地穿過街道。」

無論是寫信或聊天，艾德娜的字裡行間都挾著滿滿熱情，彷彿在說「我好慶幸自己熱愛人群。我喜歡人們純眞和善地跟我交談，覺得這個世界樂趣無窮。能有這種感覺眞好！」

另一位朋友愛德華・霍姆斯則盡心竭力地帶我探索科學。我在讀劍橋大學吉曼女子學校時就認識他了，當時他在麻省理工念建築系。他是我認識的第一個加州人，所以我總覺得他是隔著金門大橋跟我說話。後來我去加州找他，還和他一起遨遊舊金山，度過許多快樂時光。現在他搬來紐約，因此我們倆時常見面。

船隻和燈塔對他來說具有難以抗拒的誘惑。二十多年來，他一直想發明一種可透過導線控制自動導航裝置的航海羅盤，更耗費十年的時間努力不懈地研究。

根據船員的說法，任何人都不能動船上的磁羅盤。然而從古至今一直有人想挑戰禁忌，這是人的天性，愈是不能做的就愈要去做。航海家聲稱，宇宙間有負責掌管船隻的神靈，祂是神聖的領航人，會指引船隻橫渡海峽，平安返回港灣；一旦亂動磁羅盤，就會毀滅這位神靈。但霍姆斯先生可不這麼認爲。他經過多年研究，探索各種羅盤的功能和特性，認爲磁羅盤可以透過電流感應辨認方向，可是有些船員卻以傲慢的眼光蔑視他，說「老是有傻子以爲自己懂得比造物主更多！」於是，霍姆斯先生看著羅盤，羅盤也回望著他，彼此揣測對方攻擊與防禦的能力。他多次描述自己發現磁羅盤在通電情況下準確指出方向的過程，發現我是眞的想聽後，便依據我的理解力耐心說明。我們就像兩個男人一樣聊了起來，心無旁鶩地專注於眼下的話題，討論凱爾文羅盤、里奇羅盤、迴轉羅盤以及他的航海磁羅盤。此外，霍姆斯先生還研發出一種與羅盤相關的工具，名叫航線方位指示儀。這個發明非常神奇，就像一隻優秀的看門犬，不眠不休地監控船隻動向，只要偏離既定的航線，就會立刻發出警報。這個靈敏的裝置不僅能節省時間和燃料，更能避免舵手主觀臆測，讓航海變得更加安全。

當今社會大家或多或少都聽過百萬富翁、外國名流或罪犯的姓名與言行，而霍姆斯先生這種眞正有所成就的人卻默默無聞。不過令人感到寬慰的是，發明霍姆斯專業羅盤與方位指示儀的霍姆斯先生仍會在歷史上留下一筆，不致被時間遺忘。

我與艾德娜和霍姆斯先生這樣的朋友在一起時，一點也不覺得有障礙，但若換成一大群人，特別是有陌生人在場的時候，我則寧願獨處。

獨處充滿樂趣，我會默默觀察周遭的人，用想像力和他們交流。我可以根據轉述的談話內容判斷對方是否沉悶無聊，透過肢體動作察覺對方是否緊張不安，藉由細微的顫動推測對方是否在用笑聲掩飾自己的尷尬。

除此之外，我還能從某種精神上的共鳴探知對方的心情。如果有個小姐坐在旁邊，我可以用讀脣語的方式判讀她臉上的表情，看看她是友善或活潑，同時注意到一些用來強調或渲染語氣、微妙又無以名狀的頭部與手部動作，進而推斷她是高興抑或傷心。如果她坐得比較遠，蘇利文老師或湯姆森小姐就會替我翻譯，而她們的拼寫（她們有時寫的東西和別人想的不一樣）也會讓我對訪客產生特定的印象。如果對方笑了，她們會告訴我；如果對方說到動情之處，她們會飛快按一下我的手，示意我配合他們的情緒。一般來說，大家來過一兩次後就會直接跟我交談了。

我的生活中有許多朋友。若要談及我做的事，那就不得不提到譚夫人。我一路走來無論遇到什麼特殊的困難，她都會伸出援手。雖然有很多人希望得到她的協助，她也早已不堪重負，但只要是我參與的盲人慈善活動，她都會慷慨解囊，例如為世界大戰中失明的歐洲士兵籌款，以及為美國盲人基金會募捐等等。即便知道我成為社會主義者，她也沒有收回對我的情誼與經濟上的援助。她曾多次勸我不要被那些狂熱分子利用，鼓吹荒謬的理論，嘴上不喜歡我這麼激進，心裡卻對我疼愛備至。約翰·布拉夏爾博士就是在譚夫人家向我介紹大型望遠鏡的製造流程，示範用手掌打磨拋光的動作。他的雙手因辛苦勞動變得傷痕累累。多座天文臺都使用布拉夏爾博士打造的望遠鏡，他描述自己透過鏡片看到的星星，還說「我覺得那些星星很黯淡，但我設計的鏡頭就和光一樣透明。」

法蘭克．杜布迪先生是我從大學時代認識至今的好友，我都叫他「艾芬迪」。二十五年前雙日出版社成立之初，他就幫我出版了《假如給我三天光明：海倫凱勒的人生故事》，而且一直很關心我的寫作生涯，讓我非常高興。重要的是，這本書他也傾注了許多心力。他早在十年前就力勸我寫下人生的新際遇，如今我付諸實行，每寫一個字都能眞切感受到他親和的協助與友善的鼓勵。

約翰．莫利曾在《回憶錄》中寫道：「卓越的出版人就像文化部長，非得有些政治家的手腕不可。」我想艾芬迪確實帶有這些特質。他身爲一個出版商，生活閱歷豐富多采，不但認識許多知名人物，還和他們培養出深厚的友誼。我想他在回顧自己的人生時應該很滿意，雖然經歷過許多顚簸和艱辛，最終仍闖出一片天，不僅事業有成、生活幸福，更結識許多好友，獲得大衆的尊敬與愛慕。

艾芬迪的胞弟羅素．杜布迪同樣與本書息息相關。每當我絞盡腦汁，就算大聲疾呼也喚不回創作靈感的時候，親切迷人的他都能捎來一股新鮮的氣息，讓我的文字充滿活力。有一次，我剛好卡在瓶頸，搜索枯腸，他便找我一起去花園城印刷廠周邊的美麗植物園走走，我的書就是要在那裡印製。我們在玫瑰花叢與常青樹林間散步，霎時間，文思有如呼之即來的獵犬躍入腦海，讓我精神爲之一振，當晚回家就寫完整整一章。

過去二十年來，我一直很懷念我的精神導師希茨先生溫暖的雙手。雖然他的腳步聲再也不會響起，但保羅．史培里先生、克拉倫斯．拉斯伯里先生、C. W.巴倫先生以及波士頓的喬治．沃倫先生等其他史威登堡的信徒[14]仍伴我左右，與我同行。我們之間那種精神上的親情羈絆照耀著我飢渴的靈魂，將當下化爲燦爛的片刻，讓我感受到滿滿的幸福與快樂。去年五月我在華盛頓新耶路撒冷教會大會上致詞，就有過這樣的體驗。一想起當時美麗的歡迎場面，我就覺得很感動。他們送上香氣四溢的鮮花，唱著聖歌〈愛永不離棄我〉，美妙的樂音在四周迴盪，衆人帶著眞摯的情感圍繞在我身旁，我們就像一家人一樣。

先前已提到教我說話的查爾斯．懷特先生，正是他和他太太讓我認識了馬克斯．海因里希。

14 譯註：伊曼紐．史威登堡（Emanuel Swedenborg），瑞典科學家與神學家，許多人受他的理論啟發，在他死後創立了新耶路撒冷教會。海倫．凱勒就是在約翰．希茨的影響下成為史威登堡的信徒。

「馬克斯是個浪漫的人，」懷特先生常提起他。「他一直是音樂界最受歡迎的人之一。雖然他現在老了，但還是很有趣又充滿魅力，令人難以抗拒。」

「你覺得他會喜歡我們嗎？」我壯起膽子問一句。

「旁人很難猜透馬克斯的喜好，」懷特先生回答。「但我可以請他來一趟，看看會發生什麼事。」

馬克斯來了，而且非常喜歡我們，還在我們家住了幾天，之後又來訪多次。我常和他在紐約的露喬餐廳一起吃飯。

我很快就對他深深著迷。他雖然上了年紀，感覺卻像氣質高貴的年輕人，言行舉止間展現出紳士風度與騎士精神。儘管他去世多年，我身邊也有不少朋友相伴，但我始終不曾忘記他略微跛扈的非凡氣勢，還有熱情、迷人又捉摸不定的性格。

他就像一本精采的書，無論走到哪裡都能創造出一個新的世界。他的生活並不幸福，但他了解所有世人得以體驗的喜悅。他不安分的天性、迷人的氣質與桀驁不馴的個性既帶給他快樂，也帶給他痛苦。鮮少有人能像他一樣把握機會、爭取權利，做自己想做的事，而他無所畏懼、特立獨行的風格也讓那些謹慎處事的人退避三舍，對他敬而遠之。

他的音樂成就燦爛輝煌，但我認識他時，他已經很少站上舞臺演唱了。他是個很敏感的人，知道自己的嗓音今非昔比，不過他有時會把我帶到客廳，唱幾首當年的成名曲給我聽。他在優美的伴奏中半歌唱半吟誦地演繹音樂劇《伊諾克．亞頓》。我一隻手放在鋼琴上，另一隻手觸摸他的雙唇。「看樣子我的表演很成功呢，查爾斯，」馬克斯用自嘲的語氣說。「她雖然看不見也聽不見，卻覺得我唱得很好聽。」每次他離開，我都覺得特別失落，就像孩子看完一本故事書，吵著要看下一本。

一九一二年二月一個寒冷的日子，喬琪蒂．勒布朗（即梅特林克小姐）[15]親至倫瑟姆，捎來莫里斯．梅特林克先生[16]的問候。那年冬天，她來波士頓歌劇院演出德布西的作品《佩利亞與梅麗桑》。她面容姣好，充滿自信和活力。雖然我用法語跟她聊天有點困難，但她熱情開朗、興趣廣泛，因此我們還是能跨越語言障礙，暢談無阻。她回法國後寄了一張卡片給我，上面還有莫里斯親筆題字，「致找到幸福青鳥的女孩，送上我的

15 譯註：法國歌劇女高音、演員與作家，是莫里斯．梅特林克的手足。
16 譯註：法國小說家，至今仍享譽盛名、在世界各地擁有眾多書迷的傳奇紳士怪盜亞森．羅蘋就出自他筆下。

愛與問候」。

蒙特梭利夫人[17]來美國演講時，我見過她兩次，第一次是在波士頓，第二次是在舊金山泛美博覽會，當時舉辦了一場大型會議，慶祝教育方面的成就。蒙特梭利夫人和蘇利文老師皆受邀在會議上發表演說，她對蘇利文老師讚譽有加。這段快樂的回憶至今仍讓我激動不已。

蒙特梭利夫人用義大利語和我們交談，說話時語調生動活潑，舉止優雅迷人，旁邊則有位漂亮的年輕小姐擔任翻譯。一聽到蘇利文老師的教學方法與她的概念相似，夫人立刻露出興味盎然的表情。她提到義大利教會對教育和思想抱持自由的態度，以及貧困對兒童產生的負面影響。她認爲，學習就像一場探險，應該要讓孩子盡情探索。「我不會用宗教來束縛孩子的心靈。」她說。

另一位幫助貧童的社會工作者是來自倫敦的瑪格麗特·麥克米蘭小姐。她告訴我，蘇利文老師的教育方法有如一股清冽的甘泉，造福了數千名不幸的英國兒童，而她本人就是用這個方法來照顧、教導孩子。

多年前，我在丹佛第一次見到林賽法官。當時他剛結束一場會議，在會中主張制定相關法案，補助有需要的媽媽。他情緒激動、義憤塡膺地向我抱怨社會的愚蠢與冷漠。「我們把孩子送進育幼院和托兒所，付錢請陌生人照看，與此同時，這些孩子的母親卻在照顧別人的兒女，打掃別人的家。妳不覺得直接把錢給需要的媽媽，讓她們照顧自己的孩子比較好嗎？任何有腦袋的公民都會認爲這樣比較合理吧？」

林賽法官說他知道自己面臨一場硬仗，但我想無論這場仗有多艱難，他都會勇往直前。當初他扮黑臉對抗警察公權力，打算創建獨立法庭，大家都說他瘋了；後來他眞的做到，成爲全球矚目的典範。除此之外，林賽法官也是公共遊樂場與公共浴池的推手，許多陳腐的法律因他的建議得以調整修改，趨於完善。當然，他對國家的貢獻遠不止於此。

老實說，我很希望自己能透過書信以外的方式與朋友聯絡感情。至今我還珍藏著約翰・巴洛斯、威廉・迪恩・豪沃斯、理查・卡伯特博士、卡爾・桑伯格等人的信。我和尤金・德布斯私下唯一的交流方式也是寫信。我是因爲一八九四年的「北方大罷工」才

17 譯註：瑪麗亞・蒙特梭利（Maria Montessori），義大利第一位女醫生與教育家，提倡兒童潛能開發。

認識他，但我直到三十歲才開始明白他所領導的這場解放運動的意義。

在那些了解他理念的人面前，德布斯無須爲自己辯護，只是仍有很多人對他懷抱偏見，無法以公正的角度來看待他的想法。他是個工人，卻成功掌握了統治階級的文化；他溫文謙遜、彬彬有禮，不僅熱愛閱讀，也喜歡美的事物，即便遭人指責和輕視，他依舊不改初衷，選擇爲貧苦大眾奮鬥。他總是嚴肅認眞，甚至毫不留情地抨擊強權統治與私有財產制，相信自己背負著正義的使命，也相信自己最後終會獲得勝利，就像太陽一定會升起，照亮天地。他曾用以下這段話概括他的人生哲學，這些文字同樣銘刻在我心底：

> 庭上，我多年前就意識到所有生靈都是我的親族。我認定自己不比別人優越，就算對方屬於世上最卑微的一群亦然。我從前說過，現在還要再說：只要仍有下層階級，我就是其中之一；只要必須挑戰法律，我就挺身參與；只要世上有一個被禁錮的靈魂，我就不算自由人[18]。

我和拉福萊特參議員主要也是透過書信來往。我會寫信給他或他的家人。我們初次見面是在一九〇五年春天，當時我和母親人在華盛頓，希茨先生帶我們去參觀國會大廈。他看到拉福萊特參議員手裡拿著一大堆文件，從會議室走出來。希茨先生只是認得他而已，兩人並無私交，但他覺得我和母親應該很樂意見見他，於是便上前跟參議員攀談，介紹我們認識。拉福萊特先生友善地致意，感覺有點困惑，不曉得我們是誰。希茨先生把我的名字重複一遍，他才反應過來說：「哦，對，我知道，」然後又握握我的手。「我敢說遇見妳的人都想跟妳多握幾次手吧。」

參議員離開後，希茨先生說：「他是一名鬥士。有人說在華盛頓要讓馬路對面的人走過來只有兩種方法，一種是請他過來，另一種是抓著對方的領子拽過來。拉福萊特一定會選擇後者。」

進一步了解拉福萊特參議員的爲人後，我對他的看法與威爾遜先生對他的評價不謀而合。他是個「孤獨的登山者，渴望征服特權的高峰」，孜孜不倦地努力奮鬥，爲美國人民謀福利。某種意義上來說，他其實並不孤獨，因爲他的家人全心全意支持他，做他的後盾。拉福萊特夫人會陪他面對政治鬥爭，夫妻倆並肩作戰，而他的兒子現在也是參

18 譯註：此段出自德布斯於一九一八年九月在法庭上的自我陳述。當時他被控違反「反叛亂法」。

議員，還說他和他的姊妹很小就參與家庭事務，長大後更踏入政壇，壯大父親的政治力量，堅守他崇高的理念與原則。

美國盲人基金會募款活動開跑後不久，我便收到一封署名傑迪戴亞・丁格的來信，裡面還附上一筆捐款，令人喜出望外。直到去年我才知道原來傑迪戴亞・丁格就是威廉・哈蒙先生。他在第二封信中用了眞名，說他想設立一系列獎項，表揚那些在教育、工藝、藝術、公益事業與勞資關係等各大領域勇於創新、有所成就的盲人。「我這樣做是想讓那些殘障人士明白，幸福與抱負不只來自結果本身，過程也很重要，」他寫道。「正因爲他們的努力，他們才得以實現自我，享受成功的喜悅。」哈蒙先生的仁慈與慷慨帶來極大的正面影響，而且成效顯著，讓那些受到幫忙的殘疾人士得以自救自助，培養出眞正的能力。

許多人特地到森丘拜訪我們，留下許多愉快的回憶。例如認爲語音學能提高語言能力的理查・佩吉爵士；東京啓明學校校長秋葉先生；來自柏林，協助失明德國士兵復健的貝蒂・赫希小姐（她本身也是盲人）；格拉斯哥的知名耳科權威詹姆斯・克爾・洛夫醫生，他非常關心失聰兒童的教育；還有黑人詩人康帝・卡倫，艾德娜・波特曾用點字替我抄寫他的詩作。

另外，伊莉莎白・蓋瑞特過去也常來看我，只是她現在搬到很遠的地方了。她跟我一樣生活在黑暗裡，她父親則是家喻戶曉、射殺「比利小子」的新墨西哥州警長派特・蓋瑞特。後來關於這段故事的書籍一一出版，我翻著書頁，細讀蓋瑞特先生的驚險歷程與「比利小子」九死一生的逃亡經過，覺得書上的描述有點隨便，似乎不太尊重當事人。我之所以會有這種感觸，是因爲伊莉莎白講了很多關於她父親與「比利小子」的事給我聽，他們儼然成了我生活中的一部分。

伊莉莎白天生失明，但她和她父親一樣勇敢無畏，自在不羈，從小就天不怕地不怕，敢自己騎在光禿禿的馬背上，不需要人陪，經常讓家人擔驚受怕，更別說她還任性地想騎野馬。她父親手下一名年輕的副警長有一匹未馴服的幼駒，有一天，伊莉莎白直接翻身騎上這匹馬，沿著道路飛快奔馳，誰也攔不住。小馬狂奔了好幾公里，最後筋疲力盡地放慢步調，伊莉莎白這才滑下馬背，冷靜地坐在路旁等爸爸來接她。如今，她仍懷著堅強的意志，不屈不撓地在黑暗中冒險，任何艱難險阻都擋不住她的腳步。只有極少數盲人能像她一樣獨自遊遍全美；若她認爲自己可能會在下一座城市遇到困難，她就會寫信給車站站長，事先告知自己搭乘的車次，請對方找個挑夫來接她，每次挑夫都能準時到車站給予協助。

伊莉莎白不僅嗓音甜美，還很有音樂才華，會自己創作歌曲。她替新墨西哥州寫了一首州歌，在她的作品中我最喜歡這首。歌詞中瀰漫著濃厚的生活氣息，描述她採摘的野花，她攀登過的高山，以及她浪漫迷人的故鄉。她在紐約學聲樂那段期間，我們常一起度週末，欣賞美麗的暮色。沒什麼比這更快樂的了。伊莉莎白總是要我站在她身邊摸她的喉嚨。「親愛的，要是沒有妳，我眞不曉得該怎麼辦，」她拼寫道。「如果有妳『聽』我唱歌，我會唱得更好。」有時我們也會陪她到紐約各個城鎮舉辦獨唱會，她每次都很堅持要我像在家那樣「聽」她高歌。

伊莉莎白隨時準備好去任何地方，爲人們帶來快樂、舒緩病痛、撫平憂傷或排遣孤獨。她曾去辛辛監獄爲服刑者演唱，不久後，我在《瑪蒂達・齊格勒盲人雜誌》上讀到一名囚犯寫給她的詩，文句感人肺腑。以下摘錄該詩第一節：

他們說她眼盲！
他們說她眼盲，
但她能帶領上千個靈魂扭曲的罪人
走出冰冷陰暗的灰色石牆，
讓他們聆聽清風細雨歌唱，
步出陰鬱的囚牢，
踏上露溼的草地，
迎來陽光、星辰和藍天，
讓所有人看見
愛、和平與希望。

我和伊莉莎白是透過另外一位盲人朋友妮娜·羅德斯認識的。妮娜的父親約翰·哈森·羅德斯先生在我年少時曾教我一些實用的知識。我不是什麼絕頂聰明的學生，但他對我很有耐心。

我經常拜訪羅德斯一家，有時在他們紐約的宅邸，有時在紐澤西州海晴區的鄉村別墅。妮娜懂手語字母，所以我們常在一起促膝長談，討論自己熟悉或內心嚮往的書籍與人物。她朋友用紐約點字系統替她抄了不少精采好書，其中有很多就算跑到圖書館也借不到。我開心地讀了歌德的《伊菲格涅亞》、艾略特的《丹尼爾·德隆達》、萊辛的《智者納森》以及史塔頓的《萊克斯太太與阿雷辛太太漂流記》。妮娜自己也很喜歡寫作，創作出不少以女孩爲主的迷人故事，而且她大多是用點字寫，所以有時我有幸能在作品出版前先睹爲快。

妮娜是個很有魅力的人，我很喜歡和她在一起。我們夏天常在海晴別墅的陽臺上暢聊歡笑，洶湧的大浪不時拍擊海岸打斷談話，激起陣陣白色浪花，濺在我們臉上。

除此之外，我也是透過她才認識了倫敦鄧斯坦盲人士兵旅館創辦人亞瑟·皮爾森爵士。

泰戈爾造訪美國時，即便衆多友人與仰慕者簇擁四周，他還是特意穿越人群走到我面前。他身材高大、容貌威嚴，灰白的長髮與鬍鬚飄逸交織，看起來就像一位古代先知。他優雅平靜地向我致意，語調非常平緩，彷彿在做禱告。我激動表達初次見面的喜悅，因為我拜讀過他的詩作，從中領悟到他對人類與人性的愛。「聽到妳說我的作品反映出我對人類的愛，我真的很高興……」他溫柔地說。「這個世界期待的是愛上帝、愛同胞，而非愛自己的人。」

泰戈爾端然坐定，其他人友善又虔誠地圍坐一旁，聽他解析詩歌，談論印度和中國，認為只有精神的力量才能帶來自由。他神情哀傷地提起當前籠罩世界的戰爭陰霾。「西方列強想強行將鴉片灌入中國的咽喉，若中國不從，他們就會出兵占領中國領土。亞洲厲兵秣馬，軍火庫裡貯滿武器，在太平洋沿岸紮營，準備迎戰貪婪的英格蘭船艦，目標直指歐洲心臟。遠東的日本已經崛起，一旦西方推倒城牆，中國也將從沉睡中覺醒……自私的愛最終只會導致自我毀滅，我們要實現的是上帝的無私的愛。唯有如此，我們才能解決所有問題，消弭所有苦難。」

我不禁想起甘地。他不僅聽見愛的福音，更將之傳給世人，透過自己的言行讓愛照亮全世界。

我是在搬到森丘後才認識漫畫家亞特．楊。梅西先生多年來不斷向我介紹他的創作，《生活》、《解放者》、《國家》與《群眾》等雜誌都能看到他的作品。

當時我們從新英格蘭露營回來，途中經過康乃狄克州的伯特利。艾德娜忽然提到亞特・楊就住在附近。我們沒花多久時間就在路邊找到他那棟別緻的小屋，門前佇立著一棵巨大的松樹，周圍爬滿漂亮的野牽牛花。亞特正坐在客廳裡為《週六晚間郵報》雜誌畫〈夜晚的樹林〉。我告訴他，蘇利文老師曾在黃昏時分看見樹林裡的生靈，有人也有動物。晚餐後，我們坐在臺階上，在半明半暗的夜色裡尋找那些住在樹叢間的妖精與森林女神。

不久前，我有幸接到貝爾博士的助手華生博士的來電。談話過程中，我腦中突然閃過一些想法，認為個人外在的成就一定與內在的品行相符，行為就是靈魂的體現，而華生博士的一舉一動在在反映出他高尚的品格。正如藝術家透過作品與自我合一，華生博士也用充滿力量的巧手征服了電流，用精神戰勝了物質。他似乎就坐在我眼前，一派溫文謙善、親切和藹，若再誦讀布朗寧的詩句更能烘托出這種氣度：

他在虛假的世界中起舞，
舞姿令人心醉神迷，

這個當下，你，深受吸引，
你的靈魂爲之折服，隨之旋轉，烙下無比驚嘆。

自從來到森丘後，每週日主日學校放學，都會有一群小鄰居跑來我們家，就像突然綻開的陽光跑跑跳跳、衝進我的書房。他們踢開用來當作門擋的石塊，拼命敲打打字機鍵盤，毀掉我寫到一半的信，把我的點字筆記扔得滿地都是，還打開櫃子亂翻文件。這群孩子是頑皮的小惡魔，但我非常喜歡他們，他們的嬉鬧歡笑與天眞爛漫讓我覺得自己彷佛置身於天堂的春光裡，永保年輕。

欣賞藝術往往需要視覺與聽覺直接感受，但許多藝術家試著超越感官，讓我得以享受藝術之美。我還小的時候，艾倫・泰瑞、亨利・厄文爵士和約瑟夫・傑佛遜就爲我表演過那些讓他們一舉成名的角色。我屏氣凝神，興致勃勃地跟隨他們的動作與表情變化。我曾用指尖追尋大衛・沃菲爾德不斷變換的臉部線條，流動的線條，感受珍・考爾演繹的「茱麗葉」迷人的青春氣息，透過卡魯索的雙唇體驗他美妙的嗓音。夏里亞賓曾一邊高唱俄羅斯民謠，一邊用他有力的臂膀摟著我，讓我能感覺每一個音調的振動。我

「聽」見他脣齒間迸出反抗的語氣、農民爽朗的笑聲與群眾的熱情。他還唱了〈伏爾加船夫之歌〉，我感覺到音符在心頭縈繞，透著無奈與惆悵，堅強的船夫奮力拼搏，相信只要團結一致，必能克服重重阻礙。

另外，我也曾去底特律聽加布里洛維奇的音樂會。當時我坐得離管弦樂團很近，樂音在觀眾席間不停迴盪，傳來美妙的振動，我覺得自己好像在如流水般傾瀉的和諧旋律中泅泳。

我還聽過亞伯拉罕．海托維奇與艾德溫．格拉斯的演奏。他們倆都是盲人，也是天賦異稟的小提琴家。格拉斯先生和我一起參與美國盲人基金會募款活動，所到之處，聽眾無不熱烈歡迎。最近布魯克林藝術與科學協會更給予豐厚報酬，聘請格拉斯先生擔任管風琴演奏，十月開始，他每週都會舉行三場獨奏會。

隨歌舞雜耍劇團到丹佛演出的時候，海飛茲先生曾拉小提琴給我聽。我把手指輕輕放在琴上，起初琴弓只是在弦上輕柔地來回移動，彷彿大師在叩問音樂之神，面對一位失聰的聽眾，他該如何演奏？接著，敏感的小提琴發出一連串帶著震顫又悠遠的低聲細語，感覺就像鳥兒微弱的振翅聲。細膩的音符如蒲公英的絨毛落在我指尖上，輕撫著我的臉頰和我的髮絲，既像記憶中的吻，又像充滿愛意的微笑，縹緲無形，倏忽即逝，猶如晚風嘆息，抑或清晨的紫羅蘭香氣。那是仙女手中撒落的玫瑰花瓣，還是心中無言的渴盼？

下一秒，情緒驀然轉換。琴弓高高揚起，活潑的旋律在空中飛舞，激昂的樂符宛若雪萊筆下翱翔的雲雀，在遼闊的蒼穹中放聲歌唱，傲然遨遊，挑戰天地無限。這是一首歡快的樂曲，可是當鳥兒飛到燦爛的九霄雲上，卻不知怎的讓人有種悲傷孤獨的感覺。可能是因爲此時此刻，宇宙間唯一眞實的存在是這些微不足道的感受，是思緒隱約的回響，是熱切的祈求，是對看不見的事物無畏的信任。

我想海飛茲演奏的應該是舒曼的〈月光之歌〉。

戈多夫斯基也爲我演奏過。我把手放在鋼琴上，用指尖「聽」他彈奏蕭邦的〈夜曲〉，感覺就像坐著魔毯，飛到康拉德小說中那座屹立於神祕海域的熱帶島嶼。

有時我會用收音機聽音樂會。我把手指輕輕放在共鳴板上，指尖傳來各種樂器的美妙樂音。除了豎琴、小號、雙簧管和低沉的中提琴外，還有小提琴譜出的曲調，陣陣振動合奏出優美和諧的旋律！我感覺到有個聲音自深邃的浪湧躍起，拋灑音符，有如花瓣隨風飄舞。

華格納的〈女武神〉慷慨激昂，如沸騰的烈焰透過管弦樂團的演奏燃燒蔓延，急速盤旋而上，在空中高聲喧嚣，接著翻滾而下，將布倫希爾德拉回現實，墜入悲慘的命運。

爵士樂的轟鳴讓我心神不寧，所以我不太喜歡；要是聽久了，我就會有股狂熱的衝動，覺得好像有什麼災難即將降臨，讓我想逃離一切。我認爲爵士樂喚醒了人類最原始的情感，像是對狂暴野蠻的恐懼……記憶中朦朧的陰影……巨大的野獸……叢林之子……還有無法言語的靈魂沉抑的吶喊。

我曾多次與美國工業王國中的大人物見面。那些工業鉅子把持著強大的權力，歷代君王都難以匹敵。有些人後來變成我的朋友，有些就只有一面之緣。先前提到的約翰．斯伯丁先生就是最先與我成爲好友的人之一。另一位較早走進我生活的是羅傑斯先生，正是因爲他的資助，我才能進入雷得克利夫學院就讀。我第一次遇見他是在勞倫士．赫頓先生家，那天下午他與馬克．吐溫剛好來找赫頓先生。過了不久，羅傑斯太太便邀請我和蘇利文老師到他們位於紐約的美麗宅邸吃飯，後來我們就經常與羅傑斯夫婦見面，直到他們離世。只要經過紐約，我就一定會去拜訪他們；我上大學時，他們也常來學校找我，羅傑斯先生也曾親自到倫瑟姆探望我們。

我們和羅傑斯先生一起度過許多愉快的時光，其中最棒的一次是在蘇利文老師結婚後，他邀請我們三人去費爾哈芬和他、他的女兒柯伊太太及孫子女一起過暑假。我們登上他那艘名爲「卡納瓦哈號」的豪華遊艇，享受一場美妙的航行。我很喜歡船隻迅捷平穩地掠過水面、濺起浪花的感覺。最有趣的是，羅傑斯先生描繪途經的海岸和島嶼給我們聽，還送給蘇利文老師一副望遠鏡，很高興他送的禮物能讓她看得更清楚。享用完美味的午餐後，羅傑斯先生堅持要我們小睡一下，可是——我的天哪！身旁有這麼多美景可看，誰還睡得著呢！這是我們第一次乘坐私人遊艇，每隔一段時間我都要掐一下自己，看看這是現實還是夢境。夕陽西下，卡納瓦哈號像隻巨大的天鵝在水上優雅漂游，緩緩駛回碼頭。羅傑斯先生的車已經在等我們了。由於還有其他客人要來吃晚餐，我們便急忙梳理打扮，穿戴整齊。

晚餐後，大家圍坐在爐火旁聊天。羅傑斯先生講話隨興直率，任何話題都能侃侃而談，無所忌諱。當時羅森先生在《人人》雜誌上抨擊他，羅傑斯先生告訴我們，他與羅森先生之間的談話等相關報導毫無根據，全是子虛烏有。後來我們又聊到馬克．吐溫，羅傑斯先生被他離奇又滑稽的事蹟逗得哈哈大笑。我們還談起當時在新罕布夏州的羅傑斯夫人，羅傑斯先生說她有個缺點，會擅自把他的舊衣送給別人，搞得他每次想去釣魚都找不到合適的衣服穿。除此之外，我們還討論了一些公共議題，雖然我們倆有許多觀點不一樣，但我還是很喜歡跟他交流想法。辯談之間，他總是舉止得體，保持一貫的風度，正如馬克．吐溫所言，「他是我從大洋此岸到彼岸，在德國皇帝到擦鞋童等各階層的人中見過最有教養的紳士。」

除了斯伯丁先生與羅傑斯先生外，卡內基先生也給了我很大的支持，幫助我追求理想，實現心願。認識卡內基先生的同年，我遇見工業王國中另一位舉足輕重的人物——湯瑪斯．愛迪生先生。當時我在紐澤西州的東奧蘭治演講，他邀請我去他家做客。

在我看來，愛迪生先生是個情緒反覆無常、氣質多變的人。愛迪生夫人告訴我，他經常在實驗室裡待上一整夜。他會非常專注於眼前的問題，彷彿其他事物完全不存在，要是有人打斷他叫他吃飯，他就會勃然大怒。

他特別在我用手觸摸留聲機時詢問我的感受。我告訴他，我無法用這種方式辨別詞語，他便試著把聲音集中在一頂絲綢禮帽下；帽子下面的振動確實比較強，但我還是辨認不出來。

他覺得失聰對他來說會是件好事，「就像圍繞在我周圍的高牆，替我阻絕一切干擾，讓我自由平靜地活在自己的世界裡。」

「愛迪生先生，如果我像你一樣是個偉大的發明家，」我說。「我會發明一種能讓所有失聰者聽見聲音的裝置。」

「是嗎？我倒認爲那是浪費時間，」他反駁道。「因爲人們說的話幾乎不值得一聽。」

我盡量湊近他的耳朵，想讓他聽懂我講的話，他卻說我的聲音就像蒸汽爆炸一樣難聽，他只能聽到幾個輔音而已。「叫梅西太太轉述吧，」他用命令的語氣說。「她的聲音如天鵝絨般柔滑。」

「世人最大的問題是，」他說。「大家都太相像了。我懷疑長大以後，他們的父母還能不能認出他們。」

「我認爲每個人都不一樣，」我說。「人人都有自己獨特又與衆不同的味道。」

「大概吧，」他說。「我從來沒注意過。」

我同樣是在巡迴演講期間見到福特先生。當時我們從內布拉斯加州啓程回家，途中在底特律停留幾天，還在那裡臨時辦了一場演講。我說我很想去福特汽車工廠參觀，如果可以，還想見見這位偉大的汽車業推手。當天下午，我們就去了工廠，等了好一段時間才見到福特先生，然而他一出現，那種愉悅的感受讓我覺得等再久都值得。他握手的方式很溫和從容，充滿一種含蓄的力量。福特先生帶我們到處參觀，走到讓整座工廠運轉的巨型發電機前時，他還親自引著我笨拙的手指感受複雜的機械結構。他那雙機敏的手就像給了我一對眼睛，讓我終生難忘。

談到自己的成就，他只是用愉快的口氣輕描淡寫地講了幾句。他談起自己的心路歷程，說他當時想做出一部農民也買得起的汽車，後來才摸索出方法實現這個理想。「許多人都很有想法，只是不曉得該怎麼做。有想法是件好事，但要是不知該如何付諸實現，這個想法不就沒價值了嗎？」

福特工廠之旅發人深省。我開始思考，假如整個世界都由福特先生統治，像工廠那樣運作，會變成什麼樣子呢？也許人們的工時會更短，薪水變得更高，擁有當代人做夢也想不到的閒暇時光。大家可以花部分時間工作賺錢，用於日常食衣住行與支付養老保險費用，另外還有四、五個小時能照顧家庭、學習進修或做點娛樂消遣，不僅能帶給勞工經濟上的自由，更能創造出其他自由。

這個想法乍看之下的確很美好，這位「講求實際」的商業巨擘似乎找到了一條通往烏托邦的康莊大道；但我腦海中又閃過數千人在福特工廠裡賣力工作的畫面，大家配合得井然有序，就像一部奇妙的巨大機器，每個人都是裡面的零件，可能是一個齒輪、一顆螺絲或一根細軸。我忍不住想，要是有一天這部機器解體，那些零件還有能力享受理想國中的幸福嗎？還是他們的思想已完全僵化，寧可繼續留在機器裡當個小零件呢？

初次見面後隔年，福特先生邀請我和他一起登上「奧斯卡二世」郵輪，前往歐洲宣揚和平理念。我謝絕了他的好意，因爲如果答應赴約，就得取消許多演講；也許我能在這項任務中有所貢獻，但這並不是犧牲聽衆、讓他們失望的理由。在我看來，福特先生的偉大之處在於工業領域的成就，而非國際外交。我想，若他用掌管工廠的工程師思維來處理國際事務，那艘「和平之船」就永遠不會啓航。

十年後，我再度與福特家族相見。當時是我第二次踏足底特律，在一場令人難忘的會議上為盲人發聲，當時的場景先前已經描述過了。福特夫婦與艾德索・福特三人各捐了一萬元善款；令我驚喜的是，福特先生說他們的工廠一共雇用了七十三名盲人，而且他這麼做不是出於憐憫，是因為他們很有能力，工作效率極高。

敘寫福特先生對盲人的關懷讓我心情愉快，因為有時我們會在募款活動中遇見一些不願伸出援手的富豪，失望之情不言而喻。我們一路走來享受過百花的芬芳、音樂的甜美、盛情的款待與友善的態度，也為人性的矛盾和自私流下遺憾的淚水。有時有錢人會做出奇怪又荒誕的事，但我就不妄加議論了，否則會像捅馬蜂窩一樣招惹許多麻煩！

18

探險隨筆

無論我把手伸到什麼地方，都會發生神奇的事。
這就是愛，在賦予生命的同時實現自我。
我的伊甸園裡滿溢著這樣的愛。

我被困在無聲的黑暗裡，有時難免覺得自己像在幽晦世界中遊蕩的靈魂。只要有這種負面情緒，我就會央求旁人帶我去紐約市區。雖然回家後非常疲倦，但我的心卻很安慰，因爲我感受到自己是眞實存在的人類，是活生生的血肉之軀，而非虛無的幻影。

從我家到紐約市中心必須過橋。橫跨曼哈頓與長島的橋有很多，其中最古老又最有趣的非我友人羅布林上校建造的布魯克林大橋莫屬，但我最常走的是五十九街的皇后大橋，更多次於橋上佇足，聽朋友描述曼哈頓的景色。他們告訴我，清晨與日落時分的曼哈頓最美，無數摩天大樓就像高聳入雲的精靈宮殿，一扇扇玻璃窗在玫瑰色的氤氳中閃閃發光。

我覺得有些詩歌並不是寫在詩集書頁間，而是在製造器械與飛機的工廠裡。人類在創造這些工具的過程中傾注了自己的夢想、情感與哲思。也許以這種方式揮灑天分有時會流於淺薄，甚至駭人，但其間的磅礴與無畏的勇氣在在體現詩歌的優美與崇高。皇后大橋不也是藝術家充滿創意的傑作嗎？每每經過那座橋，我心裡都會有種強烈的渴望，想捕捉它美妙的節奏。我對朋友說：

看啊！大橋壯麗綿長，橫跨兩岸，
波光蕩漾的河流與宏偉的橋身互相輝映，
它燦爛閃耀，高高聳立，宛如神奇的夢境，
又像流光溢彩的無邊幻景，
這個龐然大物擄獲了我的心，帶來渴望與激情。

對我來說，霧氣繚繞的紐約別有一番情趣，因為此時的城市脈動與盲人很像。有一次，我在濃霧中從澤西市前往曼哈頓，渡輪小心翼翼地於河道中穿梭，汽笛聲不絕於耳，似乎比盲人還要膽怯。大霧遮蔽了視線，船員看不見周遭的船隻，只能走走停停，就像盲人在擁擠的路口躊躇不決，用手杖緊張兮兮地探尋地面。

我曾花上一整天的時間坐船環遊紐約，那段經歷讓人畢生難忘。那天陪我的是蘇利文老師、我妹妹、我的姪女與霍姆斯先生，他們四人都會手語字母。第一次坐船遊紐約的人一定會很訝異，居然有這麼多人在水上生活。有人稱他們為「海上吉普賽人」。這些人以船為家，船上還裝飾著各種鮮花與色彩繽紛的布篷，聚在一起就像一支艦隊。有趣的是，許多船隻雖然搖搖晃晃、外觀破舊，卻有著非常女性化的名字，例如貝拉、芙羅朵拉、羅莎琳德、深海珍珠、明妮哈哈、娜兒小妹等。船上的人忙著洗衣煮飯、縫補衣裳，不時講講八卦，從這艘船聊到另一艘船。各種氣味撲鼻而來，彷彿給了我一雙眼睛，讓我看見熱鬧的生活場景。孩子和小狗在狹窄的甲板上玩耍，互相追逐著跳下船，在水中悠閒嬉鬧。這些熟諳水性的小傢伙對船的情況瞭若指掌，舉凡來自哪個國家、上面裝了什麼貨物，他們都一清二楚，有來自荷蘭的運磚船，還有從哈瓦那出發、正在駛入港口的水果船；滿載著肉品、鵝卵石與泥沙的船隻經過一個個海灣，沿著一條條運河逆流前進。有些年代久遠的船已經失去了昔日的風采，只能被拖繩拽著在港灣裡來回穿行，讓我想到那些年邁的盲人也是這樣被人牽著，步履蹣跚地在城市街道間遊走。另外還有幾艘來自奧爾巴尼、尼亞克與紐堡的豪華遊艇，以及從新倫敦、波士頓、波托馬克、巴爾的摩、維吉尼亞、波特蘭與緬因州載運赤陶土來曼哈頓的貨船。從格洛斯特來的漁船飛快掠過水面，把那些水上人家與慢吞吞的運煤船遠遠拋在身後。這片忙碌與混亂中隨處可見渡輪粗魯的身影，它們毫不客氣地鳴響汽笛，要其他船隻讓路。

接下來的航程呈現出截然不同的景象，與港口形成鮮明的對比。我們沿著哈德遜河逆流而上，只見兩岸青山綿延起伏，河畔大道旁矗立著華美的豪宅，隨後穿過曼哈頓與大陸間的狹長水道，駛進哈萊姆，轉入東河，再經過福利島，島上繁華的現代城市裡不知有多少人無家可歸。我們繼續前進，來到熙攘的市中心碼頭，無數工人努力將駁船上的貨物搬到岸邊，車水馬龍的喧騰震耳欲聾。最後，我們在皎潔的月光下回到啓航的碼頭，海上吉普賽人已酣然入睡，寧靜的氛圍撫慰著我們疲憊的身心。

每次走上百老匯大街，我都覺得那些擦肩而過的人好像在趕往一個永遠無法抵達的終點，匆促的步伐彷彿在說「我們已經在路上了，馬上就到！」他們步調飛快，幾乎就像在跑步一樣，在沒有盡頭的人群中穿行，追逐自己的目標。有些神情哀傷，有些裝扮古怪，有些滿臉笑容，大家就像雨點拍打樹葉，啪噠啪噠地邁開大步往前走。我很好奇這些人要去哪裡，但想破了頭就是解不開這個謎。他們最後會到什麼地方呢？有人在等他們嗎？人群川流不息，紛雜的腳步已將人行道踩得凹凸不平。眞希望我能知道他們的目的地。有的人表情淡漠，有的人邊走邊盯著地面，有的人步履輕盈，若不是周遭太過擁擠，說不定早就展翅飛翔了。有個臉色蒼白、身材瘦小的女子在為一個失明的男人引路。他的大手扶著她的手臂，笨拙地踩著小碎步以配合她的步伐。這時，不平的路面讓他踉蹌了幾步，緊緊抓住女子的手。他們又要去哪裡呢？

人群穿過街道，就像一場毫無意義的大遊行。擁有美貌、青春與戀人的年輕女孩一邊談笑，一邊在路上閒逛，一會望向商店櫥窗，一會抬頭看看眩目的大招牌，心裡哼著旋律，腳下踩著節拍，在熙來攘往的路人間穿梭。她們一定是要去什麼好玩的地方，我好想跟著一起去。

我戰戰兢兢地站在地鐵裡，一股強大的能量轟然爆炸，可怕的聲浪將我吞沒殆盡。我膽戰心驚地摸索密密麻麻的鋼梁，每當火車像子彈從我身旁疾駛而過，我都能感受到一陣如雷巨響。風馳電掣的列車就像奔騰的野馬忽然被韁繩勒住，猛地停下腳步。我內心焦急著想上車，可是身體卻麻木癱軟，完全不聽使喚，只能僵在原地動也不動。我腦海中浮現出因高速造成的種種可怕後果——汽車相撞，火車失事，輪船爆炸；成千上萬部汽車飛馳而過，玩耍的孩子葬身輪下；飛行員駕駛飛機急速飛行，墜入海中命喪黃泉。這些都是人類一味追求速度與永不滿足的野心造成的。就在這個時候，另一列火車如火山爆發般衝進月臺，人群蜂擁而上，把我擠進車廂，推入潛伏著可怕力量與厄運的黑暗深淵。幾分鐘後，我又被擠到大街上，瑟瑟發抖。

感受城市的喧鬧後，我回到自己的小花園，內心的焦慮逐漸化為快樂。我的花園是一座外觀質樸、隱身於角落的綠色小屋，看起來有點寒酸。有個朋友認為這裡不像花園，說是鳥巢還差不多；另一個朋友則稱之為「哲學家花園」，因為園子雖然四面環牆，空間狹小，但坐落於高處，彷彿能觸到天上的繁星。對我來說，這座小花園就是我的庇護所；在這裡，我可以遠離塵囂，深思冥想，靜靜享受蜂蝶飛舞、鳥語花香，讓躁動的心尋得片刻安寧。有時我也會把花園當成祕密告解室，於此虔誠懺悔禱告，洗滌內在的罪惡感。無論什麼時候都可以來花園。像是清新涼爽的早晨，太陽敞開金色之門，樹葉發出的窸窣聲驚醒巢中熟睡的小鳥，薄霧輕輕散去，露珠悄悄自沉睡的花草上蒸發，花兒逐漸展開花瓣，迎接美麗的一天；抑或中午時分，大地洋溢著活潑的生命力，燦爛的陽光將一切染得絢麗輝煌；也可以在神祕寧靜的夜晚，斑駁的樹影踩著無聲的腳步穿過小路，世界慢慢收攏翅膀，螢火蟲在幽暗的草叢間飛舞，點亮一盞盞小燈。我心中充滿無限喜悅，我要讚美超越時空與永恆的造物主，感謝祂賜給我這片小天地，栽下鮮花撫慰我受傷的心靈！

無論春夏秋冬，我的小花園總能帶給我滿滿的幸福與享受，即便在嚴寒的冬季，它也有自己的活力與魅力。我腳步輕盈地在園子裡散步，寒風將樹籬上的雪抖下來，落在我身上。我每隔幾分鐘都會脫下手套摸摸那些結凍的樹枝和灌木叢，感受冰晶之美。這些奇妙的姿態都是上帝

以風爲槌，以霜爲刃，精心刻鑿與雕琢的。

大多時候我會繞著園裡的樹木散步。平常只需沿著水泥小徑拾級而下，在拐彎的地方佇足，就能輕而易舉找到這些樹；一旦路上覆蓋著厚厚的積雪，我就無法依循地面凹凸的感覺來指引雙腳，因此經常迷失方向。我跌跌撞撞地四處摸索，過程雖然驚險，倒也有幾分樂趣。最後我終於沿著樹籬找到正確的路。我一邊走，一邊回憶馬克·吐溫的妙言趣語，腳步也變得輕鬆起來。我覺得自己就像他筆下的珊迪；來自康乃狄克州的北方佬問她「城堡在哪裡？要往哪個方向走？」她回答，「啊，先生，我眞的很想幫你，但這條路不是直的，不停轉來轉去，沒有方向可循，頭上過了一片天又是一片天。如果你覺得城堡應該在東邊，那就沿路往前走，只是你會發現最後又繞了大半圈……我也不

知道自己走了多少公里，反正多到數不清，一公里又一公里，而且沿途風景都差不多，顏色也一樣，分不出哪段是哪段，除非把路切成一截一截，不然完全看不出來！」

只要日曆翻開新的一頁，進入六月，我就一定會放下手邊的事，走進那個快樂國度。大自然在宮廷裡款待春天的百花，每個完美的日子都會帶來新的美麗，爲這場盛宴增添幾分光彩。

每到六月，常青樹守護的花園裡會飄溢各種香氣。常綠植物與沼澤禾草上纏繞著丁香和月桂的芬芳；鮮豔的花卉在我腳邊盛開，仰起可愛的臉蛋望著我；紫羅蘭在柔嫩的青草中睜著藍色的眼眸，好奇地盯著我看。我都叫它們「夢之花」，因爲我經常在夢境花園裡看到它們與野百合在山谷中綻放。忍冬花爬上水蠟樹籬，散發陣陣甜香，彷彿要爲每一縷微風送上祝福；錦帶花伸出幽靈般的手臂擁抱著我，我推開花叢往前走，那些貪食花蜜的小蜜蜂紛紛振著翅膀衝出來，在陽光下漫天飛舞！園丁特別設計了幾條蜿蜒的花間小徑，如緞帶般環繞著夏日別墅；來自日本與德國的鳶尾花搖曳著修長的身影，在小徑兩側爭奇鬥豔，炫耀自己精緻的禮服；花園角落還有一叢老丁香。六月，繁花壓彎了枝椏，香氣馥郁，沁人心脾——哦，這種美麗實在難以言喻！

整個五月和六月初，火紅的鬱金香如潮水般在草坪上蔓延，一簇簇黃水仙和風信子就像無數座小島點綴其間。如果我輕撫其中一株，看，一朵百合就在我手中綻放！無論我把手伸到什麼地方，都會發生神奇的事。這就是愛，在賦予生命的同時實現自我。我的伊甸園裡滿溢著這樣的愛。

幾年前的一個夏天，雪白的山茱萸掛滿枝頭，兩隻知更鳥決定在此安住。牠們選了一棵緊挨著常青樹籬的樹，每次經過，無論是清晨或夜晚，我都忍不住伸手撫觸樹枝。知更鳥一心一意打理生活，似乎不太在意我的叨擾。一開始，只要我伸手碰觸枝椏，牠們就會立刻飛到鄰近的樹梢，警惕地看著我，但牠們很快就習慣了。我不時會帶食物給牠們，以人類笨拙的方式努力表達自己的心意，告訴牠們我是牠們的朋友，絕對沒有惡意。牠們彷彿聽懂我說的話，隨即飛了回來，不再介意我的一舉一動。我把手放在樹枝上，動也不動地站了好一陣子，感受樹葉微微顫抖，細枝輕輕搖動，這種美妙的感覺就像大自然給我的獎賞。有一次，我察覺到手邊一陣騷動，幾天後，我感覺到有隻小鳥爪攫住我的手指。又過了幾天，那隻雄知更鳥便大大方方地停在我手上，我們之間就此建立一種完美的默契。鳥兒不會一直保持沉默；我的新朋友開始嘰嘰喳喳地說話，又飛回樹枝蹦蹦跳跳，我想牠應該是在介紹我給牠的伴侶認識吧。幼雛孵出來後，雌知更鳥便踏出巢外，停在樹枝上打量我。我在牠眼中想必是個無害的好人，因爲牠看了我幾眼後就飛出去覓食，放心地把幼鳥留下來讓我照顧。

夏天接近尾聲的時候，伊莉莎白・蓋瑞特來看我。當時我們在書房裡聊天，外頭突然下起雷陣雨，豆大的雨點不斷打進屋裡。伊莉莎白趕緊起身關窗，結果聽見小鳥的哀鳴，急忙拉著我走到窗前說：「我想有隻鳥在用翅膀拍打紗窗。」在風雨中抬起紗窗並不容易，但我們成功了。只見爬滿窗臺的葡萄藤上有隻小鳥緊抓著枝葉，那是我的小小知更鳥！我連忙伸出手，牠立刻拍著翅膀飛進來。牠被大雨淋得溼答答，全身癱軟無力，等羽毛乾一點後，牠便開始在書房裡飛來飛去，用好奇的小眼睛仔細觀察書房裡的一切。過沒多久，雨停了，我們把牠帶到窗邊，可是牠似乎不想離開我們。牠伸出尖利的小爪子夾著我的手指，身子歪向一邊，好像在說：「我很喜歡這裡，爲什麼要我走？」我把牠放在窗台上，牠迅速飛回房間；我們想辦法抓住牠，再次把牠送到紗窗外，結果牠又飛回書房。這次牠躲到沙發下面，我們找不到牠，只能找個看得見的人把牠抓出來。牠在窗臺上跳來跳去，搖頭晃腦地自言自語，彷彿在說：「嗯，我比較喜歡誰呢？是妳還是那邊的樹？我到底要待在這裡，還是繼續飛啊飛啊飛？唉，我兩個都想要，眞是左右爲難！」最後牠慢慢展開翅膀，心不甘情不願地飛走，消失在雨水沖刷過的清新空氣裡，再也沒有回來。無論是山茱萸樹梢還是我的手，都沒有牠的蹤影。

花園裡我最喜歡的是常綠植物。它們與人類之間的關係非常美妙，似乎很樂意帶著自己與生俱來的叢林野性融入我們的日常生活。我們想限制它們生長，它們卻以微妙的方式深深影響我們，它們的美彷彿能引出我們同樣美麗的靈魂。

生長花園小徑一側的常青樹與我相知甚深。每次經過，它們都會像伸手一樣探出枝條捉弄我，拉扯我的頭髮。春天來臨的時候，整個世界生氣盎然，它們會彎下腰，如老友般和我分享許多好消息。它們想和我交談，但有時我不太明白它們在說什麼。我猜它們在詢問彼此，爲什麼人類喜歡走來走去，像風一樣匆匆忙忙，像流水一樣永不停歇。「看哪！」它們用纖細的手指指著我說。「她在花叢間穿梭來去，宛如被風吹走的飛蛾，一下子就不見了。」

如果我能聽懂常青樹的低語和嘆息，就能探尋它們深邃的意識。我不知道它們是不是在談論未來，但我很確定它們能揭示過去，知曉幾百年前的歷史與來龍去脈，告訴我它們在冥冥的永恆中經歷了什麼。我摸到藏在樹幹裡的年輪，知道這些樹幾經生死輪迴才有了今生。為什麼它們這麼渴望往高處生長？為什麼它們如此熱愛星星、浮雲和太陽？為什麼它們對腳下這方土地如此執著？為什麼它們的目標始終堅定不移？為什麼它們靈魂深處仍為那些難以忘懷的往事嘆息？我站在常青樹旁，聽著它們對我喃喃低語：「妳的本質向來如此，永遠不會改變。妳的每一個細胞、每一條神經都隨我們從永恆中來，也將隨我們回到永恆中去。」

有時我會想到世間種種不幸，靈魂因此備受折磨，但只要在常青樹旁走一走，我的心就能得到些許安慰，覺得自己就像一朵熬過夜晚霜凍的小花，再度挺直花莖，帶著希望，勇敢仰望天空。每次繞著常青樹漫步，我都會聽見樹根在土壤裡歌唱，在黑暗中快樂生長。它們永遠看不到自己的傑作，看不見自己雖深藏在幽暗中，卻開出鮮豔的花朵；看不見自己雖渺小卑微，卻擁有強大的生命力，孕育出花卉草木。儘管無法探進地底摸到樹根，我對它們的愛依舊不減分毫。

我在那圈綠樹旁流連，微風挾著細雨拂過我的臉頰。遙遠的海岸捎來甜蜜的回憶，如洶湧的海浪拍打無形的沙灘，在我體內起起落落，輕聲嘆息。往事在我腦海中不住呢喃，「家鄉！南國！」「爸爸！」「媽媽！」我的心在悸動的黑暗中胡亂摸索，尋覓那些很久以前疼愛地撫摸我、牽著我蹣跚學步的手，還有在我掌中猶豫不決、慢慢拼寫字母的稚嫩小手，想到那些童言童語，我的嘴角不禁上揚。一切都好眞實，我甚至能感覺到親愛的小妹趴在我膝頭。

阿拉巴馬州的暖風輕快地掠過我身邊，掠過漫長的歲月。我弟弟菲利普開始牙牙學語，咿呀的童音傳來微微的振動，輕敲我的指尖。「海倫姊姊，陪我玩騎馬打仗嘛！」這麼多年來，我睡了又醒，醒了又睡，卻總能在回憶裡清晰感受那些印在臉頰上的吻，還有送我紫羅蘭與成熟草莓的小手。哦，世上的一切都因年華流逝而顯得格外美麗、格外珍貴！哦，青春的歲月浸染著茉莉與玫瑰花香，嬉戲歡鬧的仿聲鳥叩響天堂之門！

南風，愈吹愈遠的南風啊，你跨越黑夜的攔阻與我相會，爲世間的滄桑與距離悲嘆，將我的心帶出身體，和你一同遠颺！世界如此廣闊，足以讓我的心恣意遨遊，但我的思緒一心飄往南風吹來的方向，尋找其曾走過的路。我愛的人就在那條路的盡頭等我——米爾德和沃倫、菲利普和拉薇亞、凱薩琳、派翠莎、小米爾德、布魯克，還有小凱瑟琳，一個又一個熟悉的名字，聽起來甜美無比！我要回家了，親愛的孩子，我要拋開所有工作和顧慮，躲在你們用歡笑織成的掛毯後面！和我一起快樂地笑吧，讓我暫時忘卻成人世界的種種煩憂！

南風啊，你不但吹來痛苦和喜悅，更一如往常傾注濃濃的甜蜜，撫慰我疲憊的心，讓我躁動不安的靈魂得以平靜。

每個人都應該要常常走進樹林獨處，在大自然腳下安靜地休息片刻。幾年前，我說服自己放下平淡乏味的工作，開車到野外露營兩個月，享受愉快的時光。蘇利文老師和艾德娜．波特也跟我一起去。我們帶了一頂帳篷、一個小汽油爐和一個小冰箱，當然還有一個最重要的傢伙——我的狗狗席格琳德，牠的任務就是要負責把周圍閒晃的知更鳥和其他入侵者嚇跑。波克夏牧場是我們其中一個露營地，那裡有一條小溪潺潺，歡快地流淌。清晨時分，一群牛把我們從睡夢中喚醒。我趁牛隻仔細查看營地時摸摸牠們光滑的背脊和溼溼的鼻子；就算牠們心裡不喜歡這麼親密的動作，嘴上也什麼都沒說。尚普蘭湖附近的松樹林同樣是我非常喜歡的營地。有天晚上，我們在蒙特婁郊外的乾草地裡紮營；後來我們把那片營地稱爲「雷雨山莊」，因爲我們才剛安頓好，暴雨便傾盆而至。我們沿著聖勞倫斯河從蒙特婁移動到魁北克，再從魁北克順流而下，穿過緬因州，在肯納貝克河畔露營。一批批圓木從穆斯黑德湖漂下來，送往下游的鋸木廠。爲了眞切感受河流，我潛入水裡，盡量避開圓木，緊抓住河中的岩石。我像一片樹葉在激流中不停打轉，最後成功摸到幾根從身邊快速漂過的巨木，那種驚險刺激的感覺讓人大呼過癮！

我們沿著白山與阿迪朗達克山脈緩緩前進，踏上回家的路，途中還在新罕布夏州停留了一會，於溫尼伯索基湖附近的山頂紮營，因爲其他人覺得這裡的景色實在是太美了。然而天還沒亮，我們就發覺風景優美的地方不一定適合露營。山上突然颳起一陣強風，很快的，周遭風聲咆哮，有如一支狂暴的軍隊，差點把帳篷撕得粉碎。最後，大風猛然掀翻帳篷，要不是我們大家使盡全力緊抓著繩子，帳篷一定會被風捲走。與此同時，席格琳德也像風一樣高聲嚎叫。天空終於露出魚肚白，我們裹著毛毯，把帳篷扔進車裡落荒而逃，完全不想回頭遠望那片秀麗的景致，就是它迷惑我們，害我們誤入狂風的陣地！我們找了一個可以遮風避雨的地方，煮煮咖啡，稍作休息，然後穿好衣服再度上路。

阿迪朗達克山脈內地是我們去過最棒的露營地點。那裡濃蔭掩映，正午感覺就像午夜一樣。我們睡在用杉樹葉鋪成的床，溫暖的營火在旁邊燒了一整夜。離開阿迪朗達克山後，我們便來到卡茲奇山，沿著哈德遜河返回紐約。

有些人聽到我喜歡戶外生活會露出驚訝的神情，但上帝的確把自己許多傑作轉印成「浮凸版」，讓我得以細細品味。雖然我無法透過眼睛和耳朵體驗大地的壯麗景色與甜美聲響，但我們之間還是有辦法溝通。我喜歡在樹林裡漫步，伸手捕捉綠葉間窸窣跳躍的小生命。

我喜歡走在清幽的林間小徑，嗅聞苔蘚和溼草的氣味。那些山路與深谷步道非常狹窄，只要走過去，路邊的樹叢與灌木就會拂過我的身體。

我喜歡站在小橋上，感覺清溪從腳下潺潺流過，成群小魚在水中自在暢遊。

我喜歡坐在倒塌的樹幹上很長一段時間，久到連林中害羞的小動物都忘了對我的懼怕，毫無顧忌地輕踩我的腳趾，積窪形成的小瀑布也將水花濺到我臉上。我靜靜地坐在那裡觀察周遭的一切，聽懂無數天籟之音。樹葉與草叢的沙沙聲，鳥兒飛落樹枝的微弱嘎吱聲，昆蟲翅膀拂過青草的搖曳聲，薊花的清脆的顫動聲……大自然的音響我都聽得見，但我的世界仍一如既往，闃寂無聲。

19

眾妙之窗

無論何時，只要手裡有本心愛的書，
我的靈魂就能得著自由，
所有局限和枷鎖都會自然消逝。
雖然命運傷害了我，書卻帶來補償；
雖然我錯過了世界，書卻給我另一片天地；
雖然凡人讓我心灰意冷，書卻為我喚來神靈。

無論何時，只要手裡有本心愛的書，我的靈魂就能得著自由，所有局限和枷鎖都會自然消逝。雖然命運傷害了我，書卻帶來補償；雖然我錯過了世界，書卻給我另一片天地；雖然凡人讓我心灰意冷，書卻爲我喚來神靈。

我的生活因爲許多書籍變得更加豐富，然而礙於篇幅無法一一列舉，但有些書我非提不可。《聖經》是我看最多次的書。我讀了一遍又一遍，很多凸點早已被我的手指磨平，再也無法清楚辨認，只能從記憶中提取文字。〈詩篇〉、〈先知〉與福音書受損最嚴重。每當我對人生感到困惑，覺得自己孤立無援時，我就會翻開《聖經》，在書頁中尋求信心和慰藉。

我在《我的信仰》一書中提到史威登堡加深了我的感知，讓我認識到上帝存在於世間。他的著作不僅讓我更了解《聖經》的意義，也讓我感覺到上帝就在我身邊。他的文字點燃我內心的渴望，讓我想貢獻自己的力量幫助世人預備生命的道路，迎接救主再臨。我手邊還有他的《神的愛與智慧》、《靈魂與肉體的關係》及其他節選文集，希茨先生在我小的時候便將這些書抄寫成點字，爲我打開一扇通往精神世界的衆妙之窗。

我年少時透過書本認識了愛默生、梭羅與惠特曼這三位偉大的美國作家。他們在我心中緊緊相連，密不可分，每個人都為我開了一扇神奇的窗，讓我得以仰望宇宙，領略其壯觀與輝煌。三人之中，惠特曼是我的最愛。他用一種獨特的方式啓迪我、激勵我，帶給我許多靈感。幾年前，我開始讀他的詩，當時我差點被孤立感與自我懷疑壓垮，但他的《大道之歌》讓我精神為之一振。他的詩句充滿敏銳細膩的感觸，既如繁花溫柔搖曳，又像清泉汩汩湧現，抑或山洪奔騰洶湧。他高唱不可征服的生命，在激流間巍然屹立；他與世人同心合一，勇往直前；他是我心目中最偉大的詩人，就像福音書裡的先知在曠野中吶喊，「準備好道路，迎接嶄新的一天！」惠特曼的《草葉集》是一部眞正的美國史詩，不僅視野恢宏，氣勢磅礴，藝術手法至善至美。若說大海映照出天空的遼闊，《草葉集》展現的就是美利堅燦爛深邃的靈魂。他筆下的美國是個征服大陸的年輕巨人，他歌頌其廣袤的疆土、豐饒的資源、蓬勃的朝氣、空前發展的經濟、繁榮的商貿、躁動與盲目、沉悶與單調、夢想與渴望，還有旺盛的精力與無窮無限的機會。這個巨人無拘不羈，只顧猛然前衝，而且無法無天，能跑的時候就不走，能飛的時候就不跑，飛不起來便墜落深淵。惠特曼悉數描繪一切，寫就的詩篇令世人讚嘆不已，望塵莫及。

我不認識惠特曼本人，但我認識他的朋友，赫瑞斯．楚貝。他是《保護者》雜誌編輯，我搬到紐約後在惠特曼追思會上偶然遇見他。後來他到森丘探望我們，大家聊得非常開心。楚貝講了很多關於惠特曼的事，我記得他說「他是時代的象徵。身爲一個人，他的生命已然耗竭，但身爲一個時代，他的生命永不枯萎。這個世界會永遠緬懷惠特曼，只要想到他所生活的時代，就會對他有新的體悟。他彷彿有種神祕的力量，讓人想接近他。很多人不了解他，因爲他們缺乏那種感知能力，但妳卻能捕捉他作品中的精髓，汲取重要的意義。」

三位作家中，我第二喜愛的是梭羅。閱讀他的作品時，我會進入忘我的狀態，沒有意識到他，沒有意識到那本書，也沒有意識到指尖下的文字。我就在那裡，全然沉浸於當下。他的語言就是大自然的語言，無須多餘的翻譯或詮釋。他把耳朵貼在自然之母胸前，傾聽它的心跳，它也透過書頁親口發聲，對我說話。我覺得自己與河流、湖泊、田野、森林融爲一體，成爲狂野自由的靈魂。在冥冥幻覺中，我彷彿親眼目睹天地萬有，不再需要別人轉述，同時澈底擺脫身體的障礙和束縛，用自己的方式過我想要的生活。

另一位我很欣賞的自然主義者是約翰．巴洛斯。他的著作就像溫馨的港灣，而他本身的確文如其人。我見到他時，他全身上下灑滿暖烘烘的陽光，透著清新的大自然氣息。飛鳥蜜蜂、繁花碩果、風霜雨雪，還有遠離現在社會的紛亂與浮華、寧靜簡單的生活都是他熱愛的事物，而他喜歡的一切我都喜歡。

威廉·詹姆斯教授總讓我想起柏拉圖和法蘭西斯·培根。我還小的時候，他曾到波士頓南部的柏金斯啓明學校探望我和蘇利文老師，還送我一根漂亮的鴕鳥羽毛。「我想妳會喜歡這根羽毛，」他說。「質地柔軟輕盈，摸起來很舒服喔。」

我們談起我的感知能力；詹姆斯教授的話語就像一張充滿魔力的網，讓我深深著迷。他告訴我，各人的問題與思考方式其實本質上沒有太大差異，後來我送他《我所生活的世界》時他又重申這項觀點。儘管他說以專業的角度來看，我還沒接受教育、意識尚未覺醒前的那段自述讓他有點不安，但發現我的世界和其他人的如此相似，他一點也不意外。

他的思緒清澈如水晶，行動就和頭腦一樣靈敏機警。他辯論時言詞犀利，卻也樂於傾聽他人的想法，讓我不禁汗顏，因爲我在很多事上都過於自信，經常妄加論斷。

詹姆斯教授不是個神祕莫測、難以理解的人，不像我一樣腦海中滿是天馬行空的幻想。在我看來，他是個有詩人氣質的哲學家。

年輕時，我很幸運能遇見約翰．梅西先生，透過他接觸、拜讀了許多好作品。他博覽群書，特別喜歡優美的詩歌與散文，只要讀到什麼令人印象深刻的內容，就一定會跟我分享。威廉．詹姆斯的新作出版時，他讀了許多段落給我聽，也曾爲我拼寫史蒂文生的書信，並建議希茨先生用點字謄錄《女孩與男孩》小品集以及E. V.盧卡斯的《大道》和《友善之城》，而他讀給我聽的一些書後來也出了點字印刷版，馬克．吐溫的《哈克歷險記》就是其中之一，雪萊的劇作《倩契》也是他請人轉譯成點字送給我的。

梅西先生全神貫注研究莎士比亞戲劇的作者問題時，我也和他一同經歷了一場緊張刺激的知識冒險。我們讀了許多相關書籍，例如李德、格林伍德、貝格利以及我們的朋友威廉．史東．布斯的著作。我無法在此詳盡描述這些作品的內容，只能說那段愉快的日子充滿許多不可思議的奇妙之處。有一次佛尼斯先生親口告訴我，關於這位英國最偉大的天才與文學巨擘，只有三件事無庸置疑——他出生，結婚，最後死了！布斯先生的論據則讓我相信培根的確在莎士比亞的劇本上以藏頭詩的形式留下自己的簽名。他的驚人發現讓我有種強烈的滿足感。透過他們的探索，我看到的不是一個無知又未受過教育的鄉下人，而是一位睿智非凡的偉人。他並非完美無缺，但他確實是個「值得紀念的典範。他仁慈、溫和又有耐心，擁有許多美德，即便面對無數浩瀚的宇宙也能氣定神閒，從容不迫。」無論最終的結論是對是錯，這種激烈的論戰與交流讓我培養出獨立思考的能力，勇於打破既存的觀點。一個想法會引出上千種意見，持續不斷的探討過程彷彿延長了研究對象的生命，讓他的傳記多添上幾年。

我很驚訝自己居然常被瑣碎的小事影響。一個偶然相識的人，或是一篇書報雜誌上的文章，都能讓我拋下從前堅定的信念。梅西先生初次提起赫伯特．喬治．威爾斯的《舊世界的新世界》時，我內在的精神家園瞬間變成社會主義烏托邦。我毫不猶疑地拋棄我的舊世界，迎接他的新世界。他讓一切變得好簡單！他用雄辯的文字推翻自私的舊世界，建立正義的天堂。這不正是年輕人的夢想嗎？威爾斯先生的確是一位令人崇拜的先知，但我後來發現他的信仰時常動搖，立場也不斷變化，於是便不再追隨他。可是來不及了，他已經替我製造了不少麻煩……願上帝寬恕他！

我在梅西先生的推薦下讀了托爾斯泰、羅曼．羅蘭、哈迪、蕭伯納、克魯鮑特金、阿納托爾．佛朗士、布里厄與卡爾．馬克思等人的著作。幾年後，我在北安普敦遇見布里厄先生本人，當時我在當地演講，他則是到史密斯學院講課。見到他讓我非常高興。雖然他不會說英語，我的法語又很爛，但我們倆竟能奇蹟似的憑著直覺溝通，彼此理解。我用手指讀他的脣語；布里厄先生發現我居然能正確複述他的話，忍不住流下喜悅的淚水，滴在我手上。我告訴他，我很喜歡他的「離經叛道」，也很感謝他打破這個世界對罪惡的沉默和怯懦，還談起我在參與盲人運動的過程中清楚看見社會上種種奸惡。我想用法語跟他說，若社會體系摧殘人的身心靈，用虛假的表象掩蓋苦難、粉飾太平，那我們就必須以坦率的語言爲槓桿，撬動體制的根基。但我一時不知道該如何表達「槓桿」和「撬動」這兩個詞，只得放棄這段慷慨激昂的言論，轉向另一個比較容易陳述的觀點。我說他和蕭伯納先生都是眞正的改革家，一定能撕去人們的面具，讓大家再也不能假裝視而不見、聽而不聞。「可是，有些評論家認爲我們不是藝術家，應該被逐出藝術殿堂，」布里厄先生說。「因爲藝術純粹是爲了美而表達美，不應沾染社會或政治改革色彩。」

我想他並不否認這個觀點，但他也說美對他而言有不同的含義。「我認爲只要是人類生活的一部分，就稱得上美。只是我們也要揭露恐懼和悲傷。看見醜陋的事物固然難受，但這也代表我們心中對美的渴望和嚮往。」

他回法國後開始寫信給我，我還讀到一篇文章，得知他積極參與盲人士兵康復計畫，讓我非常高興。

隨雜耍劇團巡演期間，我邂逅了另一位傑出的外國作家，吉伯特·基斯·切斯特頓先生。當時我們倆都在克里夫蘭，還碰巧住同一家飯店。有天晚上，他和他太太來我們房間打招呼。我讀過他的《布朗神父》、《瑣事》與《三顆鑽石》，發現他本人就跟我想像中一模一樣，只是更討人喜歡。他是個有點難應付的人，幾乎對美國的一切懷有英國式的偏見，還用機智詼諧的言語大肆渲染，美國人的毛病在他的幽默風趣、警句箴言和批評謾罵下變得格外醒目，別有一番趣味，甚至讓人覺得有這些缺點是件值得高興的事。

我發現我的心理架構與大多數現代作家不太一樣，尤其是孟肯、辛克萊·路易斯和尤金·歐尼爾。我很容易輕信他人，他們則對這種行爲深惡痛絕。我知道我有時太縱容自己，做出各式各樣的傻事；我敞開心靈之窗，任由幻想恣意馳騁，就像早年的聖徒不斷尋找奇蹟，認爲隨時都有可能發生意想不到的事，希望自己能在現場親身體驗、目睹一切。

近幾年我接觸的作家中就屬約瑟夫・康拉德最爲傑出。我直到一九二〇年才眞正認識這名才子，在那之前，我手邊完全沒有他的點字版著作。我說不上來他究竟有什麼特殊魅力，但一讀到他的文字，我便深受吸引。我一直很喜歡海洋文學，也很享受在海濱的時光。我喜歡起伏的沙丘和海邊漂蕩蔓生的海草，喜歡淹過貝殼與鵝卵石的小碎浪，它們就像大海的手指，爲我拼寫來自海洋深處的話語，「妳還記得嗎？很久很久以前妳是一條魚，那時我們是朋友喔！」我喜歡狂風暴雨，喜歡水手，喜歡從東方躍出的炎熱曙光，喜歡翻騰的巨浪像長著獠牙的野獸一樣撕咬大地。我會這麼著迷於大海，也許是因爲它就像我所生活的黑暗世界，那裡也有無聲湧動的洋流、危險的暗礁、可怕的怪物、美麗的生靈、隨處漂流的殘骸與航行的船隻，而且無論我的航程有多遠，始終有顆明亮的星星指引著我，前方永遠有浩瀚未知的海域等著我去探索。

我猜康拉德腦海中應該常閃過這個畫面：一群人在漆黑的海面上漂浮，努力試著自救。有些人認爲他們可以游回岸邊，有些在製作木筏，有些只是隨波沉浮，認爲前面根本沒有陸地。然而，某種難以理解的自救本能驅使他們繼續奮戰，拼命掙扎。他們一邊尋找看不見的海岸，一邊相信自己終會平安脫離險境，戰勝大海，獲得永恆的喜悅。孤獨算什麼？艱苦算什麼？猛烈拍擊的巨浪和深不可測的海淵又算什麼？重要的是內在。只要心能看見，只要抱著充滿光明與幸福的夢想，一切不足爲懼。

法蘭克·杜布迪先生是康拉德的朋友和出版商，也是我的朋友和出版商。尙奧布里的《生活與文學》、《勝利》和《機會》都是他送給我的禮物。一收到《生活與文學》，蘇利文老師就立刻把內容轉譯成點字。我寫作的時候，書本就躺在書架上不停誘惑我，害我的手指蠢蠢欲動，很想一把抓住它們。

我喜歡能讓我親近大自然的作品，例如薇拉·凱瑟的《我的安東妮亞》、克努特·漢森的《大地碩果》、艾德加·李·馬斯特斯的《匙河集》和奧莉芙·史萊納的《非洲農場故事》等。兩年前，湯姆森小姐送我《非洲農場故事》，這是我第一次讀到奧莉芙·史萊納的作品，我不知道世上還有哪位女作家擁有像她一樣的力量和眼光。雖然這本書是五十三年前寫的，至今卻仍飽含大自然原始又狂野的力量。

湯瑪斯·哈迪第一次來看我的時候，手裡拿的就是《黛絲姑娘》。書中那沉重的黑暗氛圍讓我著迷到難以自拔。我認爲他是英國文學界裡除了迪恩·史斯威夫外最悲觀的作家。但他那陰鬱沮喪的現實主義令人倍感壓抑，卻又激動人心。除此之外，哈迪也是一位詩人，就像約伯一樣讓人覺得他沉湎於黑魔法裡，忍不住偷偷祈願，希望有幾位善良的仙子能搬到多塞特郡，帶來幾縷光明。

蕭伯納第一次來找我時，坎蒂達和她的詩人戀人也陪同在側。我想這個世界上應該沒有人能在蕭伯納身旁打瞌睡。他體內彷彿住著一個淘氣的小精靈，不管眼前的人再怎麼遲鈍，他都能引起對方注意。蕭伯納是當今荒謬時代中不斷針砭社會弊端、刺痛當權者的牛虻。他只用兩句簡短的話就概括出世人不快樂的原因：「窮人的問題是貧窮，富人的問題是無用。」

保羅．德．克魯伊夫的《微生物獵手》是我近年來非常喜歡的書。這本書讓我了解到一個令人欣慰的事實，即偉大的科學家和我們一樣是有血有肉有人性的人，我可以高聲吶喊、笑看他們的爭執、嫉妒與謬誤。他們也是凡人，有自己的弱點，但他們又像神靈握有無窮的想像力、極大的耐心與至高無上的理想！這本書大概是我讀過極少數引人入勝的科普類書。

有時我沒辦法買到想要的盲人書籍，因爲我們的點字出版社非常忙碌，這時我就會請求朋友協助，英國的亞瑟·皮爾森爵士就是其中一位。屠格涅夫的《煙》、馬克思的《工資、價格與利潤》和多本康拉德著作都是他在英國請人替我譯製成點字版。

除此之外，書籍與雜誌出版社也非常大方，允許點字出版社出版他們的書。然而，點字書的成本很高，因此許多偉大作家的重要著作對盲人來說實在是可遇不可求。眞正擁有紙本書的盲胞少之又少，有些人甚至連《聖經》都沒有，因爲就連最便宜的浮凸印刷版《聖經》也要六十五美元。

多虧國際獅子會的慷慨解囊，盲人朋友現在可以閱讀許多從前不曾讀過的好書，我也才有機會讀到《福爾賽世家》系列小說。高爾斯沃迪爲我打開了一扇大窗；他就像威廉·布萊克一樣，感覺籠中鳥撲滅了天堂之光，困獸的哀號聽得天使撕心裂肺，乞丐襤褸的衣衫是王子寶座上的毒菌。「他疼愛地撫摸自己的小狗，指尖傳來一陣令人心痛的溫柔。社會底層的人，那些無家可歸的遊民、淪爲娼妓的女子、食不果腹的工人……不就像這些動物一樣備受欺凌和壓迫嗎？」他知道比起生命帶來的精神與靈性體驗，金錢什麼都不是。什麼都不是！

詩歌是我此生摯愛，對我而言意義深遠，無法用言語來表達。帕格瑞夫的《金庫英詩選》、濟慈、雪萊、惠特曼、布朗寧和伯恩斯的作品多年來皆與我相伴相隨，其中很多頁都被我磨破了。濟慈的《我踮起腳尖站在山丘上》變得非常平滑，雪萊的《自由的普羅米修斯》、《致雲雀》和《雲朵》變得單薄不堪，布朗寧的《掃羅》也難逃我的魔掌，整本《金庫英詩選》更是破損不堪。

對我來說，詩歌就是惠特曼筆下那個「神祕的號手」，
寧靜愉快的序曲緩緩流動，
紛亂的世界、繁忙的街道和喧囂的白晝逐漸消失，
神聖的靜謐如露珠般滴落我心，
我在清新涼爽的夜色中於天堂之路漫步，
嗅聞潤溼的空氣、青草和玫瑰香；
你的歌聲讓我麻木鬱結的靈魂得以舒展，將我澈底釋放，
讓我漂浮於天國之湖，沐浴和煦的陽光。

在美國詩人中，我對拉尼爾的愛僅次於惠特曼。他讓詩人與盲人得以在詩句中探索無形又看不見的世界。他帶著我一起凝視鮮花、玉米和酢漿草「甜中帶甜」的奧妙，沼澤與大海吹來的風則揭開面紗，讓我們體驗超越感官禁錮的自由。

閱讀法蘭西斯．湯普森的詩作時，感覺就像有個孩子把自己「珍愛的小玩意兒」放在我手中，所有觸感都變得極為真實生動。樹葉沙沙作響，孩子靦腆害羞的模樣，花叢中來去無蹤的清風，還有字裡行間難以抹滅的淡淡溫柔和憂傷。

我之所以沒有提到現代詩人，單純是因為他們的作品目前沒有浮凸印刷版。我只能透過某些喜歡詩歌的好心人拼讀文字，才能欣賞葉慈、帕德萊克．柯拉姆等人優美的詩韻。沉鬱的凱爾特詩調撩撥我的心弦；葉慈的詩作讓我想踏上茵湖島，認識達南人，摘採「太陽的金蘋果」和「月亮的銀蘋果」。母親曾讀過辛恩的《海上騎士》和《聖泉》給我聽，倫瑟姆的房子裡一度迴盪著他悲涼的笑聲。我在道格拉斯．海德的詩句牽引下和他一起走進康諾特的小屋，看見老婦人在陽光下一邊唱歌，一邊紡紗。我還想去看看喬治．羅素在愛爾蘭的古老山林中發現的爽朗人家。鄧薩尼勛爵的詩我只讀過一、兩首，希望能有機會多讀一點。他的文字散發出一種神奇朦朧的色彩，伴著愛爾蘭獨有的韻律，讓人一不小心就沉醉其間，感覺不可思議，卻又如此眞切。

約翰．麥斯菲爾是我近年來接觸過最重要的英國詩人。他與那些愛爾蘭詩人不同的地方在於詩歌對他而言並非逃避現實生活的途徑。他在作品中描繪的貧民窟、農夫、水手和小酒館都讓我很感興趣。

也許每個人都是這樣，讀過的東西會慢慢內化，變成自我的一部分。我卻有點不同。雖然我很謹愼地把作家朋友說的話加上引號，但我不曉得該如何標明那些不知不覺中落在我靈魂深處的種子。博采他人的思想精髓本情有可原，只是對於這種擅自汲取別人想法的行爲，我還是有點難釋懷。這本書受到許多藝術家的文字與思維影響，我寧願從頭到尾都用引號括起來，獻給那些爲本書增添趣味、魅力和美感的人，讓他們取回屬於自己的一切，接受我的謝意。我知道，無論是內容或形式，我的書都沒有什麼新穎獨到之處，既沒有開闢新的思想流派，也沒有拓建新的眞理之路，但我希望能藉著自己的作品送上一份薄禮，向那些作家致敬，感謝他們豐富了我的人生。

20

無眠的思緒

群眾之所以會奮起革命，
是因為所有夢想都消褪為黯淡的悲傷，碎成無望。

如前所述，關於我對外在世界的看法，人們一點也不感興趣，但有些事物確實讓我感觸良多。如果我對其避而不談，那這本書也不算眞實記錄我的人生。我知道，每次寫那些我認爲重要的事，我就很容易流於武斷，變得太過固執。若我能轉化激烈的言辭，用優美又引人入勝的筆觸發難，不讓讀者覺得自己遭受譴責，甚至能津津有味地欣賞我對別人的抨擊，那這一章想必會大受歡迎。即便是被控訴的一方也想博得敵人的信任，希望能憑著私交受邀觀賞別人被「處刑」。他們表面上開懷大笑，內心卻暗暗打定主意，將來絕對不要淪爲那些被處決的人。然而用幽默的筆吻輕鬆談笑不是我的強項，我也沒有要爲自己爭取什麼。我不是不公不義的法律受害者，與那些深陷經濟困境、難以自拔的人相比，我的境況並不算糟，不像他們那麼辛苦、那麼難熬。

我放眼世界，審視當下，發現社會劃分爲兩大陣營，在自私貪婪、逞凶鬥狠的工業生活裡各自爲政，相互鬥爭，進而威脅到人類善良的本性，強化邪惡的本能。我很清楚這個體制帶來的種種問題，而且絕非間接經驗。我去過麻州、喬治亞州、卡羅萊納州、阿拉巴馬州、羅德島和紐澤西州的工業城市，也去過賓州、猶他州、阿拉巴馬州、田納西州、西維吉尼亞州和科羅拉多州的採礦重鎭。我來到以鑄造業爲主的城市，工人在罷工；我來到以包裝業爲主的小鎮，工人也在罷工。紐約碼頭工人罷工時我在場，鐵路工人在中央公園遊行時我也在場，無數石頭砸碎窗戶，飛進屋裡。有些地方的勞資關係特別惡劣，曾有人在我演講時提出相關問題，臺下立刻爆出噓聲，主辦人更飛也似的衝上臺，要我不要回答。

我走過陰暗破舊的街道，路上到處都是瘦弱的孩童，髒兮兮的小臉顯得十分蒼老。許多人不是身體有缺陷，就是心智有障礙，甚或兩者皆有。

走遍全美，兒童的生活環境之糟讓我大爲震懾。無數嬰幼兒每天待在悶熱擁擠的房間裡，由老人家或年紀稍長的孩子照顧，父母則在工廠裡工作，或是在別人家幫傭。在我看來，這是現代社會最不幸的悲劇。我認爲政府的首要責任在於保障兒童的福利，若孩子都在垂死邊緣苦苦掙扎，國家必定衰亡；相反的，若孩子健康快樂地成長，國家也必然強盛。這些孩子住在晦暗又臭氣熏天的出租公寓裡，過著不健康又不快樂的生活。爲了餬口，他們小小年紀就淪爲童工，在環境惡劣的血汗工廠、磨坊和礦坑辛苦工作，不僅身體發育不良，心靈也會變得扭曲，無法成爲健全的共和國公民，甚至會成爲社會上的危險人物，成爲大眾譴責的對象。

我們的移民法禁止體弱多病或身體不適的人入境，將歐洲貧民窟的孩子拒於國門之外，可是當那些身爲母親的人希望政府限制另一種生死攸關、影響更廣泛的「移民」時，當局的態度卻驟然轉變。任何支持父母控制家庭人口，以確保孩子都能健康長大的人都會被視爲違法，將有缺陷的孩子帶到世上，讓他們在殘害身心的環境中成長卻是合法行爲。醫生教民衆透過節育來保護自己和家人居然是一種罪！這個制度眞的很荒謬又不合邏輯，一方面將避孕定義爲犯罪，另一方面又無力提供適當的生活環境和條件，讓呱呱墜地的孩子好好長大！

哦，美國，我摯愛的家鄉！後人一定會強烈批評你，怨你把幼兒抱出搖籃，讓他們看不見陽光與沾滿露水的青草，讓他們遠離玩具和遊戲，讓他們擠在黑暗的磚瓦與水泥牆間爲了收入、爲了溫飽而出賣勞力。你將灰燼塞入一雙雙辛苦工作的小手，用塵埃餵養他們飢腸轆轆的空腹！

我對祖國的愛就像對家人的愛。正如我無法選擇自己的父母和出身，卻仍是他們的女兒一樣，我也無法選擇國籍，但我依舊是美國的孩子。我的祖國造就了現在的我。無論是希臘、羅馬、德國還是英國，都無法像美國一樣提供盲聾兒童這麼多資源，投入這麼多技術和心血。

不過，我對美國的愛一點都不盲目。或許正因爲愛之深，責之切，我才會更加在意政府的不足，當然我也不會忽視自己的缺點。很明顯，過去的體制已不適用，必須汰舊換新，然而即便發展出新的體系，在日新月異的世界中要穩定前進亦非易事。

堅持己見必須付出相應的代價，特別是在理念不受歡迎的時候，而「友情決裂」便是其中一個後果。感覺過去親密的朋友漸行漸遠，似乎不想再見到我們，心情絕對好不起來。也許有人會不屑地說「我才不在乎呢！沒有這些朋友我照樣過得很開心！」但事實並非如此。遇到這種情況，大多數人都會忍不住傷心難過。我也希望自己能始終如一，充滿智慧與愛心，隨時隨地保有眞實的自我，讓這種精神貫串我的自傳，於字裡行間優雅地流淌，留下「燦爛的痕跡」。可是……唉！我內心深處很明白這是不可能的。難怪當初我會一直逃避，不想寫這本書。

試圖調和內在無數個自我只會流於徒勞。有時我也不懂自己，甚至會自問一些回答不出來的問題。我想快樂，卻發現心在淌血；我想微笑，卻發現自己淚流滿面。我宣揚愛、和平與「四海之內皆兄弟」的情誼，心裡卻明白分歧和對立在所難免。看！我正揮舞長劍，準備戰鬥呢！

我認爲大家應該公平看待每種眞誠的信念，但對於那些支持金錢帝國、資本主義掛帥的人，我只想厲聲斥責。一旦博愛、和平與兄弟情誼的理想遙不可及，我寧願轉向決裂，帶著高昂的鬥志投入波瀾壯闊的戰爭。我的感受正如聖保羅在《聖經．羅馬書》第七章所言：「我是喜歡神的律；但我覺得肢體中另有個律和我心中的律交戰。」雖然我深信「愛」終究會讓一切重返正軌，但我還是不由自主同情那些受到壓迫、不得不使用武力爭取應有權利的人。

這就是我爲什麼這麼關注當前俄國革命的原因之一。歷史上每一次政權顚覆背後都是一場無法無天的暴動，一場由賣弄學問的人、無政府主義者與狂熱分子煽動的大災難。然而，群衆之所以會奮起革命，是因爲所有夢想都消褪爲黯淡的悲傷，碎成無望。回顧這些劇烈的動盪，會發現它們看起來就像從困境的深淵中驟然躍出的動亂，事實上，這些都是日積月累的不滿與壓迫所導致的必然結果。人民承受的苦難逐漸堆疊，化爲深深的怨怒與憤懣，最終匯聚成一股復仇的洪流。

俄國革命並非因列寧而起。這個念頭早在俄國神祕主義者與愛國主義者的夢想中盤旋了好幾百年，然而列寧的遺體簡單停靈在克里姆林宮，整個俄國都在顫抖哭泣；飢渴的敵人開始舔嚐新的渴望，與此同時，列寧的精神有如一團烈火，在號哭的人民心中熊熊燃燒。他們互相鼓勵，無所畏懼。「我們要一直跟隨他，永不退縮，爲他未竟的志業繼續戰鬥。我們愚鈍的眼中只有毀滅，他澄澈的慧眼卻替我們尋得自由之路。他看到的就是革命。政權瓦解雖會帶來混亂，但那是上帝的旨意。我們的手段固然激烈，可是他們對人民的統治更加殘酷。只要堅定不移，我們的行動就會震撼世界，激發出世人的勇氣。」

身體歸於塵土後，留下了一道道從前耕耘出的犁溝。我看到列寧遺留的犁溝中播下了新世界的種子，碾不碎、磨不爛，深深埋在土壤裡，就算經歷狂風暴雨、電閃雷鳴，仍會茁壯生長，幾年後必定成熟豐收。

只要有年輕一代存在，文明就不會倒退。年輕人或許任性剛愎，卻也滿懷勇氣。每一個時代在與貧窮、痛苦、無知、戰爭、醜陋和奴役等邪惡力量鬥爭時，年輕人總會邁開大步不斷朝敵人進逼，所以我從來不會因爲新的世代固執己見而對他們失去耐心。唯有如此，才能得到救贖。

我曾以爲美好的太平盛世即將來臨，可是我錯了。人類不會輕易接受新的生活方式，因此從舊觀念中解放出來的過程非常緩慢，但我不會因此灰心氣餒。就我個人而言，身體缺陷雖然帶來許多困境，卻也孕育出強大的力量，帶領我跨越阻礙。這個世界的問題也是如此。我們應該竭盡所能，團結正義的精神力量，戰勝邪惡的物質力量。

不要指望眼前的任務不會超出力所能及，而是要祈禱自己有足夠的能力去完成任務，追求那個不停叩響心門的崇高理想，往遙遠的目標前進。

捍衛人權的人永遠不會被打倒。看見過去的理想或曾被捨棄的眞理擦出新的火花，照亮我們的蒙昧無知，著實令人振奮。薩科與梵澤蒂這兩位義大利移民的慘死就像強烈的信號，警告世界各地追求自由的朋友，邪惡的力量絕對不會沉睡；它會不停尋找那些脆弱又孤單無助的人，迫使他們屈服。偶爾會有一個饒勒斯、利布奈區、德布斯、羅蘭、列寧或托爾斯泰用雷鳴般的話語驚醒一些蟄伏休眠的靈魂。聖殿的帷幕瞬間裂成兩半；眞理如閃電穿透人性的醜惡，但帷幕放下後，世界再度墜入夢鄉，也許會睡上數個世紀，但絕不可能像以前一樣舒服地酣眠。

我們仍可以期待黎明，不必因而沮喪，因爲我們知道，上帝千年來都在黑暗中看顧、守護著我們。只要不斷前進，總會瞥見新的地平線。

我根據自己的進化哲學建構出一個讓人心馳神往的世界。在這個世界裡，所有美好期盼都能實現，且那裡的居民就像有時偶然遇見的人一樣擁有高貴的情操。這就是我心目中的未來樣貌。我們的身體和靈魂、精神與意志都能各司其職，取得恰好的平衡。不過，要達到這種境界，就必須經歷許多挫折與磨難。

世界不斷改變，充滿嘈雜喧囂的噪音，令人不快。看見新世界的年輕人精神奕奕地掃除歷史悠久的體制，那些在舊秩序中享受庇護、生活舒適的既得利益者可能會感到震驚與不悅。我期待有一天，人類能避免戰爭，拋開這個古老又殘暴的傳統，別像現在一樣對其頌讚膜拜。我們內在激動呼喊、渴望和平的聲音是不會說謊的。

「偉大的上帝已經把祂的律法寫在我們心裡，」英國探險家威廉・佩恩曾對印第安人說。「不僅教導我們，更命令我們彼此相愛、互相幫助。我們不會用充滿敵意的武器對付同類，自然沒帶槍炮前來。我們的目的不是要破壞，而是要行善。我們在通往真誠與良善的大道上相逢，雙方立於平等。我們尋求的是開放的胸襟、人人皆兄弟的情誼與博愛，所有人都是彼此的骨肉同胞。」

若以大西洋沿岸殖民地的經驗為判斷標準，佩恩和他的追隨者可說是自取滅亡。麻州、馬里蘭州或維吉尼亞州任何一位明智的軍事家都可以勸誡他，那些印第安人背信棄義、嗜血成性，會拿著戰斧與火把猛然偷襲，他們必須全副武裝、做好準備才行。可是貴格會教徒並不知情，就算知道也不會相信。他們就這樣不備一槍一劍來到這片荒野，想在這裡建立一座「友愛之城」。他們成功了。當其他殖民地屢遭攻擊與燒殺擄掠，小小的賓州卻享有不受打擾的平靜與繁榮。貴格會教徒沒有堡壘，沒有士兵，也沒有武器。他們生活在所謂的「野蠻人」之間，很清楚自己沒有任何防禦能力。即便如此，或應該說正因為如此，這些人維持了七十年的和平。「不論雙方發生什麼樣的爭執，」一位信奉貴格教的歷史學家說。「賓州的印第安人都很尊重這些教徒，認為他們的領地非常神聖。賓州殖民地從來沒有因為印第安人而失去任何一個男人、女人或孩子。繁榮與善意之花沿著威廉．佩恩的足跡盛開綻放。」

我希望有朝一日，人們能將準備開戰的精力用於實現那些值得驕傲、值得重視的理想，那些讓我們為當前的骯髒汙穢感到羞恥的理想。勞動應當是件快樂的事，每個人都應該哼著歌工作，就像惠特曼聽見美國高唱「各式各樣的頌歌」，聽見技師齊聲歡唱。

美國之所以能表現出如此強大的生命力，是因爲它是一個兼容各個種族與文化的自由國度。惠特曼有一段話讓我心有戚戚，在此節錄於下，以表達我對國家的熱切渴望：

這一刻，我帶著渴盼獨自坐著沉思。

我覺得遠方似乎也有人坐在那裡安靜思忖，心懷嚮往；

我覺得我能眺望一切，看見他們在德國、義大利、法國、西班牙，甚至更遙遠的中國、俄國或印度，用他們的母語和方言交談；

倘若我認識那些人，一定會對他們依戀不捨，正如我對本國同胞一樣。

啊，我知道我們會成爲志同道合的朋友，彼此相愛，

我知道我和他們在一起一定會很快樂、很自在。

我相信，只要世人能遵循耶穌的教誨和平相處，依從祂的聖訓「彼此相愛」，就一定能感受到最純粹的幸福，世界終會趨於美好。

我相信，人與人之間的問題都是信仰問題，每一種社會不公都是道德過失。

我相信，若我們能活出神的旨意，就能在這片土地好好生活下去。只要祂的旨意行在地上如同行在天上，大家都會互相友愛，將心比心，推己及人。我相信，個人的幸福與全人類的幸福關係密切，緊緊扣在一起。

我相信生命是神賜予我們的禮物，好讓我們在愛中成長。我相信上帝之於我就像太陽之於花朵的色彩和芬芳，是我黑暗世界中的光明，寂靜世界中的聲音。

我相信，眞理就像陽光，即便有時會受雲霾遮掩變得斷續破碎、黯淡朦朧，卻始終高掛天空，照耀全人類。我相信，愛一定會在這個世界建立起上帝的國度，而這個國度的磐石就是自由、眞理、博愛與奉獻。

我相信，任何美好與良善都不會消失；只要選擇爲善、心中向善，或單單期盼、希望世界變得更好，人類就能生生不息，永存於世。

我相信靈魂不朽，因爲我心裡懷著不朽的期望。我相信，今生的所作所爲與所思所想決定了我們死後的世界。我相信，來世我會擁有此生缺喪的感官能力；屆時我會有個美麗的家園，周圍環繞著繽紛的色彩、悅耳的音樂、花朵的呢喃，以及一張張我深愛的面孔。

要是沒有這樣的信念，我就只是一根「佇立在黑暗中的陰鬱梁柱」，人生毫無意義可言。許多感官健全的人覺得我很可憐，而他們之所以有這種情緒，是因爲他們看不到我的生命裡有一座金色聖殿，我在那裡過得很快樂。從他們的角度來看，我的人生道路或許一片漆黑，但我心裡有一盞神奇的燈。這盞名爲「信念」的精神明燈爲我照亮了前方的路。也許幽暗中潛伏著惡意與懷疑，我卻毫不畏懼，堅定地走向那片「魔法森林」，那裡草木常青，歡樂常在，夜鶯於枝頭築巢歌唱。在主的面前，生命與死亡合而爲一。

21

我的守護天使

蘇利文老師為我打開緊鎖的存有之門，
我的靈魂欣喜雀躍，雙腳感受到大海的吟詠與震顫。
幸福如潮水般湧來，就像陽光灑落大地。
我張開雙臂，盡情探尋生命。

先前的篇章提到吉朋的《自傳》中有一段令人難忘的文字：

鄰近午夜時分，我終於在花園小屋裡寫完《羅馬帝國衰亡史》最後一頁，爲此書畫下句點。我放下筆，在林蔭步道與種滿相思樹的小徑上漫步，遠眺鄉村、湖泊和群山。夜色寧靜，天幕安詳，湖面映照出一輪銀色明月。

接著他描述內心憂喜參半的複雜情緒：

……我很高興自己重獲自由，或許還能因而功成名就。不管我的命運如何，歷史學家的一生必定變化無常，轉瞬即逝。

終於，我也寫到這本自傳的最後一行，只是地點不在瑞士的洛桑，而是在紐約森丘的小書房。我抬起疲憊的雙手，離開打字機。我自由了。我的花園裡沒有相思樹，只有雲杉、冷杉與山茱萸，但我還是想用相思樹做爲象徵。對我來說，相思樹代表我的人生道路，無數親友的關愛如陽光照耀著我。我想到的不只是那些尚在身邊的朋友，還有那些已在天堂安息的故人。在我心中，書籍也是我的摯友，陪我一同走過曲折蜿蜒的道路，對我微笑。燦爛絢麗的友情之光點亮了我的生命，賦予其美麗和意義。但願上帝能賜給我更多才華，讓我能用更貼切、更完美的文字來描繪，哪怕只能敘寫其中一小部分也好；可惜我只能隔著黑暗，對著朋友奮力抛出最眞摯的祝福與深刻的感激。

我的自傳絕對不是什麼曠世巨作。無論其價值爲何，都不是因爲我有什麼厲害的寫作技巧，更不是因爲描述了什麼扣人心弦的故事，而是因爲上帝像待祂的愛子那樣待我、磨練我。祂削弱自己的光芒，帶領世人走上幫助失明者與失聰者的路。上帝讓我成爲盲人的眼睛、聾啞人的嘴、孤殘無助者的手腳，可是我被囚禁在無聲的黑暗中，無法獨立完成祂的旨意，所以必須先有人來拯救我，那個人就是安．蘇利文，我的守護天使。

常有人問我，要是沒有蘇利文老師該怎麼辦？我微笑著回答：「派她來的是上帝，祂若把她帶走，自然會用祂的愛來塡補這份空虛。」事實上，只要想到這個問題，我就覺得很害怕。我懷著沉重的心情凝望未來的歲月，希望女神似乎蒙上一層面紗，不安與恐懼赫然甦醒，在黑暗中朝我襲來，螫得我遍體鱗傷。我渾身顫抖，不停禱告，祈求上帝不要把她帶走；如果她走了，我就眞的看不見也聽不見了。

回首過去，最令人難忘的就是蘇利文老師來到我身邊那一天。當時的她是名年輕女子，孤身一人。她小時候曾雙目失明，後來恢復了部分視力。她離開朋友，離開熟悉的生活，獨自來到兩千四百多公里外飽受內戰摧殘的小鎭。周遭的一切對她來說無比陌生。除了一個睿智的頭腦和一顆勇敢的心，她手邊幾乎什麼都沒有，也沒有任何教學經驗，唯一受過的訓練就是閱讀豪伊醫生與蘿拉．布里奇曼的研究報告，除此之外沒有人幫助她、給她建議，可是她卻排除萬難，接受這項世上最難的教育挑戰。

也許蘇利文老師的教學方法確實有些缺點和不足，天資聰慧的她也很明白這一點。不過，也許正是因爲這些不完備，她上課才會充滿新鮮感。老師的陪伴帶給我許多歡樂，她和我一起探索世界，分享發現新事物的喜悅。她總是面帶微笑，巧妙應對我的天眞與好奇，用無窮的聰明才智耐心說明，解開我的疑惑。那段日子裡，我對這個世界幾乎一無所知，只知道她愛我。這才是最重要的事。

雖然命運設下重重阻礙，讓我難以體驗生活，但蘇利文老師傾盡全力彌補我失去的一切。她陪在我身邊，引領我接觸形形色色的人事物，想盡辦法讓我能與外界直接交流。在雷得克利夫學院那四年，蘇利文老師總是陪我坐在教室裡，用她柔軟又會說話的手指在我掌中一字一句拼出課堂內容，以同樣的方法讀書給我聽，舉凡法文、德文、拉丁文、希臘文，還有哲學、歷史、文學和經濟學……各個領域都難不倒她。她日復一日，年復一年，堅持不懈地帶我領略人類思想的精華，一窺他們的成就。爲了我，蘇利文老師不顧眼科醫生的警告，過度用眼，最後只能靠康拉德．貝倫斯博士特製的眼鏡輔助才能勉強讀寫。在我們努力催生這本自傳的過程中，貝倫斯博士就守在一旁，想方設法保住老師雙眼僅存的一點視力和微光，這樣她才能把打出來的書稿拼給我讀，引導我奔騰的思緒，讓我不至於脫離原來構思的框架。

我常常在想，要是沒有遇見老師，我的人生會變成什麼模樣？我想不到還有誰能取代她的位置。我覺得她成爲我的導師絕非偶然。童年的不幸遭遇與艱困生活讓她不得不在小小年紀就開始思考生存問題。威靈頓公爵曾說，滑鐵盧之役的勝利歸功於英格蘭運動場上的鍛鍊；我想我可以說，蘇利文老師的人生悲劇成就了我的教育。因爲她的童年很不快樂，所以她非常理解我內心的空虛。我的學業與工作表現常不盡人意，讓老師失望傷心；每當想起這些我都百思不得其解，不懂她究竟在我身上看到了什麼，讓她多年來一直不離不棄，陪伴左右。

她原可以去過自己的生活，說不定會比大多數女性更幸福。她思緒清晰、膽識過人、慷慨無私，靈魂散發出耀眼的光芒，這些特質足以讓她成爲那個時代的女性領袖，而她清新的筆觸與敏銳的洞察力也能讓她在文學界占有一席之地。可是她關上機會之門，拒絕了這些可能，凡是會讓她離開我的事她都不考慮。她在我無聲的世界中找到了快樂，還說教育我的經歷就是她的人生故事，她的工作就是她的傳記。她把一個女人最美好的年華給了我，至今仍日日夜夜無私奉獻，爲我付出。她爲我做的一切無法用言語來解釋和定義。是她的友情點燃我的生命，釋放我內在的潛能；是她讓我突如其來的靈感幻化成眞；是她堅定了我幫助他人、服務他人的決心。她一步一步，慢慢把我帶出脆弱無助的世界，造就了我的人生。沒有人比我和老師更清楚生活中有多少失落、多少缺憾；即便如此，她仍一點一滴努力堆疊，豐富我的生命。

她帶我踏出黑暗的囹圄，走進燦爛的時刻與美好的思想之境，感受愛與夢想交織的光芒。哲思的蓓蕾在精神花園的高牆內悄悄綻放，愛也在我的心田盛開，散發甜蜜的芬芳。春天在寂靜幽隱的童年回憶角落歡聲歌唱，漆黑的夜空閃耀著看不見的點點星光。蘇利文老師爲我打開緊鎖的存有之門，我的靈魂欣喜雀躍，雙腳感受到大海的吟詠與震顫。幸福如潮水般湧來，就像陽光灑落大地。我張開雙臂，盡情探尋生命。

愛視界 019

永不放棄的海倫凱勒：我的後半生【中文版首度翻譯出版】
Midstream

作　　者　海倫凱勒
譯　　者　郭庭瑄
出 版 者　愛米粒出版有限公司
地　　址　台北市10445中山北路二段26巷2號2樓
編輯部專線　（02）25622159
傳　　真　（02）25818761

如果您對本書或本出版公司有任何意見，歡迎來電

總 編 輯　莊靜君
行銷企劃　許嘉諾
行政編輯　曾于珊
校　　對　金文蕙、徐惠蓉
印　　刷　上好印刷股份有限公司
電　　話　（04）23150280
初　　版　二〇二一年（民110）九月十日
定　　價　350元
讀者專線　TEL：(02)23672044 / (04)23595819#230
FAX：(02)23635741 / (04)23595493
E-mail：service@morningstar.com.tw
網路書店　http：//www.morningstar.com.tw
郵政劃撥　15060393（知己圖書股份有限公司）
法律顧問　陳思成
國際書碼　978-986-06712-9-2　CIP：785.28/110012910

愛米粒出版有限公司
Emily Publishing Company, Ltd.

因為閱讀，我們放膽作夢，恣意飛翔——

在看書成了非必要奢侈品，文學小說式微的年代，愛米粒堅持出版好看的故事，讓世界多一點想像力，多一點希望。

愛米粒FB

填回函送購書金